Dagmar von Gersdorff
Die Schwiegertochter.
Das Leben der Ottilie von Goethe

Mit zahlreichen Abbildungen

Insel Verlag

Erste Auflage 2021

Satz: Satz-Offizin Hümmer GmbH, Waldbüttelbrunn
Druck: GGP Media GmbH, Pößneck
Printed in Germany
ISBN 978-3-458-17946-7

Für Andrea und Alexander von Gersdorff

Man kann Sie nie vergessen, hat man Sie einmal gekannt.

Frédéric Soret an Ottilie von Goethe

Inhalt

Anhang

I.

Ottilie Wilhelmine Ernestine Henriette Freiin von Pogwisch

»Du weißt, ich liebe den Vater ungewöhnlich –«

Wem von beiden war sie zuerst aufgefallen, dem Vater oder dem Sohn? Goethe, soviel ist sicher, hatte sich schon früh wohlwollend über Ottilies warme Stimme geäußert. Er habe sie immer aus allen anderen herausgehört, hatte er behauptet. Daß ihm die Vierzehnjährige zu seinem Geburtstag einen Blumenstrauß überreichte, war nicht vergessen – es hatte Goethe gefallen. Zum Dank wurde die anmutige junge Dame an seinen Mittagstisch gebeten. Ihre spontanen Antworten hatten ihn zum Schmunzeln gebracht. Diese lebhafte Person war entschieden anziehender als die spröden Mitglieder ihres *Musenvereins.*

Als Karl und Ernst zu Gast waren, die Söhne seines Freundes Schiller, lud Goethe Ottilie wieder ein. »Mittags Frl. Pogwisch und beyde Schillers«, liest man in seinem Tagebuch vom 4. Oktober 1812. Ihre Gegenwart war ein Gewinn. Es wurde viel geredet und noch mehr gelacht. Schon im November durfte sie wiederkommen, im Dezember ebenfalls. »Mittag Frl. Bowisch« und »Mittags Frl. v. Bogwisch« lauten die Einträge. Schließlich merkte sich Goethe ihren richtigen Namen: »Mittags die zwey Fräulein von Pogwisch«. Die jüngere Schwester hatte mitkommen dürfen. Man erfuhr, daß Ottilie Klavier spielte, Englischunterricht nahm und die von der Herzogin gegründete Nähschule besuchte. Das alles berichtete sie mit gewinnender Liebenswürdigkeit. Von ihrem anziehenden Wesen angetan, erwähnte der Dichter bei seinem Freund Knebel noch einmal Ottilies schöne Altstimme, die ihm an den Sonntagen, als in seiner »Hauskapelle« alte italienische Lieder erklangen, besonders gefallen habe.

Es ist anzunehmen, daß an den Mahlzeiten auch des Dichters einziger Sohn teilnahm. Bemerkte der Vater die Blicke, die August der Besucherin zuwarf? Am 25. Dezember 1812, seinem zweiundzwanzigsten Geburtstag, trank man auf Augusts Wohl – der regierende Herzog Carl August hatte ihn zum *Wirklichen Assessor* im Kammerkollegium ernannt. Grund genug, auch die hübsche Ottilie zur Feier einzuladen. »Mittags Fräulein von Pogwisch.« Schüchtern war sie nicht, das tat dem steifen Sohn gut. Ihm schien die ungewohnte Schlagfertigkeit, mit der die gerade Sechzehnjährige das Tischgespräch belebte, zu gefallen. Den wahren Grund seiner Einladungen verrät Goethes Tagebuch mit keiner Silbe. Daß sich eine Absicht dahinter verbarg, zeigte sich erst später, als der Dichter noch andere Fäden spann, um die Verbindung seines Sohnes mit dem geschätzten Freifräulein fester zu knüpfen.

Über Ottilies Herkunft, ihre Familie, ihre Geschwister wußte Goethe, der bis dahin gerade einmal ihren Namen kannte, so gut wie nichts. Was würde er erfahren, wenn er nach der Familie *derer von Pogwisch,* nach Ottilies Eltern fragte? August hatte berichtet, daß Ottilie in den Mansarden des Fürstenhauses wohnte, unmittelbar über den Gemächern der regierenden Herzogin Luise. Allerdings hatte er Ottilies Vater noch nie zu Gesicht bekommen.

Weder Goethe noch sein Sohn wußten, daß Ottilie von Pogwisch noch nie in ihrem Leben ein richtiges Zuhause erlebt hatte, sondern unter denkbar ungünstigen Bedingungen aufgewachsen war. Schuld an der Misere war der preußische Major Julius von Pogwisch, Ottilies Vater. Er war zweiunddreißig Jahre alt, als er der sechzehnjährigen Komtesse Henriette Henckel von Donnersmarck begegnete, Tochter des Gouverneurs von Königsberg, in die er sich stürmisch verliebte. In Schloß Rheinsberg bei Potsdam fand die

Vermählung der zwanzigjährigen Henriette mit dem wohlhabenden Gutsbesitzer statt.

Noch im Hochzeitsjahr wurde ihnen am 31. Oktober 1796 im preußischen Danzig das erste Kind geboren, die Tochter *Ottilie Wilhelmine Ernestine Henriette Freiin von Pogwisch.* Zu dieser Zeit, und auch nach der Geburt der zweiten Tochter, *Ulrike Henriette Adele Eleonore*, herrschte zwischen den Eltern das schönste Einvernehmen. Der Major war ein liebender Ehemann und zärtlicher Vater – bis das denkbar größte Unglück über ihn hereinbrach. Durch Grundstücksspekulationen verlor Freiherr von Pogwisch seine gesamten Güter und Ländereien. Unglaublicher Leichtsinn hatte den finanziellen Ruin zur Folge. Die Katastrophe erwies sich als so weitreichend, daß der unselige Major nicht einmal mehr Frau und Kinder ernähren konnte. Henriettes Mutter, die energische Reichsgräfin Eleonore Henckel von Donnersmarck, befahl ihrer Tochter die sofortige Trennung von diesem unrühmlichen Gatten.

Damit begann für die vierundzwanzigjährige Freifrau von Pogwisch ein elendes Wanderleben. In trostloser Verfassung ging sie zunächst zu einem Onkel, der sie und die kleinen Mädchen, vier und zwei Jahre alt, so lange aufnahm, bis der verschuldete Major seine Finanzen geregelt haben würde. Doch nichts geschah. Um ihrer Mutter nicht auf der Tasche zu liegen, beschloß Henriette, sich eine bezahlte Tätigkeit zu suchen. Für Frauen – und speziell solche der gehobenen Stände – war ein derartiges Vorhaben so gut wie aussichtslos. Doch Henriette von Pogwisch hatte Glück. Prinzessin Friederike von Solms-Braunfels, Schwester der Königin Luise von Preußen, suchte eine Erzieherin für ihre Kinder. Henriette bekam die Stelle und war überglücklich, auch ihre kleinen Töchter ins fränkische Ansbach mitbringen zu dürfen. Allerdings waren die Mädchen fortan meist sich selbst überlassen; ihre Mutter war von morgens bis abends eingespannt. Die sechsjährige Ottilie mußte lernen, Verantwortung zu übernehmen und sich klug anzupassen, um der Mutter keine Schwierigkeiten zu bereiten. Als es nach drei Jahren zu Mißhelligkeiten zwischen Fürstin und Erzieherin kam, trennte man sich. Frau von Pogwisch ging nach Dessau zu ihrer Stiefschwester Auguste von Hagen. Hier wurden die Mädchen zwar liebevoll aufgenommen, doch das Gefühl, wieder nur Anhängsel zu sein, verließ Ottilie nicht.

An eine Rückkehr in die Heimat war nicht zu denken. Major von Pogwisch saß weiter auf hohen Schulden. Was sollte eine mittellose Offiziersfrau mit zwei Kindern bei einem nichtswürdigen Taugenichts, zürnte die Reichsgräfin, und untersagte der Tochter jede Wiederannäherung. Daraufhin suchte Henriette Zuflucht bei ihrer Tante Bertha von Schmeling in Ludwigslust, wo sie so lange unterkam, bis sie nach Thüringen befohlen wurde: Die Reichsgräfin hatte eine Stellung als Oberhofmeisterin bei Erbprinzessin-Großfürstin Maria Pawlowna in Weimar erhalten. Das geschah im April des verhängnisvollen Jahres 1806, in welchem der preußische König Friedrich Wilhelm III. die entscheidende Schlacht gegen Napoleon bei Jena und Auerstedt verlor. Geschlagene und verwundete Preußen und marodierende französische Soldaten fielen in der Stadt ein; am 15. Oktober 1806 erlebten die Neuankömmlinge den Einzug Napoleons im Weimarer Schloß. Goethe wurde in seinem Haus von plündernden Soldaten bedroht, von seiner Gefährtin Christiane Vulpius jedoch mutig beschützt, so daß er sie aus Dankbarkeit für ihre Fürsorge am 19. Oktober zur Frau nahm. Der gemeinsame Sohn August war zu diesem Zeitpunkt sechzehn Jahre alt.

Reichsgräfin Henckel von Donnersmarck, Ottilies Großmutter, hatte ihr Logis im Fürstenhaus nahe der Anna-Amalia-Bibliothek bezogen; gnadenhalber durfte auch ihre Tochter mit den Kindern dort einziehen. Die Zimmer unter dem Dach waren kalt, kahl und unbeheizbar. Als dann auch Henriette eine Stelle als Hofdame erhielt, blieben die zehnjährige Ottilie und die achtjährige Ulrike wieder sich selbst überlassen. Der gutherzigen Oberkammerherrin Caroline von Egloffstein war es zu verdanken, daß die Mädchen wenigstens täglich mit einer warmen Mahlzeit versorgt wurden. Von einem geregelten Unterricht ist nirgends die Rede. Nach ihren Briefen zu urteilen, war Ottilie wißbegierig, intelligent und lernbereit. Sie las wie besessen und hatte bald eine ganze Reihe von Lieblingsschriftstellern, worunter E. T. A. Hoffmann an erster Stelle rangierte. Seine überschäumende, groteske Phantasie diente ihr später als Vorbild zu eigenen Erzählungen. Außerdem betrieb sie mit ungewöhnlichem Eifer ihre Englischstunden. Englisch war leicht faßbar, war modern, war zukunftsweisend. Ottilie lernte.

Als besonderer Glücksfall erwies sich die Bekanntschaft mit einem Mädchen, das ebenfalls vor nicht langer Zeit nach Weimar gekommen war: Luise Adelaide Lavinia Schopenhauer, genannt *Adele.* Sie stammte wie die fast gleichaltrige Ottilie aus dem preußischen Danzig und war wie sie ohne Vater aufgewachsen. Adele Schopenhauer war intelligent und eigenständig, führte ein kluges Tagebuch und schrieb durchdachte Briefe. Hübsch war sie freilich nicht. Mit ihren hervorstehenden Augen und der großen Nase wirkte sie neben der anmutigen Freundin knochig und unschön. Adele war deshalb nicht ganz ohne Neid, doch Ottilies überwältigende Liebenswürdigkeit beseitigte jede Unstimmigkeit. Wißbegierig und begabt, gründeten beide einen *Musenverein*, lasen abwechselnd die *Odyssee* und Jean Pauls *Hesperus,* schrieben sich Liebesbriefe, dichteten, sangen gemeinsam im Chor von Stadtmusikus Eberwein; beide vereinte über alle Schicksalsschläge hinweg bis zum Lebensende eine anhängliche, aufrichtige, seltene Frauenfreundschaft.

Adeles Mutter Johanna Schopenhauer hatte in Weimar einen bekannten Salon etabliert, in dem die Gäste Fragen zu Kunst und Literatur erörtern und die politische Lage diskutieren konn-

Abb. 1: Die zehnjährige Adele Schopenhauer mit ihrer Mutter Johanna, 1806. Ölgemälde von Caroline Bardua

ten. Wenn er Zeit und Lust hatte, kam auch Goethe; eigens für ihn hielt die Gastgeberin einen Tisch bereit, an dem sich der Dichter neben Tee und Gespräch mit seinem Zeichengerät beschäftigen konnte.

Am Nachmittag des 10. Juli 1813 ließ Goethe an Madame Schopenhauer eine überraschende Bitte übermitteln: »Sodann könnten vielleicht die Fräuleins von Pogwisch eingeladen werden.«[1] Die Gastgeberin brauchte nicht lange über den Grund der ungewöhnlichen Bitte zu rätseln – statt des Vaters kam diesmal sein Sohn. »Der schöne August«, wie Louise von Harstall ihn titulierte, versetzte die sechzehnjährige Ottilie in große Aufregung. Ein Glück, daß das Wiedersehen auf neutralem Terrain stattfand; zu Hause hätte es wegen der unerlaubten Nähe sofort Streit gegeben. Großmutter Reichsgräfin hatte ihr den Umgang mit Goethes außerehelichem Knaben kategorisch verboten.

Der dreiundzwanzigjährige August ließ das Treffen offenbar nicht ungenutzt verstreichen. Wie sehr er sich um die kapriziöse Schönheit bemühte, entnimmt man einem Brief, den Ottilie am 14. Juli 1813 ihrer Mutter nach Karlsbad schickte. »Unsere Ruhe wird durch nichts unterbrochen, nicht einmal durch die Seufzer eines Anbeters, da dieser wenige Tage nach Deiner Abreise die Masern bekommen hat; doch weiß ich aus sicheren Quellen, daß die Masern ihn nicht von einer andern Krankheit befreit haben, an welcher der junge Herr schon seit mehreren Monaten litt« – diese »andere Krankheit«, erläuterte Ottilie reichlich arrogant, sei bekannt »unter dem Namen des Liebesfiebers«.[2] August war nicht nur gefährlich krank, seine schönen Pläne wurden außerdem jäh durch kriegerische Ereignisse zunichte gemacht. Nach dem Sieg der alliierten Truppen über Napoleon im Oktober 1813 hielten preußische Offiziere in Weimar Einzug, und die reizende Ottilie verliebte sich Hals über Kopf in einen anderen Mann.

Augusts Rivale war der dreißigjährige Premierleutnant Ferdinand Heinke aus Breslau. Er war dem Aufruf des Königs »An mein Volk« augenblicklich gefolgt, hatte als Freiwilliger an der Völkerschlacht bei Leipzig teilgenommen und war mit dem Eisernen Kreuz ausgezeichnet worden. August von Goethe dagegen war die Teilnahme am Krieg strikt untersagt worden. Der Dichter hatte Angst, den einzigen Sohn im Gefecht zu verlieren. So wurde der unglückliche August nicht nur von seinen siegreich heimkehrenden Altersgenossen verspottet, er mußte auch erleben, daß Ottilie sich von ihm ab- und einem anderen zuwandte.

Ferdinand Heinke machte durch sein entschlossenes Auftreten wie durch seine elegante Erscheinung hoch zu Roß in preu-

Abb. 2: Der preußische Gardeleutnant und Jurastudent Ferdinand Heinke

ßischer Uniform großen Eindruck. Sein Regiment hatte sich in einem sechsstündigen Reitergefecht gegen die Franzosen durchgesetzt; auch deshalb wurde er wie ein Held begrüßt und von den bedeutenden Familien begeistert empfangen. Heinkes Ruhm wuchs noch, als es ihm gelang, Goethes Haus vor zwölf Gardekosaken zu bewahren, die gewaltsam Quartier nehmen wollten. Der arme August mußte mit ansehen, wie sein Vater dem jungen Helden als Dank ein handsigniertes Exemplar der *Wahlverwandtschaften* überreichte.

Ottilie von Pogwisch, in diesem Oktober 1813 gerade siebzehn Jahre alt, lernte Ferdinand Heinke bei Schopenhauers kennen. Der schneidige Premierleutnant mit seinem strahlenden Lächeln unter schwarzem Schnurrbart entpuppte sich als gebildeter Studiosus, der kurz vor dem juristischen Examen gestanden hatte, als er sich zur Waffe meldete. Ohnehin war Ottilie seit ihrer frühesten Jugend von Enthusiasmus für Preußen erfüllt – schließlich war sie im preußischen Danzig geboren worden, ihr Vater stand als Hauptmann im Dragonerregiment von Werthern in preußischen Diensten – Preußen war ihre eigentliche Heimat. Nun trat Ferdinand Heinke als glänzender Repräsentant dieses Staates in ihr Leben. Er hatte Geist und Witz, war dunkelhaarig und schön wie ein junger Gott – alles an ihm war hinreißend. Man verabredete sich, man traf sich. An Einladungen, Tees und Soupers war kein Mangel. Heinkes Geburtstag nahte, er wurde einunddreißig Jahre alt. Ein »neues, reich blühendes Leben« sei für ihn aufgegangen, notierte Heinke in sein Tagebuch.

Ottilie von Pogwisch mit ihren wirbelnden Locken, ihren Einfällen, ihrem Lachen blieb nicht ohne Wirkung. In Heinkes Aufzeichnungen ist sie der leuchtende Stern, »wie gewöhnlich Mittelpunkt« und »Glanzpunkt« der Gesellschaft. Ottilie wich nicht von seiner Seite, auch dann nicht, als Heinke ihr berichtete, daß er bereits verlobt sei mit Charlotte Werner, der Tochter eines wohlhabenden Bergwerksdirektors. Das war ein herber Schlag. »Ferdinand Heinke ist der einzige Mann, dessen Wert ich weit über den meinigen erhaben fühlte, zu dem ich hinaufstrebte und wo ich deutlich fühlte, wie untergeben ich ihm sei«, hat Ottilie bemerkt.[3] Aber Großmutter Reichsgräfin hatte ihr ohnehin jeden Gedanken an eine Verbindung mit Heinke untersagt. Es war unmöglich, »daß ein Fräulein von Pogwisch, wenn auch arm, einen bürgerlichen Breslauer Kaufmann geheiratet hätte«.[4] Heinke wurde zwar nicht Kaufmann, sondern Justitiar, Regierungsrat und später Kurator der Universität Breslau, dennoch war er für eine adlige junge Dame nicht passend. Die Verliebtheit jedoch blieb, und die Silvesternacht 1813 wurde von beiden als unvergeßlich schönes, wenn auch schmerzliches Fest begangen – im neuen Jahr stand der Abschied bevor. Am 1. Januar 1814 erschien Heinke zum letzten Mal bei Pogwischs, dann ritt er davon, der Heimat und seiner Braut entgegen. Ottilies Sehnsucht blieb. Zu ihrer Mutter sagte Ottilie: »Nie ist mir ein Mann so lieb gewesen wie er, und schwerlich wird es je einer werden.«[5]

Julius *August* Walther von Goethe

»Du könntest mit diesem wilden Menschen sehr unglücklich sein!«

Nach Heinkes Abschied richtete Ottilie ihr Auge wieder auf August von Goethe, den sie immer noch falsch als *Göthe* schrieb. Sein Name durfte im Hause allerdings nicht einmal erwähnt werden. Großmutter Reichsgräfin war fest entschlossen, eine Verbindung ihrer Enkelin mit dem Goethesproß unter allen Umständen zu verhindern. Aus uraltem Adel stammend, durch ihre hohe Stellung als Oberhofmeisterin eine Respektsperson, war die resolute Dame nicht gesonnen, die reizende Ottilie, deren Heranwachsen sie mit Anteilnahme und freigebigen Zuwendungen begleitet hatte, sehenden Auges ins Unglück rennen zu lassen! Sie hatte das Geld und sie hatte das Sagen. Niemals würde sie einer derart unwürdigen Verbindung ihre Zustimmung erteilen.

Ottilies Mutter war anderer Meinung. Nirgends auf der Welt könnten sich vorteilhaftere Aussichten bieten, nie eine solche Chance wiederkehren! Für sie war August von Goethe fraglos eine glänzende Partie. Mit neunzehn Jahren in die Regierung berufen, verfügte er schon jetzt über ein nicht zu unterschätzendes Gehalt. Man mußte abwarten, schließlich hatte auch sie kämpfen müssen, bis sie den Major von Pogwisch hatte heiraten dürfen. Alle Hindernisse hatte sie überwunden, sogar den eisernen Widerstand ihrer erzürnten Mutter Reichsgräfin gebrochen, so verliebt war sie gewesen.

War Ottilie verliebt?

Man wurde aus beiden nicht klug, weder aus ihr noch aus ihrem Bewerber. Einerseits verhielt sich Goethe junior rasend eifersüchtig, wenn ein Rivale auftauchte, dann wieder war er unentschlossen und steif wie ein Hagestolz. Lag es an seiner Erziehung, an seinem bekannten Vater? August von Goethe – was für ein Name! Einziger Sohn eines in ganz Europa berühmten Dichters. Und einer unschicklichen Mutter. Man hatte Christiane Vulpius in letzter Zeit nicht mehr zu Gesicht bekommen; sie war krank, wie es hieß. Sollte man diese Madame, die weit unter Stand war, etwa als Ottilies Schwiegermutter begrüßen? Der Gedanke, erklärte die Reichsgräfin, sei absurd. Schon dieser unangenehmen Person wegen sei eine Verbindung mit dem illegitimen Sprößling ausgeschlossen. Würde der Staatsminister nicht auch ein Wort dabei mitzureden haben? wandte die Enkelin ein. Der Name Goethe, erklärte die resolute Großmutter, tue hier nichts zur Sache.

In dieser unerfreulichen Phase aufwühlender Debatten trat ein anderes Problem in Gestalt eines heiratswilligen Grafen auf den Plan. Es war kein Geheimnis, sondern bekannt und geduldet: Ottilies Mutter, die noch nicht vierzigjährige Freifrau, hatte einen Liebhaber: Albert Cajetan Graf von Edling. Er stammte aus altem aristokratischem Geschlecht, war Hofmarschall und im Begriff, zum Staatsminister aufzusteigen. Bei der Trennung von Ottilies Eltern war Edling zum Vormund der kleinen Töchter ernannt worden. Bekanntlich durfte eine Frau weder über ihr Vermögen noch über ihre Kinder selbst bestimmen – das war nur einem Mann erlaubt, was ihm zugleich die Rolle eines Ersatzvaters verlieh. Darauf schien sich Edling jetzt zu besinnen. Er rief die achtzehnjährige Ottilie zu sich.

Graf Edling galt als ein angesehener Mann, doch in der geschilderten Szene mit der viel jüngeren Ottilie muß er die Grenzen des Anstands deutlich überschritten haben. Am 4. Juli 1815 gab Ottilie ihrer Freundin Adele eine Schilderung des überfallartigen Ereignisses. »Graf Edling kam und erklärte mir, dass jedes Verhältnis zwischen ihm und der Mutter aufgelöst sei ... Die Versicherungen von ewiger Freundschaft und des Schmerzes, den er über die notwendige Trennung von der Mutter und uns empfinde, kurz alles, wie Du es ja kennst, begleitete diese Erklärung. Ich sah das letzte Lebensglück der Mutter sich zertrümmern, sah, wie auch das letzte Band, was sie an das Leben knüpfte, sich löste ... mir tat auch der Verlust des Freundes weh, und ich konnte nicht aufhören, recht schmerzlich zu weinen – der Graf riß mich mit einer leidenschaftlichen Heftigkeit an sich und bat mich, um Gottes willen nur ja zu sagen, daß ich ihm gut bleiben wollte; ich konnte es nur mit Mühe herausbringen, und immer mußte ich es wiederholen.«[6] »Du weißt, wie gräßlich mir schon jeder leidenschaftliche Blick ist«, fuhr Ottilie fort, »wie er mich quälen und martern kann; urteile nun, in was für einen Zustand mich dies alles versetzte: ich sprach mit ihm noch verschiedenes, auch über Herrn von Göthe, wo ich aber durchaus nicht verstand, was er meinte.« Der Vormund hatte es zwar nicht gewagt, ihr den Nebenbuhler zu verleiden, es aber auch nicht vermieden, sie durch seine schmeichelhaften Beteuerungen in Zweifel zu stürzen. »Der Schluß war, daß er mir sagte, ich wäre sehr beneidenswert, – denn wenn ich ihn so liebte wie er mich, so würde ich jetzt sehr unglücklich sein.« Die seltsame Formulierung wird noch rätselhafter durch Ottilies Bekenntnis, sie habe sich bis vor kurzem »zum Opfer« bringen und der Mutter dadurch Kummer ersparen wollen. War ihre Heirat mit Edling gemeint?

Adele Schopenhauer war nur zu gerne bereit, den Vorfall auf ihre Weise zu kommentieren. »Meine Meinung über eine Ehe mit Edling, Ottilie, hast Du früher oft hören müssen, vergiß nicht – ich hielt es damals für m ö g l i c h. Jetzt, Ottilie, wäre es Sünde;

hieße es nicht Dir Frohsinn, Lebenskraft, Mut, kurz das Leben rauben?« Ottilie würde die Ruhe der Mutter damit nicht wiederherstellen können. »Ach, meine Ottilie, Deiner Mutter Verhältnis mit ihm wäre noch peinlicher … geworden. Behalte Deine Freiheit, sie ist jetzt ja Dein Einziges, Liebstes, und überlaß der Zeit das übrige«, schrieb Adele am 8. Juli 1815. »Über Göthen kann ich nichts sagen … Jetzt sei auf Deiner Hut, ich muß Dich schon wieder warnen. Denn aus dem grauen Chaos von schmerzlichen und bittern Empfindungen stiehlt sich freundlich schimmernde Hoffnung …« So vorsichtig, diplomatisch und zugleich poetisch äußerte sich die fast achtzehnjährige Adele Schopenhauer.[7]

Ottilie schrieb ihrer Mutter: »Was nun werden wird und werden soll? wirst Du mich fragen.« August von Goethe, das wußte sie, war für die Familie tabu. Zwar konnte man ihm Verstand und ein blendendes Aussehen nicht absprechen, aber den unehelichen Sproß des Dichters würden ihre Verwandten nie akzeptieren. Die Reichsgrafen Henckel von Donnersmarck ließen sich bis ins 14. Jahrhundert nachweisen. Ottilies Urgroßvater Maximilian Graf Henckel war Obermundschenk bei Friedrich dem Großen von Preußen und Träger des Schwarzen Adlerordens gewesen. Dagegen war das Adelspatent, das Herr Johann Wolfgang von Goethe vor 33 Jahren erhielt, gänzlich ohne Bedeutung.

Was Augusts Mutter betraf – kein Mensch wäre auf die Idee gekommen, Christiane Vulpius als eine Adlige zu bezeichnen. Zwar konnte sie sich seit ein paar Jahren Geheimrätin nennen, doch in Wirklichkeit blieb sie weiterhin »die von Goethe'sche Haushälterin«. Die Verbindung erschien so grotesk, daß sogar Schiller das Verhältnis »elend« genannt hatte und überzeugt gewesen war, Goethe würde sich früher oder später von seiner Haushälterin trennen. Doch Weihnachten 1789 – ausgerechnet am Geburtstag der Frau von Stein – war Goethes Sohn Julius *August* Walther geboren und damit das Band fester geknüpft worden. Christiane hatte noch vier weitere Kinder zur Welt gebracht; alle waren nach kurzer Zeit gestorben. August war der einzige, der am Leben blieb. Der Junge war zutraulich und anhänglich, so daß ihn sogar die enttäuschte Frau von Stein zu lieben begann. »Er muß bildschön gewesen sein«, berichtet Jenny von Pappenheim, die später im Goethehaus ein und aus ging. »Der alte Goethe liebte seinen Sohn unendlich, er sah in ihm ein Stück seiner selbst oder wollte es vielmehr sehen; das empfand August aber nicht als Glück, sondern als drückende Last. Goethe hatte viele Kinder verloren, dieser Eine sollte ihm alle anderen ersetzen. Er nahm ihn schon als Knaben auf seinen Wanderungen mit, versuchte ihm seine Passionen einzuimpfen ...« Unterrichtet wurde August zunächst vom Vater, lernte dann Griechisch und Latein in der Schule und beherrschte alle üblichen Sportarten vom Reiten und Fechten bis zum Schwimmen und Schlittschuhlaufen. Wie sein Vater wurde August ein begeisterter Sammler von Münzen und Mineralien. Er ging zum Jurastudium nach Heidelberg, hatte aber noch keinen Abschluß, als sein Vater ihn zurückbeorderte, weil er ihn brauchte.

Mit noch nicht dreiundzwanzig Jahren trat August als Assessor in den Staatsdienst ein, bereitwillig und gehorsam, denn dem Vater zu widersprechen war dem Sohn schon damals unmöglich. Der Sieg über Napoleon und der anschließende Wiener Kongreß hatten entscheidende Veränderungen für das Land mit sich gebracht. Im Juni 1815 wurde der Fünfundzwanzigjährige zum Kammerjunker befördert. »Alles lobt unsern August in seinem neuen Stand bei Hof«, freute sich seine Mutter Christiane, die nur bedauerte, seine schicke Uniform noch nicht gesehen zu haben, weil sie in Berka weilte.

In den Gesprächen, Briefen und Zetteln, die zwischen Ottilie und ihrer Mutter gewechselt wurden, war August weiterhin ein wichtiges Thema. Ottilie äußerte sich ebenso vorsichtig wie zweideutig. »Ich betrage mich bis jetzt meisterhaft, worunter wohl zu rechnen,

Abb. 3: August von Goethe zur Zeit seiner Bewerbung um Ottilie Freiin von Pogwisch. Zeichnung von Julie von Egloffstein, 1817

daß ich gestern Herrn von Göthe 4 mal stehen ließ.« Er war ihr bei Hof nachgegangen, sie hatte ihn abblitzen lassen. »Mir ist Herr von Göthe sehr fremdartig, doch erinnert mich sein Blick zuweilen an die alte Zeit.«[8] »Die alte Zeit« – Ottilie war vierzehn, als sie mit August auf der Ilm Schlittschuh lief. Allmählich hielt sie die Unklarheit nicht länger aus. Es war Ottilie nicht verborgen geblieben, daß August sich einer anderen zugewandt hatte. Es mußte etwas unternommen werden.

An Herrn von Göthe bei Übersendung eines Uhrbandes, auf welchem ein Schmetterling und Bogen und Pfeile gestickt waren. In Ottilies

Umschlag steckte eine Geschichte, »die einen eignen Bezug auf Sie enthält«. In ihrer Erzählung schilderte sie einen Jahrmarkt, auf dem sie als »Tabulettkrämerin« einem Fremden – nämlich August – Raritäten offeriert, aus denen er schließlich ein Uhrband auswählt. Die Verkäuferin überreicht es ihm mit den Worten: »Farbig und hell schlingt sich das schimmernde Band des Glückes und der Freude um den Kreis schöner Stunden!« Der Fremde möge »an den Giftblumen der Pein und des Mißmuthes« vorübergehen – nämlich an anderen Frauen – und nur dort verweilen, wo Ruhe und Zufriedenheit winken – nämlich bei ihr.[9]

Adele Schopenhauer warnte. Hatte August nicht eine Liebschaft mit Caroline S., der Tochter von Kriminalrat Schumann, der er sogar einen Ring gesandt hatte? »Du könntest mit diesem wilden, zerstörenden, auffahrenden Menschen sehr, sehr unglücklich sein!«[10] Adele war entsetzt. »Mein Kopf ist mir ganz verrückt, wenn er Dich als A's Frau denkt; dieser harte, wilde Mensch, ich weiß, er zerstört Dich noch ganz«, schrieb sie, »lieben, wie das Wort in unseren Seelen steht, kannst du A. nicht.«[11]

Ottilie schwieg. Die wunderbaren Erlebnisse mit Heinke, den sie nicht heiraten durfte, die schrecklichen Erfahrungen mit Edling, den sie nicht heiraten wollte, waren nicht spurlos an ihr vorübergegangen. Als Kind hatte sie Ortswechsel, Demut, Unbehaustheit, Geldmangel und Geduldetsein erlebt. Die Sehnsucht nach ihrem leichtsinnigen, aber zärtlichen Vater hatte sie nie verlassen. Die Angst vor Ungewissheit und Verlust führten zu einem fast panischen Streben nach Sicherheit. Ottilie wollte nicht herumgestoßen werden wie ihre Mutter. Schutz und Geborgenheit, das hatte sie gelernt, fand man nur bei einem vertrauenswürdigen Mann. Goethes Sohn war vertrauenswürdig und zuverlässig. Der Herzog ernannte ihn Weihnachten 1815 – August wurde sechsundzwanzig Jahre alt – zum Kammerrat. Sein Gehalt betrug stolze achthundert Taler; damit konnte man durchaus an Heirat denken.

Augusts Stellung bei Hof und seine Verpflichtungen für die Regierung waren nicht seine einzigen Tätigkeiten. Ebenso arbeitsintensiv waren die Aufgaben bei seinem Vater, als dessen offizieller Vertreter bei allen amtlichen Funktionen er auftrat. Er war für Ökonomie und Organisation des großen Haushalts ebenso zuständig wie für die Vermittlung zwischen dem Dichter und seinen Verlegern.

Augusts Vorgesetzter in der Regierung war Ernst Christian Freiherr von Gersdorff, Präsident des Geheimen Konsiliums, acht Jahre älter als August und einer der vier Minister des neuen Großherzogtums.[12] Gersdorff war beauftragt worden, als Abgeordneter auf dem Wiener Kongreß sein Land zu vertreten, wozu Goethe ihm die schmeichelhaften Worte mit auf den Weg gab: »Der Herzog und das weimarische Volk verdienen es, daß ein Mann wie Sie Gedanken und Tatkraft für ihre Sache einsetzt.« Tatsächlich wirkte Gersdorff erfolgreich. Er erzielte eine bedeutende Vergrößerung des Landes, Sachsen-Weimar-Eisenach wurde Großherzogtum, die Staatsdiener erhielten neue Ämter und höhere Titel, ihre Aufgaben schwollen an, Gersdorff führte als wichtigste Maßnahme die Pressefreiheit ein und erarbeitete eine moderne Verfassung.[13]

Ottilies Versöhnungsbrief mit dem schön gestickten Uhrband verfehlte seine Wirkung. August schwieg. Er hatte Sorgen. Seine Mutter war schwer krank und dem Tode nahe. Ottilie hatte Christiane Vulpius bei ihren Besuchen nur als eine im Hintergrund waltende Hausfrau erlebt, die bei Tisch nicht anwesend war. August verhielt sich abweisend und verschlossen, Ottilie glaubte allmählich, was Adele ihr schon lange gepredigt hatte: Er liebte eine andere. »14 Tage hatte er mich nicht gesehn, und er hatte heute kein armseliges Wort! Ach Gott, er war ja der erste Traum meiner Jugend …« Ottilie hielt ihn schon für verloren, am liebsten, schrieb sie, wäre sie tot. »Im Tode hört ja jeder Haß auf«, sagte sie zu Adele. »Du weißt es gar wohl, daß zu meinen schönsten Plänen und Hoffnungen Göthes Achtung und wohl auch eine etwas wärmere Empfindung gehört – vielleicht würde dies ihm seinem Beßren Selbst wiedergeben.«[14]

Am 6. Juni 1816 starb kurz nach ihrem 51. Geburtstag an ihrem furchtbaren Leiden Augusts Mutter Christiane. Das große Haus am Frauenplan war nun ohne die zuverlässige Verwalterin, der Haushalt ohne Aufsicht. Durch ihren Tod trat eine neue Situation ein. Sein Sohn sei ihm »Helfer, Ratgeber, ja einziger haltbarer Punkt in dieser Verwirrung«, sagte Goethe. August war unerreichbarer denn je. Ottilie geriet in einen Zustand, den sie selbst »Gemütskrankheit« nannte. Sie flüchtete an den Schreibtisch und verfaßte eine zweite Erzählung. Ein krankes Mädchen – sie selbst – sucht nach einem Heilmittel und findet es in einer weißen Rose, die sie sich am Abend auf Geheiß eines Engels auf die Brust legt. Der Name der Blume lautet *Treueliebe.* August wählte, wohl aufgrund dieser Erzählung, zu ihrem Hochzeitsstrauß weiße Rosen und nannte sie *Treueliebe.*

Die Ungewißheit war schwer zu ertragen. »Schon seit längerer Zeit, liebe Mutter, sah ich die Notwendigkeit ein, mit Dir einmal ausführlich über das Verhältnis mit Herrn von Göthe zu sprechen und Dich um eine Entscheidung darüber zu bitten«, schrieb Ottilie. Seit drei Jahren seien sie und August nun schon befreundet. Bisher habe sie geglaubt, es sei der Mutter gleichgültig, »uns verheiratet zu sehen oder nicht, jetzt weiß ich doch wohl, daß Du es wünschst«. Außerdem sei die Sache schon zu weit gediehen, um noch umzukehren.[15] »Für ein Spiel ist es zu ernst.« Sodann eine kritische Bemerkung, die alles wieder in Frage stellte. »Herr von Göthe steht nicht hoch genug über mir, um daß er vielleicht vorteilhaft auf mich wirken und mich zu etwas erheben könnte ...« (Juli 1816) Derjenige, zu dem sie aufblicken, den sie ehren, von dem sie lernen könnte, das war allein sein Vater.

Ottilies Nervosität war für alle unerträglich. Die Mutter versprach, ihr eine Hofdamenstelle in Hannover zu verschaffen. Die Trennung sei beschlossene Sache, erfuhr Adele Schopenhauer, »bei Gott, es ist nicht leicht, sich von allem loszureißen … Ich sah August nicht wieder, wohl aber den Vater. Wie? Erzähle ich Dir nächstens.«[16]

Begegnung in Goethes Garten

Die Erinnerung glücklicher Stunden …

Das, was Ottilie zu erzählen hatte, war für Adele Schopenhauer brennend interessant. »Nur flüchtig berührte ich in meinem letzten Brief, daß ich den Geheimrat gesehen – ja gesprochen habe.« Sie sei Goethe rein zufällig vor dem Haus der Frau von Stein begegnet. Ob Ottilie diesen »Zufall« nicht vielleicht selbst arrangiert hatte, verschwieg sie. Der Dichter habe sie mit einer höflichen Handbewegung in seinen Garten gebeten, der sich vom Frauenplan bis zur Ackerwand erstreckte. Es war der 1. August 1816. »Da trat ich wieder über die Schwelle, die ich in drei Jahren nicht betreten hatte, war wieder in dem Raum, in dem mancher Kindertraum geträumt worden war, mancher duftige Nebel mich getäuscht, und der mich sehr glücklich, aber auch manchmal manche kindische Tränen weinen sah …« Auf dem Weg zwischen den Rabatten mit Stockrosen, Levkojen und Aurikeln habe Goethe ihr versichert, daß ihm ihre schöne Stimme schon früher aufgefallen sei, besonders wenn in seinem Haus die italienischen Motetten gesungen wurden. Sie habe dabei an die schönen Sonntage denken müssen, an denen sie und die anderen Chorsänger redend und lachend in Goethes Garten saßen. Die schöne Vergangenheit sei ihr vorgekommen wie etwas unwiederbringlich Verlorenes, sagte Ottilie. »Der Geheimrat war freundlich und gütig, begleitete mich wieder zurück und schenkte mir Blumen … Gewaltsam hielt ich mich aufrecht und die Augen klar, die jeden Augenblick feucht werden wollten, wenn die Vergänglichkeit von Allem mich mit so eisig kalter Hand berührte – und alle die Erinnerungen der frohen und glücklichen Stunden lächelnd an mir vorüber zogen, und wollte ich ihnen näher treten, sich in das Leichentuch hüllten und mir sagten, ›wir sind nur in der Vergangenheit‹.« Ob Ottilie wisse, daß sein Sohn zum Hofjunker ernannt worden sei, habe der Geheimrat gefragt. »Großer Gott, ich verging in dieser Stunde fast vor Glück und Wehmut.«[17]

Kein Zweifel, der Geheimrat war von ihr angetan, das hatte Ottilie deutlich empfunden. Niemand außer Adele würde jemals erfahren, welche Wandlung die Begegnung bewirkt hatte. Das Treffen ereignete sich sechs Wochen nach Christianes Tod. Ottilie war einem Witwer begegnet.

Das Gespräch in Goethes Garten hatte alles verändert, was Ottilie zuvor gedacht, gewollt, was sie Mutter und Großmutter versprochen hatte. Goethe hatte sie unerwartet an die schönen Zeiten in seinem Haus erinnert und dabei seinen Sohn erwähnt. »Warum gibt es keine äußere Stimme, die der inneren, fragenden, Antwort gibt? In wie vielen Fällen des Lebens wäre es nicht sehr nötig!« Ottilie floh. Sie fuhr nach Dessau zu ihrer Tante, um zur Besinnung zu kommen. Diese kinderlose Tante, Auguste von Hagen, hatte sie als Sechsjährige für ein Jahr ins Haus genommen. Ottilie überdachte die Vergangenheit. In ein Heft mit der Aufschrift *Schaafgarbe und Gedankenstrich*[18] notierte sie ihre Erinnerungen an alles, was sie bisher erlebt hatte: die Dessauer »Kindheitsinsel«, die Gefühle für Ferdinand Heinke, die Begegnung mit Goethe. In Dessau merkte Ottilie auch, wieviel anspruchsvoller und interessanter es zu Hause zuging. Sie konnte nur in Weimar leben. Anscheinend kam August heimlich nach Dessau; es existiert von ihm ein überaus beglückter Brief.

Ottilie entschloß sich, August von Goethe zu heiraten.

Adele Schopenhauer reagierte bestürzt und nannte die Dinge aufgebracht beim Namen. Eine Ehe mit August sei Wahnsinn. Darüber gab es in ihrer Familie einen lautstarken Krach. Großmutter Reichsgräfin entlud ihren aufgestauten Zorn, Mutter Henriette brach in Tränen aus, Ulrike schluchzte, Ottilie rannte aus dem Zimmer. Die herrische Großmutter drohte, Tochter und Enkelinnen aus dem Haus zu werfen. »Gestern war für mich einer der schmerzlichsten – nein, das Wort drückt es nicht aus – entsetzlichsten Abende, die ich je erlebte. Mutter und Schwester griffen unbarmherzig in das Saitenspiel der Vergangenheit und Gegenwart, überspannten jede einzelne Saite, bis sie zum schreienden Mißton ward … so ward mir fast das Herz gebrochen. Nein Gute – laß mich Dir nicht all das Einzelne wiederholen, was mein Inneres zerschnitt …« Adele konnte aufatmen, denn Ottilie fügte hinzu: »In zwei Stunden geh ich an Hof, werde suchen, Herrn von Göthe zu sprechen und ihm auseinanderzusetzen, daß unser Verhältnis enden muß …« Der Sturm im Hause hatte so heftig getobt, daß Ottilie eingewilligt hatte, sich endgültig von August zu trennen. »Sobald ich von Hof zurückkomme, setze ich diese Zeilen fort …« schrieb sie hastig. Einige Stunden später: »Abends 9 Uhr. Herr von Göthe war nicht an Hof, sondern in der Loge …«[19] Ein Zufall brachte die Entscheidung. Ottilie hatte den Befehl der Großmutter nicht ausführen können, denn sie hatte August nicht angetroffen: »Herr von Göthe war nicht an Hof.«

Eine Woche nach dem Familienkrach, am 31. Oktober 1816, wurde Ottilie von Pogwisch zwanzig Jahre alt. Sie war nun kein junges Mädchen mehr, über das die Großmutter bestimmen konnte. Die familiäre Auseinandersetzung hatte Ottilie die Augen geöffnet. Sie hatte erfahren, daß sie jederzeit aus Weimar vertrieben werden

Abb. 4: Goethes Gartenhaus im Park an der Ilm, 1828

konnten, waren sie doch vom Wohlwollen – und vom Vermögen – der Reichsgräfin abhängig. »Erloschen ist jedes Gefühl der Liebe in mir, denn das Betragen der Großmutter hat mich empört und jede warme Empfindung in Eiseskälte umgeschaffen!« meldete sie Adele. »Seit ich sie kenne, hat sie nur immer zerstörend in mein Leben gegriffen, aber nie beglückend. Sie nahm mir den Vater, zerstörte durch die unglückselige Hofdamenstelle mein eigentliches häusliches Verhältnis, und nun wollte sie mich auch noch von Mutter und Schwester trennen …«[20] Was wirklich in ihr vorging, erfuhr auch Adele nicht. Es war Ottilie nicht nur um die Sicherheit zu tun, die August bieten konnte – ihr ging es auch um seinen Vater. Der Dichter hatte sie spüren lassen, daß er sie mochte. Einmal hatte er sie sogar sein »Töchterchen« genannt, ein Wort, das sie in »Glück und Wehmut« versetzt hatte.

Ottilie hatte ihre Entscheidung längst getroffen. Auf gewisse Weise war sie dabei geschickt, sogar raffiniert vorgegangen. Ohne jede Veranlassung, aber mit sicherem Instinkt hatte sie an Goethe einen Brief geschrieben. »Kindern – und Scheidenden darf man nichts abschlagen, ich bin Beides, lieber Geheimrat – denn Sie nannten mich ja oft ›Ihr gutes, liebes Kind‹ – und mögen sich nun selbst schelten, wenn Sie mich durch manch freundliches Wort vorzogen und so mir den Mut gaben, Sie wie ein Kind mit Bitten zu quälen. Die Mutter schenkte mir ein Stammbuch, und ich wüßte wirklich nicht, wie es mir lieb werden sollte, fände ich Ihren Namen nicht darin; gern hätte ich es Ihnen mündlich gesagt, um, falls Sie böse würden, Ihnen gleich wieder Verzeihung abzuschmeicheln, aber ich war ziemlich lange krank und dieser Plan daher unausführbar … Leben Sie recht, recht wohl – und bleiben Sie so gütig gegen Ihr kleines Töchterchen, als Sie bis jetzt es immer waren. Weimar, den 10ten August 1816.«[21]

Das entscheidende Wort war gefallen: *Töchterchen*. Das war es, was sie, die nie einen Vater gehabt hatte, für Goethe sein wollte.

II.

Verlobung unter Tränen

»Es ist der Wille der beiden jungen Leute«

Ottilie hatte sich mit August getroffen. Worüber war gesprochen worden? Adele hatte keinen Zweifel. Alles deutete darauf hin, daß das Unvermeidliche geschehen war. »Ach, es wird doch nun so kommen, denn sie liebt ihn sehr!«[22] Wäre Ottilies Entschluß auch dann erfolgt, wenn Goethe sie nicht – aus Zufall oder in kalkulierter Absicht – durch seinen Garten geführt hätte? Die scheinbar unbedeutende Episode hatte zur Folge, daß Ottilie alle familiären Rücksichten über Bord warf. Was Adele am meisten gefürchtet hatte, traf ein. Goethe hatte dem Sohn seine Zustimmung signalisiert! Weihnachten 1816 bewarb sich der siebenundzwanzigjährige Kammerrat August von Goethe bei Mutter Henriette und Großmutter Reichsgräfin um die Hand der zwanzigjährigen Freiin Ottilie von Pogwisch. Es existiert noch das Antwortbillett der Mutter: »Morgen früh indessen werde ich von 10 Uhr an bereit seyn Sie zu empfangen u. wünsche daß der Erfolg unserer Unterredung Seegen über uns Alle bringe. Hochachtungsvoll bin ich Ewr: Hochwohlgeb. ergebne Henriette Pogwisch geb. Gräfinn Henckel.«[23] Adele notierte melodramatisch: »Mir ist, wie vor einem gewaltsamen Tode einem Verurteilten sein muß: Ottilie betrachte ich als Augusts Braut. Alle übrige Pein verschwindet neben diesem Übel … O mein Gott, ich kann ja nicht dafür, daß es so tief schmerzt!« August gefiel ihr nicht im mindesten – und seinetwegen würde sie die liebste Freundin verlieren. »Hier hat meine Kraft ihr Ende gefunden.« Das Weihnachtsfest war ihr verdorben. »Ottilie ist seit drei Tagen seine Braut! Jetzt eben fährt sie zum Vater.«[24]

Silvester 1816 fand die offizielle Verlobung statt. Tränen flossen reichlich, teils aus Wehmut, teils aus Wut. Frau von Pogwisch weinte am heftigsten, man sah »eine tiefbetrübte, in Tränen zerfließende Mutter«. Erschüttert wirkte jetzt auch die Großmutter Reichsgräfin, wenn auch aus völlig anderen Gründen. Julie von Egloffstein beobachtete »eine halb mit dem Zorne, halb mit der Rührung kämpfende Großmutter, deren Stolz durch die Verlobung ihrer Enkelin mit dem jungen Goethe bitter gekränkt ist und die gerne gezankt und getobt haben würde, hätte es das in Wehmut aufgelöste Herz und die von Tränen erstickte Stimme gestattet ...« Davon unberührt, sah man »das beglückte – zärtlich liebende Brautpaar, das nichts von allem sah oder hörte, was umher sich ereignete – wovon jedes mit einem langen, seligen Blick tief in das Auge des andern versank«.[25]

Adele dachte: »Sie ist ja wenigstens jetzt glücklich. Sonderbar aber wächst meine Abneigung gegen das Heiraten – es ist schrecklich! Und dennoch, welche Leere bringt jedes neue Jahr!«[26] Die junge Jenny von Pappenheim, die später die Kinder des Paares hüten würde, hatte gehört, Goethe persönlich habe die Heirat mit der von ihm favorisierten Dame bewerkstelligt, »August habe deshalb eine große Jugendliebe aufgeben müssen. Das ist nicht wahr«, schrieb Jenny. Augusts Liebe gehöre Ottilie allein.

Goethe notierte im Tagebuch die Verlobung seines einzigen Sohnes so knapp wie möglich. »Gegen Abend Hofrat Meyer. Frau von Pogwisch und Tochter. Verlobung von Ottilie von Pogwisch mit meinem Sohn.« Immerhin wußte Julie von Egloffstein zu berichten, daß anschließend bei Ottilies Mutter eine fröhliche Feier stattfand, die bis zwei Uhr morgens dauerte. Adele fühlte sich auf dem Fest nicht wohl. Mißtrauisch beobachtete sie den zukünftigen Gatten ihrer angebeteten Freundin und notierte den entscheidenden Satz: »Ottilie hat ihn lieb, liebt ihn nicht.«[27]

»Ich bin seit 8 Tagen mit Herrn von Goethe verlobt.« Erst jetzt schrieb Ottilie nicht mehr Göthe, sondern verlieh August seinen richtigen Namen: Goethe. Sie teilte die Neuigkeit ihrer Gönnerin mit, Oberkammerherrin Caroline von Egloffstein, bei der sie die Bekanntschaft von deren Nichten Caroline und Julie von Egloffstein gemacht hatte, zwei begabten Schwestern, die gerade erst nach Weimar gezogen waren. Caroline war eine professionelle Musikerin, Julie eine hochbegabte, von Goethe geförderte Malerin – zwei Jahre später würde sie Ottilies ersten Sohn porträtieren. Julie schrieb ihrer Mutter: »Ottilie von Pogwisch spricht von allen allein mich an – sie ist originell, ernsthaft, melancholisch und komisch zugleich, dabei voll Verstand und scharfer Ecken ...« Ernst und komisch zugleich, diese Gegensätze hatte sie bereits erkannt. Deshalb war sie auch nicht davon überzeugt, daß Ottilies Ehe gelingen würde. Ottilie sei »geistreich und lebhaft«, August dagegen »von trockner, pedantischer Lebensweise« und »kleinlich in manchen großen Dingen«, so daß sie wirklich nicht zusammenpassten.[28]

Vermutlich hat der Vater des Bräutigams, Seine Exzellenz der Wirkliche Geheime Rat und Staatsminister Johann Wolfgang von Goethe, nie erfahren, wie unzufrieden man in der Familie der Braut die Verlobung mit seinem Sohn aufnahm. Gewohnheitsgemäß äußerte Goethe sich anderen gegenüber betont nüchtern. »Eben mit dem Neuen-Jahr erklärt sich die Heyrath meines Sohnes mit der ältern Fräulein von Pogwisch; es ist der Wille der beiden jungen Leute, gegen den ich nichts einzuwenden habe.« Die Botschaft an seinen Berliner Freund, den Komponisten, Chorleiter und Baumeister Carl Friedrich Zelter, betont es zusätzlich: Er persönlich habe nichts bewirkt: »Es ist der Wille der beiden jungen Leute.« Ebenso am 2. Januar 1817 an Freund Knebel: Die »Verbindung« werde ihm »angenehme Verhältnisse« bringen. Das Wort *Liebe* fällt in keinem von Goethes Briefen, in denen weniger von seinem Sohn als von ihm selbst die Rede ist. An den Weimarer Minister von Voigt: »Schon sehe ich im Geiste mein Haus der Geselligkeit wiedergegeben.«[29] Das war für den Witwer Goethe ein nicht zu unterschätzender Gewinn. Schon jetzt, wenn Ottilie zum Mittagessen ins Haus am Frauenplan kam, freute er sich über die neu erstandene »Geselligkeit«.

Die Verlobung von Goethes Sohn war eine Sensation und stand in allen Zeitungen. Aus Berlin meldete sich in eiliger Aufregung Ottilies Verwandtschaft. Friederike Gräfin Henckel von Donnersmarck gab sich entrüstet, daß ihre Nichte einen so gewöhnlichen Menschen zum Gatten wählte. Der Bruder der Mutter, Wilhelm Graf Henckel von Donnersmarck, bestürmte den Bräutigam mit der Nachricht, »daß sie gar kein Vermögen hat«. Es sei »der Schlußstein« seiner Wünsche, schrieb er vornehm, »meine theuere Ihnen nun anvertraute Ottilie in jeder Art glücklich zu wissen«. Daher müsse August pflichtschuldig einen Ehevertrag abschließen. Es äußerte sich auch Ottilies Mutter Henriette, die selbst ein finanzielles Desaster erlebt hatte, und bedrängte August in mehreren höflichen Schreiben, ihrer Tochter ein anständiges »Nadelgeld« zu gewähren. Dabei betonte sie, daß »ein Einkommen von 900 Reichstalern noch immer nicht zu den brillanten Lebensverhältnissen gehört«. Mit seiner zukünftigen Schwiegermutter stand August auf gutem Fuß. Er wußte, daß sie ihm, der vor einem Jahr seine Mutter verloren hatte, liebevoll zugetan war.

Es dauerte nicht lange, bis in der noch frischen Verbindung der erste Streit losbrach. August mußte wegen einer Erkältung die Tanzaufführung zum Geburtstag der Erbprinzessin Maria Pawlowna absagen. Selbstverständlich galt das auch für seine Braut, die ebenfalls stark erkältet war. Doch Ottilie war empört, daß August ohne weiteres über sie verfügt hatte. Ihre Vorwürfe brachten ihn aus der Fassung – den erhobenen Zeigefinger war er nicht gewöhnt. Ottilie ging trotz ihrer Halsschmerzen im dünnen Kleid aus dem Haus, so daß August sich hinter den Arzt stellte, um sie zur Vernunft zu bringen. Als auch das nichts half, rief er die einzige Autorität an, die Ottilie respektierte. »Der Vater, von denselben Gesinnungen wie ich beseelt, läßt seine Tochter bitten, sich zu schonen, jede Verkältung zu meiden und den morgenden Ball aufzugeben ... Sobald Du ganz hergestellt bist, erwartet Dich der Vater mit Freude und Liebe.«[30] So gut der Hinweis gemeint war – Ottilie fühlte sich bevormundet. August war wie vor den Kopf geschlagen. Eine so kleine Bitte und ein so großes Debakel! »Liebste beste Ottilie ...« Es sei doch nur eine harmlose Unannehmlichkeit. Sie beurteile ihn ganz falsch. »Laß meinen Ernst nicht für Härte gelten, dies ist er bei Gott nicht ...« Sie entgegnete streng und von oben herab: »Ich bin heute wieder ruhig, – ich bin es, weil ich es sein will.« Er und sein Vater hätten sie unterschätzt. »Nein August, ich habe nicht bloß dem Vater die Tochter sein wollen dadurch, daß ich den Namen des Sohnes tragen werde; ich versprach Dir wohl mehr ...«

Aus ihrer Verteidigung wurde ein Bekenntnisbrief. »Du weißt, ich liebe den Vater ungewöhnlich – dies in jede Handlung meines jetzigen und zukünftigen Lebens zu legen und legen zu dürfen, ist mir ein Glück, das ich mehr empfinden als aussprechen kann ... Lebewohl, August, die Zukunft lehrt Dich vielleicht besser, was ich eigentlich bin und was ich Dir und dem Vater sein will.«[31] »Dir und dem Vater« – Ottilie würde niemals *Goethe* sagen. Für sie ist er immer *der Vater*, eine andere Anrede gab es nicht. Da sie selbst niemals »Vater« hatte sagen können, würde sie den Vorzug, Goethe so nennen zu dürfen, nachgerade kultivieren. Nach seinem Tod würde sie ihrer Mutter entgegnen: »Die Welt vermißt Goethe, ich aber verliere den Vater!«

Ein neues Jahr, ein neues Leben begann. Ottilie kam einmal pro Woche, dann an jedem zweiten Tag ins Haus am Frauenplan. Es war das schönste und prächtigste, das kultivierteste und vornehmste Haus, das sie sich vorstellen konnte, ein Haus voller Kunstschätze, Gemälde, Graphiken und Skulpturen – eine Welt für sich.

Abb. 5: Goethes Wohnhaus am Frauenplan in Weimar zur Zeit von Almas Geburt. Kupferstich von Ludwig Schütze nach Otto Wagner, 1827

Noch wurden die Zimmer unter dem Dach renoviert, gestrichen und getüncht, denn hier sollte das junge Paar Einzug halten. Die Alternative, eine eigene Wohnung zu suchen, war offenbar nie erwogen worden. August erschien es selbstverständlich, in der Nähe des Vaters zu bleiben – für Ottilie war es ein einzigartiges Glück. Endlich würde sie, die ein Leben lang »irgendwo« untergebracht worden war, ein eigenes Zuhause haben – nicht »irgendwo«, sondern unter einem Dach mit Goethe!

An ihren Bräutigam schickte die selbstbewußte junge Dame ein Gedicht, das ebenso heiter wie ironisch war.[32]

Glücklich ist, ich muß bekennen,
Wer mich seine Braut darf nennen,
Denn so unterrichtet und gescheit
Gibt's kein Mädchen weit und breit;
Alles hat man mich gelehrt,

Was zur Bildung nur gehört –
In der Geschichte weiß ich zu sagen,
Daß Alexander die Perser geschlagen;
In Geographie ist mir nicht neu,
Daß Berlin die Hauptstadt Preußens sei; ...
Das Schreiben geht leicht und schnell mir von der Hand,
Und in der Musik werd ich Meisterin genannt ...

Goethe, der nach Jena gereist war, schickte Ottilie Köstlichkeiten für die Küche und Kästen mit Blumen. »Hier, meine liebe Tochter, abermals eine Pflanzen-Lektion, studiere sie fleißig, damit Du Dich der gegenwärtigen Zeit freudig erinnern könnest ...« (27.3.1817) Prompt antwortete »die liebe Tochter«, sie wolle ihn in seinem Paradies besuchen, obwohl sie mit Pflichten überhäuft sei. »In der Zwischenzeit arbeite ich mit Benvenuto Cellini an den kostbarsten Gefäßen, klage mit Lord Byron um die Trennung von der Frau, vertiefe mich in die Fuge von Bach, spreche mit der Mutter über englische Literatur ... und wiederhole meine botanische Lektion.«[33] Zugleich sandte sie dem Schwiegervater zwei Bücher von Byron.

Ottilies Antworten auf Goethes Briefe waren immer ein punktgenaues Echo, das ihm gefallen haben wird. Am 8. April 1817 schickte er »An Fräulein Ottilie von Pogwisch Gnaden« eine frisch gefangene Forelle mit der Behauptung, daß der Fisch »nur durch Tobias' Engel herausgehoben werden konnte«. Sie erwiderte: »Ich küsse Ihnen die Hand, lieber Vater, und will täglich ein andächtiges Gebet zur Nixe der Saale schicken ...« Allerdings vermute sie, daß der Engel »sich Ihnen als irgendeine schöne Müllerin offenbart hat!« Zugleich kokettierte sie mit neu erworbenen Kochkünsten. »Da ich weiß, wie sehr die Männer das Neue lieben, und wie man vielseitig sein muß, um sie zu fesseln und ihnen dauernd zu gefallen, so bezaubere ich August jetzt durch einige treffliche selbstbereitete Saucen; und da er das Kochtalent nicht in mir ahndete, so tut dies nur umso größere Wirkung.«[34]

Für Goethe die Scherze, für die Freundin die Klagen. Sie habe es wahrhaftig nicht leicht mit ihrer Doppelexistenz, erfuhr Adele. »Welt- und Hausfrau machen mir viel zu schaffen ... Wäre ich nur eine von Beiden und nicht ein Mixtum davon, so wäre die Sache gut, so aber teile ich mich zwischen diesen beiden Ämtern, lege oft das Schlüsselbund beiseite, um eine Staatsministerin zu empfangen und werfe dann wieder den Waschzettel ins Pult, um Lord Byron in die andere Hand zu nehmen – in der Zwischenzeit gebe ich Eier heraus und spiele eine Haydnische Sonate und zupfe während eines ästhetischen Gesprächs als Goethische Schwiegertochter Estragon zum Essig ... Ich fühle die Kraft in mir, glücklich zu sein, und will diese Kraft gewaltsam festhalten und nicht schwächen ...« In einem Gedicht schildert sie frohgemut ihre Vielfachexistenz.

Ich kenne ein Mädchen bei meiner Treu,
Die ist das vollständigste Allerlei;
Heut will sie gebunden sein, morgen frei,
Jetzt ist sie flatterhaft, dann felsentreu,
Jetzt folgt sie sinnend der Sterne Bahn,
Und plötzlich fängt sie zu tanzen an;
Nun weint sie und scheint ganz Melancholie,
Dann trällert und springt sie von Abend bis früh;
So mädchenhaft schüchtern, so männlich kühn,
Nun sittsam und häuslich, dann Weltkind von Sinn ...
Nun beim Himmel, da ist sie schon ja,
Pogwischens Fräulein Ottilia.[35]

»August gewinnt bei mir mehr und mehr, und wie Du mich kennst, weißt Du, daß sehr vieles in diesem Verhältnis auf die erste Zeit ankommen mußte«, behauptete Ottilie, was Adele aufgebracht als einen gewaltigen Irrtum bezeichnete. Doch ihre Warnungen verfingen nun nicht mehr. Ruhig verkündigte Ottilie:

»Nun sieh einmal recht freundlich aus und höre, daß seit gestern der Tag meiner Trauung auf den 17ten Juni festgesetzt ist ... Dem Vater sage nichts davon, da ich nicht weiß, ob August ihm heute darüber geschrieben hat.« Ottilie fürchtete sich vor Goethes Dominanz. Würde sie auf Dauer seinen Ansprüchen gerecht werden können? »Ich gestehe«, erklärte sie ungewohnt feierlich, »ich habe noch eine kleine Angst; er hat mich jetzt dadurch, daß er August glücklich sieht, lieb, aber er kennt mich nicht; wie werde ich ihm gefallen, wenn die Zeit und das tägliche Beisammensein ein Blatt nach dem andern meines Charakters und Wesens vor ihm umschlägt?«[36] Bisher hatte Goethe sie gern um sich, das wußte Ottilie. Sogar der Jenaer Schriftsteller Johann Diederich Gries hatte von Goethes Vorliebe für die neue Tochter gehört. Ziemlich forsch behauptete Gries bei seinem Kollegen Abeken: »Wahr ist, daß er seinem etwas phlegmatischen Sohn scherzhaft gedroht hat: Wenn er Ottilien nicht recht warm halte, so wolle er, der Vater, ihr so die Cour machen, daß ihm, dem Sohn, Hören und Sehen vergehen solle.«[37]

Das Trauerjahr für Christiane Vulpius war exakt eingehalten worden, nun konnte geheiratet werden. Die Hochzeit von Julius *August* Walther von Goethe mit *Ottilie* Wilhelmine Ernestine Henriette Freiin von Pogwisch fand am 17. Juni 1817 statt. Das Paar wurde von Generalsuperintendent Günther im Haus am Frauenplan getraut. Der siebenundzwanzigjährige Bräutigam war nach Meinung der Anwesenden »eine blendende Erscheinung«, groß gewachsen, mit ebenmäßigen Gesichtszügen, einem charaktervollen Kinn, tiefbraunen Augen und dichtem dunklen Haar. Zwei Tage vor der Trauung hatte er seiner Braut einen Strauß weißer Rosen mit einem eigenhändigen Gedicht gesandt.

Abb. 6: Ottilie von Pogwisch als Braut.
Zeichnung von Julie von Egloffstein

Die weiße Rose eilt die Blüte zu entfalten
Den Tag zu grüßen der uns froh vereint …
Erfreut, daß sie zum Zeichen einst gewählet
Und sagt: Die treue Liebe hab ich stets gestählet,
So daß der Kranz, der schon vergangen schien
Zum Baum sich hebt und neu beginnt zu blühn.[38]

Die zwanzigjährige Braut wirkte neben dem stattlichen Bräutigam recht zierlich. Mit leuchtend blauen Augen, dunkelblonden Locken und einer bräunlichen Haut bot sie den Anblick einer hierzulande fremdartigen Schönheit. Frau von Stein, inzwischen eine Dame von vierundsiebzig Jahren, muß in ihrer Jugend ähnlich ausgesehen haben; wie sie stammte auch die Braut aus altem Adel.

Später sandte der Prinzenerzieher Frédéric Soret, von Ottilies Person bezaubert, seinem Bruder folgende Beschreibung: »Sie ist klein, braun, mit feurigen, geistblitzenden Augen, lebhaft, originell, empfindsam …« Sollte das der Grund sein, weshalb Goethe unter den attraktiven jungen Frauen Weimars gerade Ottilie von Pogwisch ausersehen hatte?

Tagebuch Goethes vom 17. Juni 1817: »Abends 7 Uhr Trauung, Gesellschaft, Abendessen.« Die »Eheberedung«, nämlich der Heiratsvertrag, war zuvor juristisch geprüft worden; danach erhielt Ottilie ein jährliches Nadelgeld von 200 Talern. Sollte August vor ihr sterben, würde sie ein Wittum von 400 Talern jährlich erhalten. An der Hochzeitstafel im Goethehaus waren sechsundzwanzig Personen versammelt. Zum Festessen geladen waren (nach Augusts noch erhaltener Gästeliste) Oberbaurat Coudray, Regierungsrat Gerstenbergk, Albert Cajetan Graf von Edling, Professor Heinrich Meyer, Hofmedikus Rehbein, Kammerherr von Einsiedel, Kanzler von Müller, Bibliotheksrat Vulpius und Hofmarschall Freiherr von Spiegel, der den Ehevertrag unterzeichnet hatte, ferner die Brautmutter Henriette von Pogwisch, Ottilies Freundinnen Caroline von Harstall, Louise von Milkau, Demoiselle Aulhorn, Adele Schopenhauer und deren Mutter Johanna, die Gräfinnen Egloffstein und deren Tante Caroline, Hofdame Gräfin von Beust und Augusts Tante Sophie Helene Vulpius.[39] Goethe schenkte Ottilie zur Hochzeit eine goldene Halskette. Leider war der Vater der Braut, Major Julius von Pogwisch, nicht gekommen, ja, er hatte sich nicht einmal gemeldet.

Auch Ottilies Großmutter Reichsgräfin von Henckel war der Zeremonie ferngeblieben. Sie konnte Goethe nicht ausstehen, von seinem Sohn hielt sie ohnehin nicht viel. Die Sechzigjährige mochte sich fragen, warum August von Goethe ausgerechnet Ottilie zur Gattin wählte. Dieselbe Frage würde hundert Jahre später der Psychoanalytiker Kurt Eissler zu beantworten suchen. In einer umfangreichen Studie über Goethe hat sich Eissler auch mit dessen

Sohn und Schwiegertochter beschäftigt. Er nennt Ottilie begabt, ehrgeizig und impulsiv und stellt dabei eine wesensmäßige Ähnlichkeit mit Augusts Mutter Christiane Vulpius fest. »Ich gewinne den Eindruck«, schreibt er, »daß August von Goethe dem mütterlichen Typ folgte, als er Ottilie von Pogwisch zu seiner Frau machte.« Welche Erklärung gibt Eissler dafür? »Sie (Ottilie) zeigte später die klassischen Merkmale einer psychopathischen Persönlichkeit.« Ottilie sei »hemmungslos« gewesen wie Christiane, auch »ständig unzufrieden, immer nach anderen Männern sich sehnend, ewig frustriert«.[40] Goethes Ehefrau habe die erforderliche Selbstkontrolle durch den übermäßigen Genuß von Alkohol und den Besuch anstößiger Tanzvergnügen vermissen lassen. Aber hatte sich August nicht vielmehr in eine Frau verliebt, die das Gegenteil seiner Mutter war? Ottilie dichtete und schrieb geistreiche Briefe, hatte Freundinnen, für die sie Stammbuchverse erdachte, sie erheiterte Goethe mit sprühenden Einfällen. Ottilie war interessiert und belesen, schlank und schön, adlig und weltgewandt und kam aus einem Umfeld, in dem Bildung den höchsten Stellenwert hatte. Dafür verstand sie, im Gegensatz zu Christiane Vulpius, nichts vom Haushalt, konnte nicht kochen und betrat den Garten nur, um einen Strauß Rosen zu binden. Auch in emotionaler Hinsicht war sie mit Augusts Mutter kaum zu vergleichen. Christiane Vulpius hatte ein mütterliches, herzliches und liebevolles Wesen. Sie gab dem Dichter – laut Eissler – »das Maximum an Lust und Freude, von dem ein Genie während seiner Erdentage kosten darf«. Davon konnte bei August und Ottilie nicht die Rede sein. »Sieben Jahre lang habe ich mich ungeliebt gesehen«, würde Ottilie später enttäuscht feststellen. Im Grunde konnten die Unterschiede zwischen den beiden Frauen größer nicht sein.

Anläßlich der Hochzeit des Sohnes sei in seinem Haus ein Fest veranstaltet worden, »das sich nicht leicht wiederholt«, versicherte

Goethe voll Stolz dem Heidelberger Kunstsammler Sulpiz Boisserée. Und an Zelter: »Die jungen Leute sind das eigenste Paar, das es vielleicht gibt, und scheinen wirklich füreinander prädestiniert. Es ist mir nicht bang um sie.«

Die nunmehr frisch Vermählten begaben sich auf Hochzeitsreise, worüber Goethe sich einen Bericht erbat, genauer: »eine Skizze der Begebenheiten und Abenteuer«, und zwar ausschließlich »von Dame Ottiliens Feder«. Er mochte ihre mit scherzhaften Kommentaren gewürzten Schilderungen. Ottilie nannte die Reise, die sie im offenen Wagen »bei trefflichem Sonnenschein und freundlichen Gesprächen« nach Dornburg, Sulza, Kösen, zur Rudelsburg und durch die thüringische Landschaft führte, einen »Schmetterlingsflug«, und das war sie auch, denn bereits nach zwei Tagen waren sie wieder zurück. August hatte Pflichten. Ottilie begann, sich mit dem großen Haus vertraut zu machen und begutachtete sämtliche Räume im Vorder- und Hinterhaus – Kammern, Stuben, Säle, Alkoven, Vorzimmer, Bibliothek und Kabinette – vom Keller bis zum Dachboden.

»Glückliche sind der junge Goethe und seine junge Frau Ottilie Pogwisch«, meldete Sophie von Schardt ihrem Neffen Fritz von Stein. »Vor ihnen das frische, heitere Leben in langer Hoffnung – und nachdem man so viel um das Glück der beiden *besorgt* war, sind sie nun froh ohne Besorgnisse.« Zwei Wochen später betonte sie noch einmal: »Ich habe Ottilie Pogwisch schon als Kind lieb gehabt, sie ist geistvoll und gut, *singt* ganz *himmlisch*, versteht *Musik* auch ganz gründlich.« Nach einem »fatal herumirrenden« Leben, wobei sie »in einem Hause *schlief*, bei der Mutter einen Teil des Tages *war* und bei den Egloffsteins in der Kost war zu *Mittag*«, sei Ottilie nun glücklich über eine eigene Wohnung. Der junge Ehemann sei ein Ordnungspedant, »und doch hat er den Geist vom Vater geerbt, dünkt mich«. Ottilies Verhältnis zu Goethe sei ausgezeichnet. »Der Papa hat die Schwiegertochter sehr lieb, noch in Jena muß sie ihm alle Wochen schreiben,

Abb. 7: Das sogenannte »Juno-Zimmer« mit dem Kolossalkopf der Juno Ludovisi im Goethehaus

und so er an sie. Er teilt ihr alle Schätze mit, die er *con amore* hegt oder hervorbringt; da sie geistvoll ist, hat sie große Freude dran und schmiegt auch ihr Gemüt sehr freundlich am Vater hinauf.«[41]

Das stimmte. Ottilie schmiegte sich in Goethes Gunst. Ihm gefiel es. Wenn Ottilie die Feder zur Hand nahm, um dem Schwiegervater eine Bitte vorzutragen, wurde sie noch geschmeidiger. »Freund *Amor* könnte mir einen wahrhaften Dienst leisten« und »einen Pfeil in das Herz des Herrn von Knebel« lenken, so zweideutig-erotisch drückte sie sich aus. »Ich sehe Sie staunen, lieber Vater, daß Ihr Schwiegertöchterchen, die kaum das Ja am Altar ausgesprochen hat, schon wieder eine neue Eroberung ersehnt – doch ich hoffe, Sie beruhigen sich wieder ...« Die »Eroberung« war ein Scherz. Goethes »Urfreund« Carl Ludwig von Knebel, einst Erzieher des Prinzen Constantin, jetzt ein gelehrter Sonderling, war über siebzig Jahre alt, hatte spät noch geheiratet und führte ein kultiviertes Haus im sogenannten Jenaer Paradies, wo Goethe auch diesmal zu Gast war. Ottilie wollte Knebel überreden, Byrons *Farewell* zu übersetzen. Knebel lehnte ab. Doch Ottilies Charme gelang es schließlich, ihn umzustimmen. Goethe ging bereitwillig auf ihren scherzhaften Ton ein. Daß sie und August nicht nach Jena kommen konnten, sei kein Schaden, denn die Krebse seien »desertiert«, die Sandtorte hingegen sei »sitzengeblieben«. Ottilie möge ihm zwei gebratene Hähnchen schicken (27. Juni 1817). Prompt antwortete sie: »So groß, lieber Vater, ist in allem der Wunsch, Ihnen nahe zu sein, daß sogar gebratene Hühner, die sonst der Flugkraft zu entbehren pflegen, von diesem Wunsch mächtig angeregt, zu Ihnen herübereilen … Ich mache Ihnen vermittels der Hühner meinen gebratenen Knix und küsse die Hand, die mir so gütig neulich Erdbeeren reichte.« (5. Juli 1817) Eine solche Auskunft mußte Goethe entzücken. Zur Entschuldigung für ihr Ausbleiben schrieb Ottilie: »*Ach hätt' ich ein Wämslein und Höslein und Hut*, das, lieber Vater, ist seit gestern mein Morgen- und Abendlied, dann säße ich schon längst zu Pferde und bald bei Ihnen! Da ich aber keine Miranda bin, die das Herz hat, in Knappenkleidung ihrem Ritter zu folgen, so muß ich mich begnügen, eine Forelle und ein Hühnchen für Sie einzupacken und als meine Bevollmächtigten zu senden.«[42]

Vier Monate nach der Hochzeit traf bei Ottilie ein Brief ein, mit dem sie kaum gerechnet hatte. Die Post kam aus Rauden in Kurland. Der preußische Major und Ritter Julius von Pogwisch, siebenundfünfzig Jahre alt, gratulierte seiner ältesten Tochter am 1. Oktober 1817 zur Vermählung.[43] »Da Deine Wahl, von der besten Mutter genehmigt, Du, gute Ottilie, ganz nach Deinem Herzen gewählt hast, so bleibt zu dieser, so Gott will, stets glücklich seyenden Veränderung Deines Lebens mir nichts zu wünschen übrig – Die Vorsehung erhalte Dein Glück und Deinen

Werth, der bis zu mir gekommen ... liebe und ehre Deinen Mann, sey nachsichtig, sey nachgebend und im strengsten Sinn des Worts bleibe Deinem Mann stets treu... das e, als ein vortrefflicher, schätzungswürdiger Mann mir genannt ist – suche keinem in der Welt mehr zu gefallen, als diesem, Deinem Dir selbst gewählten, so magst Du, des väterlichen Seegens gewiss seyn, und wirst die Freude Deines Veter seyn und bleiben so lange er lebt – ... O! gute liebe Ottillie, wie will ich mich Deines Glück freuen – denn wer? kann Dich mehr lieben ... als Dein Dich über alles Denken zärtlich liebender Vater.« Dann lobte er seine unvergleichliche Ehefrau Henriette; Pogwisch war von ihr nur getrennt, die offizielle Scheidung erfolgte erst drei Jahre später. »Sey wie Deine Mutter, und Du hast mich zum glücklichsten Mann der Welt gemacht ... Du hast Dein mir gegebenes Versprechen, als ich von Dir Abschied nahm, treu erfüllt, Du bist Deiner Mutter eine folgsame Tochter gewesen – ich weiß es und danke Dir dafür, aus aller Fülle meines Herzens, fahre fort, durch Dein Betragen gegen diese Deine Mutter, der Du alles zu verdanken, die Dich so sorgfältig, so aufmerksam erzogen, gepflegt, dieser Deiner von mir äußerst geschätzten, geliebten und angebeteten Mutter ähnlich und würdig zu seyn, und zu bleiben, und ich habe ausgeredet, habe keinen Wunsch mehr ...«

Einen Wunsch hatte der Major aber dennoch: Ottilie möge ihm von ihrem jetzigen Leben berichten. Bei ihrer Geburt war der Major noch stolzer Besitzer von fünf schönen Gütern in Preußisch Eylau, Ostpreußen und Lauenburg gewesen. Er entstammte einer alten, respektablen Familie, die im 15. und 16. Jahrhundert zu den mächtigsten Adelsgeschlechtern im Herzogtum Schleswig-Holstein zählte. Daß von Pogwisch vom Militär Abschied nahm, um sich der Landwirtschaft und den Pferden zu widmen, hatte sich als Verhängnis herausgestellt. Leichtsinnige und verfehlte Grundstücksspekulationen, vielleicht auch eine unselige Spielleidenschaft, hatten ihn in den Ruin getrieben. Doch die Liebe zu Gattin und Töchtern war unverändert. Das väterliche Schreiben, das seinen Gefühlsüberschwang und eine schwärmerische Neigung zur Idealisierung offenbart, läßt die Vermutung zu, daß seine älteste Tochter diese Eigenschaften, die ihr das Leben schwermachen würden, von ihrem Vater Julius von Pogwisch geerbt hatte.

Der Name *Goethe* schien dem königlich-preußischen Ritter unbekannt, jedenfalls erwähnt er ihn auch nicht im Brief an seinen Schwiegersohn, der dem ersten Brief folgte. »Hochwohlgeborner Herr, Höchstzuehrender Herr Kamerrath! Ew. Hochwohlgebornen sind mir, als ein so lobenswürdiger, und liebenswürdiger Mann, von einem jeden beschrieben, der nur das Vergnügen ihrer genauen Bekanntschaft gemacht, sind die eigene getroffene Wahl meiner Tochter, haben die Einwilligung der besten Frau, und Mutter, die ich kenne … daß auch ich – Ihnen – meine Einwilligung zu ihrer Verheirathung mit meiner Tochter Ottillie, mit dem besten väterlichen Seegen begleitet, gerne gebe … Ich bin überzeugt, ein Mann ihres Werths kann, will und wird mein von ganzer Seele geliebtes Kind nur glücklich machen – mit dem ich Ihnen mein ganzes Glück auf der Welt, so ich habe, übergebe, mehr sage ich Ihnen nichts – und enthalte mich gerne, diesen so edlen Mann an seine Pflichten zu erinnern, die Er bis in sein Grab von selbst zu halten und auszuüben versteht, und meine gute vortreffliche Frau stets als die Urheberin Ihres ganzen vermeinten Glücks, der Sie alles zu verdanken haben anzusehen … Ottilie, von einer so guten Mutter, gewiß sorgfältig und aufmercksam erzogen, bey so vieler Güte u Reinheit ihres Herzens, bey einer nicht gewöhnlichen Geistes Bildung, kann nur ihren Mann glücklich machen … ich danke Gott der mir diese Freude vergönnt, Sie meinen geliebten Schwiegersohn zu nennen, und bete für Ihr Wohl. Gott segne – Gott erhalte – Sie beide, und lasse seinen Seegen auf Ihnen ruhn. Mit der ausgezeichnetsten Hochachtung nenne ich mich Ihren treusten Freund u Vater von Pogwisch.[44]

Das Weihnachtsfest des Hochzeitsjahres 1817 verbrachte Goethe nicht zu Hause, sondern in Jena. Ottilie schickte ihm am Heiligen Abend »Malthesertröpfchen zum Pfefferkuchen« und fügte hinzu: »Frau von Stein, die Ihnen sehr viel Freundliches sagt, hat mir mitgeteilt, daß Herr von Knebel ihr das Byron'sche ›Lebe wohl‹ zugesandt ...« Ottilie konnte Goethes Abwesenheit nur schwer ertragen. Ohne ihn seien die Zimmer leer und das Leben öde, versicherte sie. Auf jeden Fall werde sie zu ihm kommen, und sei es auf dem Schlitten.

Am Jahresende sandte Ottilie dem Schwiegervater ihre Neujahrsgeschenke mit dem Bekenntnis, wie begünstigt sie sei. »Mir hat das verflossene Jahr alles erfüllt, was es mir bei seinem Anfange verhieß, und Sie müssen mir die Freude gönnen, zu seinem Abschluß zu wiederholen, wie glücklich ich als Ihre Tochter und August angehörend bin. Mein lieber, lieber Vater, ich küsse Ihnen tausendmal die Hand. Ihre ergebene Ottilie von Goethe.«[45]

Wenn man sich fragt, warum Ottilie nicht nur als schwärmerisches junges Mädchen, sondern auch als verheiratete Frau von Goethe bezaubert, ja hingerissen war, kann man eine Erklärung in den Berichten der vielen Besucher finden, die von Goethe ähnlich beeindruckt waren. Die vierundzwanzigjährige Julie von Egloffstein sprach von nichts anderem als von Goethes überwältigender Liebenswürdigkeit. Nach einem Konzert wurde sie mit ihrer Schwester im Haus am Frauenplan erwartet. »Der alte Herr empfing uns g a n z b e s o n d e r s zärtlich und entwickelte, als wir bald darauf mit ihm am traulichen Eßtisch saßen, seine ganze Liebenswürdigkeit in Scherz und Ernst aufs Allerreizendste. O w i e hinreißend, w i e unwiderstehlich ist dieser Mann, wenn er in heitrer Gemütlichkeit sich zwischen seinen Kindern und Freunden bewegt.«[46] »Es ist mir unmöglich, eine Vorstellung von dem Charme seiner Rede zu geben«, schrieb der sechsundzwanzigjährige französische Schriftsteller Victor Cousin im Oktober 1817. »Alles ist individuell, und doch hat alles die bezaubernde Kraft des Un-

Abb. 8: Die Malerin Julie von Egloffstein, Freundin von Ottilie. Selbstbildnis

endlichen. Genauigkeit und Weite, Klarheit und Kraft, Fülle, Einfachheit und Anmut wohnen seiner Sprache inne ... Seine Gesichtszüge: hohe Stirn, ziemlich breites, aber ebenmäßiges Gesicht, strenger Mund, durchdringende Augen, allgemeiner Ausdruck: Überlegung und Kraft. Er ist ein wahres Genie in der Formung des Gedankens. Ohne Mühen glitt er von einem Gedanken zum anderen und goß über jeden ein umfassendes und mildes Licht, das mich erleuchtete und verzauberte.«[47]

-

Die Mansarden im Goethehaus waren fertig, das junge Paar konnte einziehen. Es waren neun Zimmer, die Ottilie gemütlich einrichtete. »Ihre Stuben atmen Blumengerüche und Frieden«, bemerkte Frau von Schardt, Schwägerin der Charlotte von Stein. Im »Schiffchen«, wie Goethe die Zimmer im Oberstock nannte, gab das junge Paar bald die ersten Einladungen. »Wir sind neulich zum musikalischen Frühstück bei dem Cammerrath Goethe gewesen. Der Vater sieht recht wohl aus und sieht zuweilen die Besuche der Tochter«, berichtete Schillers Witwe am 3. November 1817 ihrem Sohn Karl. »Mit Großmama und Mama ist der Vater kalt und abgemessen; aber die Tochter behandelt er sehr artig.«

Weniger günstig sah es mit Ottilies Fähigkeiten in der Küche aus. Falls Vater und Sohn auf ihre Mitwirkung gehofft hatten, wurden sie enttäuscht. Ottilie hatte selber nie im Leben kochen müssen und verstand von Küche und Keller rein gar nichts. Um so mehr spottete sie darüber, daß man von einer Frau selbstverständlich Kochen, Backen und Spinnen erwarte, niemals aber eine geistige Leistung. An ihrem einundzwanzigsten Geburtstag schickte sie ihrer Freundin Adele ein satirisches Gedicht, worin sie die weibliche Problematik beschrieb.

Willst Du den Ruhm der Häuslichkeit gewinnen,
Darfst an nichts denken als Kochen und Spinnen;
Statt auf Epigramme oder ein Liebesgedicht,
Denk lieber an ein neues Gericht.
Die Wirtschaft werde Dein Steckenpferd,
Und in nichts als in Saucen sei gelehrt!
Sobald die Morgenröte nur erwacht,
Werde schnell an Hühnerfutter gedacht …
Dies mein Kind ist der Weg, der von der lieben
Mutter Natur Euch ward vorgeschrieben.
Kehr, o kehre zum Haushalt zurück,
In der Küche da winkt Dir ein würziges Glück …[48]

»Da bei mir von Geistesprodukten nicht die Rede sein kann«, schrieb Ottilie mit leichter Ironie an Goethe, »so begnüge ich mich, Ihnen, lieber Vater, ein gutes Küchenprodukt für die Feiertage zu senden, und bitte nochmals, ja die Blätter des *Divan* nicht zu vergessen …«[49] Die Gedichte waren ihr wichtiger als jedes »Küchenprodukt«, in diesem Fall märkische Rüben. Ganz unbeteiligt war Ottilie an der Haushaltsführung freilich nicht. Auch wenn man über eine gute Köchin verfügte, hatte sie doch zu organisieren, für Hilfspersonal zu sorgen und auf eine geregelte Wirtschaft zu achten. In einem durchaus ernstgemeinten »Wirtschaftsbrief« bat sie Goethe, schon im voraus 25 Reichstaler an August zu zahlen, damit das gesponnene Garn rechtzeitig zu Leinwand gewebt und auf die Bleiche gebracht werden könne, »dies, bester Vater, sind meine hausmütterlichen Wünsche, und ich bitte um eine recht freundliche Antwort, damit mein Beutel wieder eine etwas ansehnlichere Gestalt erhält«.[50] Gleichzeitig war sie aber mit einem ganz anderen Ereignis befaßt. Zum Geburtstag der Erbprinzessin Maria Pawlowna sollten sieben Werke Goethes dargestellt werden, nämlich *Götz von Berlichingen, Mahomet, Egmont, Torquato Tasso, Iphigenie, Hermann und Dorothea* und *Die Laune des Verliebten.* Ottilie suchte die Darsteller dafür aus, eine Aufgabe, die sie mit Feuereifer in die Hand nahm und die ihr weit mehr zusagte als die Bestellung von Leinwand und Garn.

Goethe ging auf Ottilies Wünsche bereitwillig ein. Lange hatte kein weibliches Wesen mehr mit bei Tisch gesessen. Die Geheimrätin war gewöhnlich nicht erschienen, wenn Gäste kamen, nur ein einziges Mal hatte Ottilie sie als eine im Hintergrund wirkende Hausfrau erlebt. Beim ausgedehnten Mittagsmahl saß Ottilie Goethe gegenüber, einundzwanzig Jahre alt, eine wißbegierige, ideenreiche Zuhörerin. Zuweilen legte er seine Hand auf die ihre, besonders dann, wenn sie ihm widersprochen hatte. August war so zufrieden wie kaum je in seinem Leben. Er neigte nicht zu Gefühlsausbrüchen, aber man merkte, daß er sich wohl fühlte. Ottilie mit der klugen Stirn, den lebhaften Augen, dem hübschen Mund und dem Kopf voll blonder Korkenzieherlocken bot einen angenehmen Anblick – man könne August um sie beneiden, hatte Goethe gesagt. Diese originelle Person war entschieden anziehender als die spröden Damen ihres *Musenvereins.* Sie besaß die Fähigkeit, ihn zum Lachen zu bringen, was sonst nur wenigen gelang. Immer erschien sie ungewöhnlich apart, vielleicht etwas zu farbenfroh, die Haare mit Spangen, Bändern, Kämmen, Perlen und Schals geschmückt. Geschmeichelt nahm Goethe zur Kenntnis, daß sie ihn grundsätzlich *Vater* nannte. Er hatte nie eine Tochter gehabt. Nun war sie da.

Der erste Sohn

»Durch ihn wird das Geschlecht in alle Zukunft weiterleben.«

Ottilie erwartete ihr erstes Kind. Schon seit Wochen litt sie unter Übelkeit und Kopfschmerzen. Der Schwiegervater ergriff die Flucht. Wie so oft, wenn Goethe am herzoglichen Hof oder gar in seinem eigenen Haus mit einer »verdrießlichen« Situation konfroniert war, floh er. So geschah es auch diesmal. »Goethe geht morgen wirklich schon wieder, weil er sich die Angst um Ottiliens Niederkunft ersparen will; wir sind alle recht in Sorge für sie, weil sie so sehr schwach ist«, meldete Caroline von Egloffstein ihrer Mutter (13. März 1818). Allerdings waren nicht nur private Gründe der Grund für Goethes Aufenthalte in Jena. Unter seiner Anweisung wurden an der Universität Jena die anatomischen, botanischen und mineralogischen Sammlungen erweitert, entstanden die botanischen Kabinette sowie ein chemisches Laboratorium, eine Sternwarte und eine Tierarzneischule. In der Universitätsbibliothek war Goethe mit der Neuordnung von 56000 Bänden befaßt. Zu seinen bedeutenden Maßnahmen zählt die Verwandlung des Lustgartens in einen botanischen Garten. Dort hielt er sich gerne auf, von dort sandte er Ottilie Pflanzen und Melonen. Auch für seine dichterischen Werke war Jena ein fruchtbarer Boden; hier vollendete er *Wilhelm Meisters Lehrjahre, Hermann und Dorothea, Dichtung und Wahrheit.*

Diesmal schrieb er Ottilie aus Jena, so als sei er an ihrer Situation mitschuldig: »Möge für diese Peinen, die ich dir auflade, dir alles andere Gute zukommen ...« (26. März 1818) Damit schickte er ihr ein Kleidchen für das erwartete Kind. Caroline von Egloffstein meldete es ihrer Mutter: »Du glaubst nicht, wie überaus gut und liebenswürdig er ist, wie sehr er seine Ottilie liebt und wie angenehm uns in seinem Hause bereitet ist.« Selbst die überkritische Adele Schopenhauer schien versöhnt. »August ist mir jetzt viel lieber worden, nie kann ich Gott genug danken, daß dies Verhältnis so ward ... Ottilie hat auf August eingewirkt, oft ist ein Strahl von Heinkes Güte in ihm ...«[51]

Am 9. April 1818 brachte Ottilie ihr erstes Kind zur Welt, einen Sohn. Nach der großen Aufregung war es für alle ein glückliches Ereignis. Nur Adele, die das Geschehen wie alles, was Ottilie betraf, mit übergroßer Teilnahme verfolgt hatte, brach in Tränen aus, schrie, schluchzte, benahm sich tragisch und völlig unpassend. Herzog Carl August sandte eigens einen berittenen Leibhusaren zu Goethe. Durch diesen Enkel, schrieb er, würde das Geschlecht in alle Zukunft weiterleben. Schillers Witwe übermittelte Knebel die frohe Botschaft: »Das Kind soll ganz dunkle Augen und haarbedecktes Köpfchen haben ... Der arme junge Papa hat viel auszuhalten. Sein heitres, gerührtes Gesicht hat ihn mir noch lieber gemacht.«[52]

Goethe kehrte erst dann aus Jena zurück, als die Situation sich entspannt hatte. Die Taufe fand drei Tage später im Haus am Frauenplan statt. Das Kind erhielt nach seinem Vater *August Wal-*

Abb. 9: Ottilies erster Sohn, Walther von Goethe.
Kreidezeichnung von Johann Joseph Schmeller

ther und seinem Großvater *Johann Wolfgang* die Namen *Walther Wolfgang*. Taufpaten waren Augusts Freunde Ernst von Schiller und Rinaldo Vulpius, sein Vetter. Von Ottilies Seite kamen ihre Mutter und Großmutter Reichsgräfin, Schwester Ulrike sowie die Freundinnen Adele Schopenhauer und Caroline von Egloffstein.

Goethe reiste seiner Pflichten wegen im Mai 1818 wieder nach Jena. Dort erkrankte er schwer, so daß August sich auf den Weg machte, um seinem Vater beizustehen. Von Regen durchnäßt, kam er nachts um zwölf zu Fuß im Gasthof »Zur Tanne« an. Von dort schickte er nicht nur Zwieback für den Säugling, sondern auch

Abb. 10: Die Musikerin und Komponistin Caroline von Egloffstein

zärtliche Grüße an Ottilie. »Lebe recht wohl und denke wie immer freundlich Deines Dich immer liebenden Augusts.« Da Ottilie anschließend die Pflege des Schwiegervaters übernahm, hat sich ein weiterer Brief von August erhalten. Er hoffe, »daß die Erwartung des Wiedersehns nicht zu einem gar zu langen Kapitel gemacht werden möge, denn Du fehlst mir an allen Ecken … Es grüßt und küßt Dich Dein ewig treu liebender Mann A. von Goethe.«[53]

Von einer schweren Bronchitis geheilt, meldete Goethe dem Staatsrat Schultz aus Weimar: »Von meinen jungen Leuten dagegen kann ich nur Erfreuliches melden und wenn sie sich auch nicht liebten. Das dritte Wesen übt seine vermittelnden Kräfte, sie genießen ihre guten Zustände in Weimar und wünschen nichts mehr, als daß ich sie mit ihnen teilen möchte.«[54] Die Bemerkung »wenn sie sich auch nicht liebten« ist so rätselhaft wie ein sibyllinisches Orakel.

Unversehens sah sich Ottilie vor ein großes Problem gestellt. Ihre jüngere Schwester war von einem auf vier Jahre berechneten Frankreichaufenthalt vor der Zeit zurückgekehrt. Ihre Mutter hatte aber keinen Platz, um sie unterzubringen. Wie so viele Töchter aus gehobenen Kreisen hatte Ulrike nach ihrem ohnehin lükkenhaften Privatunterricht keine Ausbildung mehr erhalten. Nun besaß sie keine Anstellung, kein Geld und keine Bleibe. Ottilie schickte ihrem Schwiegervater einen Bittbrief: Ob es möglich sei, Ulrike für einige Zeit in seinem Haus unterzubringen. Goethe war an Verwandte gewöhnt. Christianes Schwester und ihre Tante hatten jahrelang in seinem Haus gelebt, hatten im Haushalt geholfen und sich nützlich gemacht. Ulrike von Pogwisch würde den häuslichen Frieden gewiß nicht stören, im Gegenteil, sie konnte Ottilie helfen, zumal jetzt ein Säugling zu versorgen war. »Dein ausführliches Schreiben, meine liebe Tochter, hat mir sehr viel Vergnügen gemacht«, antwortete Goethe am 21. Juni 1818. Er sei sicher, daß man sich gut vertragen werde.

Vielleicht hatte Goethes gute Laune noch einen anderen Grund. Ottilie hatte mit dem wachen Interesse, das sie für jedes seiner Werke bezeigte, sein neues großes Gedicht erbeten. Goethe schickte ihr die Handschrift mit den Worten, sie werde darin »alles, was wir nur erfahren haben, wie in tausendfältigen Spiegeln wieder erblicken«. Das Gedicht *Urworte. Orphisch* bestand aus fünf Stanzen mit griechischen Überschriften, die August für sie übersetzte. Ottilie war von den »Zauberformeln« fasziniert. Ihre Antwort mußte den Dichter erstaunen. Wenn man die Biographie eines Menschen schreiben wolle, bemerkte sie, könne man nicht besser verfahren, »als sie in diese fünf Abschnitte einzuteilen … denn alles, was nur das Leben enthält und mit sich bringt, ist lebendig darin ausgesprochen«.[55] Besonders die erste Strophe nahm sie gefangen – vielleicht bezog sie die Verse auf sich.

Daimon

Wie an dem Tag, der dich der Welt verliehen,
Die Sonne stand zum Gruße der Planeten,
Bist alsobald und fort und fort gediehen
Nach dem Gesetz, nach dem du angetreten.
So mußt du sein, dir kannst du nicht entfliehen,
So sagten schon Sibyllen, so Propheten,
Und keine Zeit und keine Macht zerstückelt
Geprägte Form, die lebend sich entwickelt.

Ihren Brief an Goethe begann Ottilie mit der humoristischen Meldung: »Zur Michaelis-Messe erscheint bei Brockhaus in Altenburg *Der Schwiegervater wie er sein soll, aber wenig in der Welt zu finden ist* von Ottilie v. Goethe, 2 Bändchen mit einem Titelkupfer. Sie werden sich nicht wundern, liebster Vater, mich mit einemmal unter den deutschen Schriftstellerinnen auftreten zu sehen; es ist unserer Zeit zu angemessen, um daß es Sie befremden sollte.« (11. August 1818) Damit spielte sie auf die wachsende Zahl weiblicher Autorinnen an, unter anderem auf Johanna Schopenhauer, deren Romane Goethe wohlmeinend rezensierte. Dann wieder fragte Ottilie listig: »Wie wäre es, lieber Vater, wenn ich unter meinen Namen noch ›*Schwiegertochter des großen Goethe*‹ drucken ließe? Ich dächte, der Einfall könnte Nutzen bringen.« Ein Kapitel ihres nächsten Buches sollte lauten: *Ein Schwiegervater, der entfernt ist, überrascht seine Schwiegertochter nicht nur mit einem freundlichen gütigen Brief, sondern er überschüttet ihr gerührtes Herz auch noch mit Chocolade* … Der Adressat war geschmeichelt und schickte ihr aus Karlsbad mit der »Chocolade« kandierte Früchte,

Karlsbader Stecknadeln und einen gravierten »Crystallbecher«.[56] Goethes vertrauliche Antworten machten sie stolz. Ottilie kannte aber auch ihre Grenzen. Der Urfreundin Adele gestand sie mit freimütigem Humor, letztlich sei sie doch nur »eine gewöhnliche halbgebildete Frau mit einem dicken Mann und einem dicken Jungen«.[57]

Zu seinem 69. Geburtstag erhielt Goethe den schönsten und innigsten Gratulationsbrief, der sich denken ließ. Weimar, d. 28. August 1818. Ottilie schrieb: »Wie gerne wiederholt man, wovon man ganz durchdrungen ist! Darum ermüden Sie nicht, bester Vater, zu hören, daß ich Sie so sehr liebe und verehre und dies Gefühl mir so verwebt ist, daß ich kaum begreifen kann, daß es eine Zeit gegeben, wo ich Ihnen noch nicht so nahe stand wie jetzt. Daß Ihre Güte es ist, was mich diese Zeit so ganz vergessen läßt und mir den Wahn gibt, als hätte ich Ihnen vom ersten Augenblick meines Lebens als Tochter angehört, wird jeder verstehen, der Augenzeuge war, wieviel Liebe Sie mir bewiesen. Lassen Sie mich bei dieser Gelegenheit es auch aussprechen, wie glücklich Sie dadurch nicht nur mich, sondern auch meine Mutter und alle, die mir angehören, machen, und wie alle mit mir Ihnen die treuste Anhänglichkeit widmen.«[58]

Was Goethes Dichtung betraf, erwies sich Ottilie als anregendes Echo. Als seine erste Leserin studierte sie die noch unveröffentlichten Aushängebögen des *Westöstlichen Divans.* Durch ihre Mitarbeit an den *Sibyllen- und Musenvereinen* im Schreiben und Korrigieren geübt, besaß Ottilie die nötige Erfahrung, um literarische Erzeugnisse würdigen zu können. Es bereitete ihr viel Vergnügen, dem Schwiegervater ihre Einschätzungen mit Geist und Witz zu präsentieren. Goethes Tagebuch: »Nach Tische poetischer Divan mit Ottilien besprochen.« (15. März 1819) Seine orientalisch-deutschen Gedichte beschäftigten ihn unablässig. Dabei wird Ottilie einiges über Marianne von Willemer erfahren haben, deren Gedichte Goethe in den *Divan* übernommen hatte. In diesen Tagen besuchte der Bankier von Willemer Goethe – ohne seine Frau. Nach einer Pause von vier Jahren schrieb der Dichter etwas enttäuscht an die Geliebte glücklicher Tage: »Der verehrte Freund tritt in's Zimmer, die geliebte Freundin hofft ich im Hinterhalte. Da fühlt ich recht, daß ich ihr noch immer angehöre. Sagen Sie mir bald ein Wort ...«[59] Später würde Ottilie in Marianne eine besonnene Freundin finden, die sich auch um ihre Söhne kümmerte.

Erbprinzessin Maria Pawlowna erwartete im Herbst 1818 den Besuch ihrer Mutter, der russischen Zarin Maria Feodorowna. Für diesen Anlaß hatte Goethe einen Maskenzug mit mehr als hundert Rollen entworfen. Ein ganzer Schauspielreigen sollte vor der russischen Majestät erscheinen. Sein Sohn half bei der Organisation. »August verdient Ihr Lob«, meldete Ottilie. »Ich habe vorderhand die Rolle der *Eleonore* übernommen und sende meinem *Tasso*, wenn auch nicht einen Mantel, doch Teppich und Obst«, scherzte sie. »Leben Sie wohl, liebster bester Vater, Dichter, kurz alles was mir lieb ist! Ihre Tochter und gerne Ihre Eleonore.«[60] Adele Schopenhauer fand Goethes Programm herrlich – ihr war die Rolle der *Tragödie* zugedacht. »Wie wunderbar ist die Gewalt dieses Mannes über die verschiedensten Gemüter!« rief sie emphatisch aus, »ich lerne in acht Tagen eine Rolle, als wäre ich auf dem Theater groß geworden!«[61]

Überraschend erschien ein fremder Besucher, der energisch verlangte, im Hause vorgelassen zu werden. Goethes Tagebuch enthält nur vier Worte: »Mittag: Major von Pogwisch.« Ottilies Vater war demnach persönlich gekommen, um den Hausherrn zu sprechen. Den Grund seiner Reise aus dem fernen Baltikum kennen wir nicht. Es war der 8. Dezember 1818. Vielleicht war der von seiner Schwiegermutter verstoßene, finanziell glücklose Major herbeigerufen worden, um familiäre Differenzen zu klären – es ging um die Unterbringung von Tochter Ulrike. Bei dieser Gelegenheit ergriff von Pogwisch die Gelegenheit, seinen Schwiegersohn und dessen unbekannten Vater zu begrüßen. Die Verhandlungen mit seiner Familie scheinen schwierig gewesen zu sein. Die unglückliche Ulrike wurde »sehr krank« und mußte sich ins Bett legen. Vorübergehend konnte sie in Goethes Haus wohnen – doch wohin dann? Ottilie löste das Problem auf ihre Art durch einen charmanten Brief, und Goethe verlängerte das Bleiberecht. Tatsächlich würde Ulrike von Pogwisch zehn Jahre lang am Frauenplan wohnen, bis August sie schließlich hinauswarf.

III.

In der preußischen Residenzstadt

»Ottilie freute sich unendlich«

Ein schöneres Geschenk hätte Goethe seiner Schwiegertochter kaum machen können: eine Reise nach Berlin. Ottilie litt zwar an einem »Brustübel« und hatte einen teuflischen Husten, war auch Ende April noch so krank, daß sie nicht einmal am Essen teilnehmen konnte. »Mittag zu dreyen«, notierte Goethe. Adele Schopenhauer ärgerte sich, wie leichtfertig die Freundin über ihr Lungenleiden hinwegging. »Ottilie ist nur für Berlin und ihre Reise existierend.«[62] Auch eine starke Bronchitis war offenbar kein Grund zur Absage. August hatte bei seinem Vorgesetzten, dem Präsidenten Ernst Christian von Gersdorff, rechtzeitig um Urlaub ersucht. Goethes Freund Zelter hatte ihnen sein Haus angeboten und seine Adresse beschrieben, sogar eine Planskizze beigefügt. »Alles ist bereit. Sie fahren am 9. Mai in unsrer Stadt, durch das Potsdammer Thor in die Leipziger Straße herein. Die dritte Querstraße ist die (große) Friedrichstraße: in diese wird links herein gefahren, geradeaus über die Weidendammer Brücke in das Haus 129 links. Auf dem Thorwege an der Treppe wird gehalten, ausgestiegen und Sie sind in Ihrer Wohnung bey Ihrem Zelter.«[63]

Pünktlich am geplanten Termin, dem 4. Mai 1819, stiegen August und Ottilie in die Reisekutsche. Wovon Ottilie immer geträumt, was sie sich lange gewünscht hatte, sollte Wirklichkeit werden: ein Besuch in der preußischen Haupt- und Residenzstadt. Die Reise war der Dank des Schwiegervaters für das, was sie geleistet hatte: Der erste Enkel war da.

Obgleich Goethe Berlin nur einmal im Jahre 1778 für ein paar

Tage besucht hatte, besaß er dort erstaunlich viele Freunde: Zelter, die Brüder Humboldt, Schultz, Helvig, Varnhagen. Neue Freunde waren dazugekommen, die Künstler Schadow, Tieck und Rauch, die Goethe in Gips und Marmor porträtierten. Ottilie hatte sich schon ironisch zu den vielen Goethe-Bildnissen geäußert – sie fand sie alle nicht ähnlich. »Sie sehen, lieber Vater, daß Sie wenigstens eine Schwiegertochter haben, der es nicht wie den Büsten an Augen fehlt«, hatte sie gesagt. Eine Hochburg der Berliner Goetheverehrung war der Salon von Rahel Varnhagen, wo ein regelrechter Kult um den Dichter betrieben wurde. Adelbert von Chamisso, Verfasser des berühmten *Schlemihl*, und Friedrich de La Motte Fouqué, Erfinder mittelalterlicher Rittergeschichten, gehörten dazu. Sie alle erwarteten mit Spannung das Erscheinen von Goethes Sohn und seiner jungen, zweiundzwanzigjährigen Ehefrau.

Das Paar absolvierte Tag für Tag ein ausgeklügeltes Programm in Preußens Hauptstadt, welche schon damals 200 000 Einwohner zählte. Jeder Tag wurde von Zelter und Nicolovius organisiert, damit die jungen Leute Besuche und Besichtigungen in zumutbaren Abständen absolvieren konnten. Vor Mitternacht kamen die Besucher nie nach Hause. Was sie sahen, hörten, erlebten, war überwältigend. August und Ottilie besichtigten die Neue Wache, Humboldts Universität im Prinz-Heinrich-Palais, Schlüters Zeughaus Unter den Linden; sie besuchten das Königliche Opernhaus, erbaut von Friedrich dem Großen, wo sie die *Zauberflöte* mit Schinkels unvergleichlichen Bühnenbildern erlebten. Intendant Graf Brühl hatte dafür gesorgt, daß eigens für sie im Königlichen Theater *Iphigenie*, am Abend darauf Schillers *Jungfrau von Orleans* gegeben wurden. Sie sahen die Aufführungen aus privilegierter Lage – in der Loge neben der des Königs. Man führte sie durch das riesige Königliche Schloß, wobei man sogar die Schlafgemächer betrachten durfte. »So weit geht hier die Liberalität!« staunte August, der für seinen Vater ein exaktes Tagebuch führte.

Die Spuren der Befreiungskriege waren beseitigt, auf dem Bran-

Abb. 11: Goethes Freund, der Berliner Baumeister und Musiker Carl Friedrich Zelter

denburger Tor glänzte die vom König aus Paris zurückgeholte Quadriga. Akademiedirektor Schadow zeigte ihnen die »Gemäldegallerie«, in der August sich als äußerst kenntnisreich erwies; viele Gemälde hatte er zu Hause als Kupferstiche gesehen und konnte, wie auch bei den Antikenabgüssen, Vergleiche ziehen. Der berühmteste Architekt Preußens, Karl Friedrich Schinkel, führte das Paar zu seiner Baustelle auf dem Gendarmenmarkt und erklärte ihnen den Neubau des Schauspielhauses. Die Bildhauer Friedrich Tieck und Christian Daniel Rauch öffneten ihre Ateliers und präsentierten die Entwürfe der dafür vorgesehenen Skulpturen. Ihren Tee nahmen die Gäste bei Justizminister Savigny und seiner Frau Gunda Brentano, die am Brandenburger Tor residierten. Bei Heinrich Nicolovius trafen sie den Feldherrn Neidhardt Graf Gneisenau, den berühmten Schauspieler Devrient und sogar Ottilies Lieblingsschriftsteller E.T.A. Hoffmann, der ihnen »drollige Geschichten« erzählte. Ottilie war begeistert!

August bevorzugte die wissenschaftlichen Einrichtungen, deren Besuch er für den Vater festhielt. Dazu notierte er die täglichen Ausgaben auf langen Listen. Er interessierte sich für Dampfmaschinen und Gasbeleuchtung, besichtigte zweimal Zelters Singakademie, ging in die Anatomie, die Eisengießerei und die Wollspinnerei. In der Königlichen Porzellanmanufaktur präsentierte man ein kostbares Speiseservice, Geschenk des Königs für den englischen Herzog und Feldmarschall Wellington. Ottilie konnte nicht ahnen, daß sie die Söhne des siegreichen englischen Herzogs persönlich bei sich zum Tee empfangen würde.

Für Ottilie war die Reise in jeder Hinsicht triumphal. Wohin sie kam, wurde sie auf Händen getragen. Sie machte Visite bei Prinzessin Friederike von Preußen, deren Kinder von ihrer Mutter erzogen worden waren. Mehrmals besuchte sie ihre Tante Wilhelmine von Treskow, geborene Gräfin Henckel von Donnersmarck, und Vetter Goswin von Brederlow, der sich seinerseits beeilen würde, seine Kusine in Weimar aufzusuchen.[64] Im Dom hörte Ottilie den eloquenten Theologen Schleiermacher predigen. Staatsrat Schultz war von Ottilie so angetan, daß er sie bat, die Patenschaft für sein gerade geborenes siebtes Kind zu übernehmen. Mit einer ordentlichen Portion Selbstironie meldete Ottilie dem Schwiegervater verschmitzt: »Daß die Kleine Ihnen zu Ehren den Namen Ottilie erhalten, werden Sie auch schon wissen.«[65]

Höhepunkt des Aufenthalts war die Aufführung von Goethes *Faust* mit den Kompositionen des Fürsten Anton Radziwill. Eine Schar erlesener Gäste war im Schloß Monbijou anwesend. Das junge Paar begrüßte den Freiherrn vom Stein, die Schriftstellerinnen Elisa von der Recke und Caroline de la Motte Fouqué sowie den exzentrischen Fürsten Pückler. Und Sohn Goethe wurde dem

König vorgestellt, »welcher sehr gnädig war«, und dem Kronprinzen Friedrich Wilhelm IV., der eine Einladung aussprach. »Ottilie freute sich, wie Sie leicht denken können, unendlich.« August schilderte seinem Vater die Aufführung so anschaulich wie möglich. Bei den Bühnenbildern habe Schinkel sich einen Scherz erlaubt: Er ließ in Fausts Studierzimmer Goethes Porträt »durchs Fenster kolossal erscheinen«. Der Dichter wird seinen Freunden amüsiert und nicht ohne Stolz davon berichten.

Bei Ottilie war es immer die menschliche Seite der Begegnungen, die sie interessierte. Freudestrahlend schilderte sie Goethe die Liebenswürdigkeit des jungen Staatsrats Langermann, »den ich Ihnen als meinen erklärten Liebhaber vorstelle«. Er habe sie mit Blumen und Kuchen verwöhnt; sie wolle ihn mit Ulrike verkuppeln.[66] Offenbar blieben ihre Bemühungen ohne Erfolg, denn Ulrike blieb unverheiratet und ging schließlich ins Kloster. Carl Friedrich Zelter wurde über den grünen Klee gelobt. »Wie wohl es uns im Zelterschen Hause war, bedarf wohl nicht der Erwähnung … Seine Tochter ist unendlich heiter, angenehm und natürlich … und ich habe sie in Ihrem Namen und gewiß auch in Ihrer Seele eingeladen …« Besonders der Bildhauer Schadow hatte es ihr angetan, »da er wirklich sehr viel Güte für uns gehabt und sie eine sehr muntere angenehme Frau ist, eine Eigenschaft, die überhaupt den Berlinern eigen zu sein scheint«. August stimmte ein. »Alle Menschen sind hier so freundlich, daß einem der Aufenthalt sehr angenehm wird.«[67]

Auf der Heimreise machte das Paar Station in Dresden, um die berühmte Gemäldegalerie zu sehen und einen Zirkus aufzusuchen, in dem ein lebendes »Rhinoceros« auftrat. In gehöriger Eile bat Goethe den Staatsminister von Gersdorff um eine Urlaubsverlängerung, welche gnädig gewährt wurde. Mit allem, was die Reisenden berichteten, war Goethe höchst zufrieden. Seine Schwiegertochter erhielt ein Sonderlob. »Sodann will ich Ottilie gratulieren, daß ihre kleine Person höchstenorts sehr guten Eindruck gemacht hat; das kommt mir denn von mehreren Seiten zu ...«[68] Ottilie schmeichelte ihm ebenso galant. Alles, was man ihnen Gutes erwies, habe letztlich doch nur ihm, dem Dichter, gegolten, beteuerte sie schalkhaft. »Lieber Vater – Sie wissen zwar, wie sehr die Welt Sie liebt und verehrt, aber Sie empfinden nicht die kleinen Zeichen davon ... So haben wir für Sie die Früchte der Liebe eingeerntet.« (16. Juni 1819)

Ottilies Liebenswürdigkeit und ihre etwas leichtsinnigen Einladungen »im Namen Goethes« hatten zur Folge, daß die Berliner Freunde nach und nach in Weimar auftauchten. Den Anfang machte Vetter Heinrich Nicolovius mit seinen Töchtern Cornelia und Flora. Er war mit Goethes Nichte Luise Schlosser verheiratet gewesen, die nach der Geburt von neun Kindern mit 36 Jahren gestorben war. Er traf ausgerechnet am 28. August 1819 ein, dem Tag von Goethes siebzigstem Geburtstag. Vermutlich wollte Nicolovius seinem berühmten Verwandten, den er bisher noch nie mit eigenen Augen gesehen hatte, persönlich gratulieren. Doch Goethe war genau deshalb aus Weimar geflohen. Er wollte den zahlreichen Gratulanten entgehen, die sonst unausweichlich sein Haus belagerten. Ottilie lieferte Goethe eine Personenbeschreibung. »So nenne ich Ihnen denn vor allen den Staatsrat Nicolovius, dem wir nicht nur den größten Dank schuldig sind, sondern den ich so unendlich lieb gewonnen habe und so sehr verehre wegen einer so hohen Vortrefflichkeit des Gemütes und einer Schärfe des Verstandes, die man wohl selten auf diese Weise verbunden sieht.« Nicolovius dankte ihr für die gastliche Aufnahme. Sein Brief gibt den Eindruck wieder, den Goethes Schwiegertochter auf Freunde wie Fremde machte. »Sie sind gesegnet in reichlicher Fülle! Werden Sie innig froh der schönen Gaben, die in Ihre Hand gelegt sind«, schrieb der Staatsrat. »Leben Sie mit voller Lust und wandeln Ihren Weg wie mit leichtem Fuß, so mit leichtem, heiterem, erhebenden Sinn. Ihr liebes Bild schwebt uns täglich vor in aller Anmut und Bedeutung Ihres ganzen Wesens. Die schönen Tage, die wir miteinander gelebt haben, klingen wie eine heitere Harmonie in unsern Seelen nach.«[69]

Goethe verbrachte seinen Geburtstag in Jena. Die dreiundzwanzigjährige Ottilie gratulierte ihm in einem so innigen Brief, daß er ihn nicht ohne Rührung gelesen haben wird. Sie nannte das Zusammensein mit ihm und die Sorge für sein Wohlergehen »die schönste Lebensbestimmung«. »Wer, der Sie nur einmal gesehen, gedächte nicht dieses Tages mit Segenswünschen – wieviel mehr die, die Sie immer umgeben, die täglich bewußt und unbewußt Sie noch mehr zu lieben genötigt sind – und wie glücklich bin ich, lieber Vater, Ihnen so nahe zu stehen, wie tausendfach werde ich nicht mit Recht darum beneidet! Wie viele möchten nicht beständig ihre Verehrung Ihnen aussprechen, und unter diesen Unendlichen bin ich es, der dies nicht nur vergönnt, sondern die schönste Lebensbestimmung (es) ist, jeden Augenblick mein Gefühl für Sie auszudrücken; … jede Freude, jede Besorgnis darf ich Ihnen zeigen, mit all meinen kleinen Wünschen und Interessen Sie umgeben, und nicht von Ihrer Größe zurückgeschreckt, nein, nur die Größe Ihrer Güte und Liebe fühlend, vertrauensvoll mein ganzes Herz Ihnen öffnen … und an der Nachsicht, mit der Sie entschuldigen, was Sie nicht immer billigen können, sehe ich deutlich, daß mich nicht nur das Wort zu Ihrer Tochter macht, bewiesen Sie es mir nicht noch sonst auf tausendfache Weise.«[70]

Ein zweiter Junge

»Daß dem Vater in dem Sohne …«

Die Berlinreise hatte August und Ottilie sichtlich wohlgetan – der Kanzler hielt es sogar für wert, die Harmonie des jungen Paares in seinem Tagebuch festzuhalten. August ließ erneut Anzeichen von Verliebtheit erkennen, die Ottilie galten und nicht ohne Folgen bleiben würden. Beide freuten sich über den hübschen Sohn, der im April zwei Jahre alt wurde. Ottilie war stolz auf den Kleinen. »Walther hat schon sein Gedächtnis mit Schillers Vers bereichern müssen und singt auf selbsterfundene Melodie ›*Ehret die Frauen*‹«, meldete sie ihrem Schwiegervater übermütig. In Goethes Abwesenheit betreute Ottilie die an- und abreisenden Gäste, darunter ihren Vetter Goswin von Brederlow und die Nicolovius-Söhne Franz und Heinrich. Sie entwickelte sich zu einer exzellenten Gastgeberin – und zur Stellvertreterin Goethes in seinem Hause. Er war im Mai 1820 nach Karlsbad gefahren, kehrte im Juni nach Jena zurück und arbeitete an seiner Novelle *Wer ist der Verräter,* die in den Roman *Wilhelm Meisters Wanderjahre* eingefügt wurde. Das Manuskript sandte er zur Begutachtung seiner Schwiegertochter. Noch eine andere Gabe brachte der Bote: Goethe schickte Ottilie aus Jena eine frische Melone, begleitet von einem Gedicht.

»Wo ich wohne
Zeigt die Melone;
Am Paradiese
Zunächst der Wiese
Liegt ein Garten;
Da warten
Hübsche Kinder auf mich.

Ich aber denk' an dich –
In aller Tugend und Zucht
Schick' ich die Frucht.«

Ottilies Erwiderung auf Goethes »Tugend und Zucht« war unübersehbar zweideutig.

»Ein Vers, der von geliebter Hand
Nur bloß für uns geschrieben stand,
Hat stets ein Frauenherz entzückt.
Mir war es niemals noch geglückt,
Unter so manchen Liebeszeichen
Auch ein Gedicht mit zu erreichen.
Doch jetzt, als wahre Liebeskrone,
Schmückt eins die saftige Melone:
Du schickst in Tugend und in Zucht
Mir diese reich begabte Frucht!
Doch weißt Du, was der Talisman
In meinem Innern wirken kann?
Und ob, so wie Du sie gesandt,
Sie auch empfangen meine Hand?
Steht es schon im Koran geschrieben,
Daß Tugend sei, Dich treu zu lieben
Und Zucht, es offen zu bekennen,
So bin ich fromm und keusch zu nennen.[71]

Goethe erwartete in Jena drei berühmte preußische Künstler: die Bildhauer Friedrich Tieck und Christian Daniel Rauch, mit ihnen kam der Architekt Karl Friedrich Schinkel, den Grundriß seines neuen Königlichen Theaters im Gepäck. Ottilie beschwor den Schwiegervater, »mit der ganzen Caravane« nach Weimar zu kommen. In Jena müsse er sich selbst um alles kümmern, während in Weimar sein großes Haus für Gäste »vollkommen eingerichtet«

sei. Goethe antwortete überaus herzlich. »Tieck und Rauch sind zugleich angekommen, jeder hat eine Tonmasse gehäuft, um den Papa zu porträtieren; diese Blöcke, zwar nicht so fest wie Felsen, aber doch schwer genug, lassen sich nicht transportieren … darum halte ein mit Deinen Wohlthaten.« Ottilie hatte seine Rücksichtnahme verdient. Sie litt an Kopfweh und »Brustübeln«, es ging ihr miserabel: sie war im sechsten Monat schwanger. Goethe bedauerte sie. »Nur daß ich überzeugt bin, Dein guter Geist und Humor lasse Dich das halbwegs erträglich aufnehmen, das Einzige kann mir einigen Trost verleihen.« Der Trost für sie kam in Form kleiner Geschenke. »Ihre freundlichen Zeilen, lieber Vater, haben mir sehr wohlgetan …« Ottilie schickte ihm zum Dank einen Rehbraten, zwei Forellen, zwei Hühnchen, einige Krebse und einen Pudding, dazu »Carmenaden« und einen Blumenkohl, der mühsam aufzutreiben war. Zärtlich schrieb sie dazu: »Mit welchem Entzücken lasse ich von Walther den Namen ›Großpapa‹ aussprechen, der noch nicht weiß, was für ein Glück dieses Wort für ihn enthält.«[72]

Dann ereignete sich ein Unglück. Kurz vor der Niederkunft stürzte Ottilie auf der Treppe, ein Unfall, der für sie und das ungeborene Kind gefährlich war. Adele Schopenhauer sah mit Entsetzen, wie die schwangere Ottilie, eben aus ihrer Mansarde kommend, vornüber fiel, und war vor Schreck außer sich. »Gestern waren Rauch, Tieck, Schinkel und Staatsrat Schultz aus Berlin bei Goethens. Währenddessen fiel Ottilie von der Treppe. Die Todesangst vergesse ich nie! … Nachmittags erschien Goethe. Ich war wieder hinaufgelaufen zu Ottilien. Wie war er gut und herzlich gegen sie!«[73] Goethe war gekommen, um die Künstler zu begrüßen, reiste aber sofort wieder ab, um die beängstigenden Geburtsvorbereitungen im eigenen Haus nicht erleben zu müssen. Charlotte von Schiller meldete ihrem Sohn Ernst: »Ottilie ist sehr leidend; sie wird nächsten Monat niederkommen … Der Gemahl wird beinahe so dick wie der Vater. Dieser hält sich weislich in seinem botanischen Garten auf und wird in Jena bleiben, bis alles vorüber ist.«[74]

Die Geburt erwies sich als überaus kompliziert und dauerte tagelang. Man rechnete bereits mit Ottilies Tod. Es sei wahrhaft »entsetzlich«, sagte Adele, die es sich auch diesmal nicht nehmen ließ, ihrer Freundin beizustehen, wobei sie mit ihrem Wehgeschrei dem herbeigerufenen Personal entschieden auf die Nerven ging. Am 18. September 1820 brachte Ottilie ihr Kind zur Welt; es war wieder ein Junge. »Das Gefühl des heißesten Dankes durchströmt mich noch immer, wenn ich die Feder ergreife«, schrieb Adele anderntags in ihr Tagebuch. »Gott hat uns dem Leben erhalten, Ottilie hat eine schwere, entsetzliche Niederkunft überstanden, sie und ihr Sohn leben. Wie das möglich ward nach den Krämpfen, die ihr alle Kraft genommen und sie vier Tage und fünf Nächte so marterten, daß die eigene Mutter sie lieber tot wünschte als so leidend – es ist ein Wunder, und nur mein Herz glaubt daran! Gott wollte mich nicht so elend machen. Wenn ich an die Nacht denke, wie ich den Moment erwartete, in dem man mir ihren Tod melden werde – wie ich in heftigen Krämpfen zu Boden fiel, als der Bote kam, wie ich's nicht begreifen konnte, daß sie und das Kind lebten – das gellende Schreien – die Pogwisch und ihre Verzweiflung!«[75]

Goethe, der vermutlich froh war, der Tortur entflohen zu sein, erhielt die Botschaft noch am gleichen Tag. Ein zweiter Junge war da! »So hat meine gute Schwiegertochter einen gesunden munteren Knaben nach langen ausgedauerten Leiden geboren«, meldete er dem befreundeten Berliner Staatsrat Schultz. »Mein Sohn, der seit mehreren Monaten mitgelitten, war höchlich zu bedauern.« Er habe August »als ein Muster eines treuen und teilnehmenden Ehemannes« erlebt. Doch noch war die Gefahr nicht vorüber. Man fürchtete den Tod der Wöchnerin durch das berüchtigte

Abb. 12: Ottilies zweiter Sohn, Wolfgang von Goethe, als Kind. Kreidezeichnung von Johann Joseph Schmeller

Kindbettfieber. Goethe machte sich bereits Sorgen, was aus ihm würde, sollte die zarte Schwiegertochter die Strapazen der Geburt nicht überleben. »Ich bin in alles, was erfolgen kann, ergeben, obgleich ihr Verlust einen unübersehbaren Umsturz meiner Zustände hervorbringen müßte«, sagte er.

Ottilie überlebte, und Goethe dankte ihr mit dem Gedicht: »An Ottilien von Goethe – der unter meinen Augen aufgewachsenen lieben Gattin meines Sohnes«. Die Verse zeigen in erstaunlicher Weise, in welcher Rolle er sich selber sah. Nicht August war der glücklich Beschenkte, sondern er, der Dichter.[76]

Ehe wir nun weiter schreiten,
Halte still und sieh Dich um,
Denn geschwätzig sind die Zeiten,
Und sie sind auch wieder stumm.

Was Du mir als Kind gewesen,
Was Du mir als Mädchen warst,
Magst in Deinem Innern lesen,
Wie Du Dir es offenbarst.

Deiner Treue sei's zum Lohne,
Wenn Du diese Lieder singst,
Daß dem Vater in dem Sohne
Tüchtigschöne Knaben bringst.

Seinem Sohn teilte Goethe mit, er werde Ottilie nicht nur jetzt, sondern auch in Zukunft regelmäßig mit einer erfreulichen Geldsumme beschenken. Ottilie gelang trotz ihrer Verwirrung ein herzlicher Dank. »Die unbegrenzte Liebe, die mich an Sie knüpft, kann sich nicht vergrößern, wohl aber das Glück zu empfinden, daß auch ich Ihnen lieb bin …[77] Über den Namen des zweiten Sohnes gab es keine Diskussion. Nach Walther kam nur Wolfgang in Frage. Wolfgang, Wolf, Wölfchen, so war Goethe als Kind genannt worden, so würde auch dieses Kind heißen, das die schwarzen Haare des Vaters und die braunen Augen des Großvaters geerbt hatte und das von Anfang an seine ganze Liebe besaß.

Urfreundin Adele Schopenhauer

»Ich paßte nur zu Ottilien.«

Solange sie in Weimar lebte, war Adele Schopenhauer an Ottilies Seite, mahnte, tröstete, half, schlichtete Streit, beruhigte August und kommentierte in ihrem Tagebuch jedes Ereignis. Sie hatte alles miterlebt, alles erfahren: die Liebe zu Heinke, das Fiasko um August, die Ablehnung der adelsstolzen Familie, Ottilies Flucht zu ihrer Tante nach Dessau, die Begegnung in Goethes Garten. Sie hatte gewarnt, geweint und protestiert, weil sie das Unglück schon voraussah: »... dieser harte, wilde Mensch, ich weiß, er zerstört Dich noch ganz.« Schon vor Ottilies Heirat war Adele im Goethehaus ein und aus gegangen. Der Dichter schätzte die kluge Tochter einer nicht minder bedeutenden Mutter. Johanna Schopenhauer war es gewesen, die Christiane Vulpius den Eintritt in die Gesellschaft mit der Erklärung erleichtert hatte, wenn Goethe ihr seinen Namen gebe, könne sie ihr wohl eine Tasse Tee geben – ein Ausspruch, der daraufhin in aller Munde war.

Von Anfang an besaß die Freundschaft zwischen Ottilie von Pogwisch und Adele Schopenhauer eine eigentümliche Intensität und Ausschließlichkeit. Mit zehn Jahren hatten sie sich kennengelernt, seitdem waren sie unzertrennlich, kannten keine Geheimnisse voreinander und tauschten sogar ihre Tagebücher aus. Schon früh hatte Ottilie der Freundin versichert: »Das Geschick gab mir in Dir alles, was nur mein Herz, mein Geist bedarf, um sich befriedigt zu fühlen.«[78] Sie brauche sonst niemanden. Nach solchen Zusagen notierte Adele hochbefriedigt in ihr Tagebuch: »Die Gespräche mit Ottilie enden mit dem Resultat, daß nämlich Ottilie mich, ich Ottilien habe, und weiter nichts. Nenne mir alle anderen freundschaftlichen Verhältnisse wie du willst, das eine bleibt, und alles übrige ist nichtig.« (Mai 1821)

Adele Schopenhauer liebte Ottilie von Pogwisch mit einer leidenschaftlichen Heftigkeit, die der homoerotischen Züge nicht entbehrte. Gerne hätte sie mit der Freundin ihr ganzes Leben geteilt. Ottilie wich diesem Ansinnen aus – später würde sie Adeles Lebensgemeinschaft mit Sibylle Mertens als widernatürlich verurteilen. Ottilie brauchte ein männliches Element – sie sei nur glücklich, wenn ein Liebhaber in der Nähe sei, hatte schon Großmutter Reichsgräfin bemerkt. Unter Ottilies Liebesaffären hat Adele Schopenhauer immer gelitten; sie war auf jeden, der ihrer Freundin nahekam, ob Mann oder Frau, gleichermaßen eifersüchtig. Ottilies Verlobung mit August hatte sie im Innersten getroffen, doch schließlich mußte sie das Unvermeidliche akzeptieren, wenn sie auch in ihrem Tagebuch fragt: »Wozu heiraten?« Glücklich war Adele erst wieder, als sie feststellte, daß Ottilie sie nach der Eheschließung fast noch mehr brauchte als zuvor.

»Ottilie und ich stehen doch eigentlich furchtbar einsam in der Welt, oder wir fühlen eben anders als alle die Menschen um uns …«, notierte Adele am 17. März 1822. Sie war glücklich, die Freundschaft bewahrt zu haben. »So sehr irgendeine Seele lieben kann, im höchsten Sinne des Wortes, so sehr liebt mich Ottilie, so sehr Menschen sich verstehen können, so sehr versteht mich Ottilie.« Zu diesem Zeitpunkt war Ottilie seit fünf Jahren verheiratet und Mutter von zwei Söhnen. Nach Goethes Tod wohnte Adele mit Ottilies Einverständnis monatelang im Goethehaus. »Es war mir sonnenklar«, notierte Adele am 14. Juli 1822, »ich paßte nur zu Ottilien, ihre Phantasie, ihre Regellosigkeit des weit greifenden Geistes, die fesselfreie Empfindung aller Tiefen des Lebens und Liebens hatten mich verdorben für alles andere Leben. Ich konnte glücklich machen, aber nicht mehr glücklich sein ohne sie.«[79]

Ottilie hatte viele Freundinnen, um die Adele sie beneiden konnte. An erster Stelle stand Allwina Frommann, die Tochter des Jenaer Verlegers Carl Friedrich Frommann. Ebenso anhänglich war Emma Froriep, eine Schwester des Arztes Dr. Robert Froriep, der als Medizinprofessor an die Berliner Charité ging. Beide Freundinnen haben Ottilie lebenslang die Treue gehalten. Von Jugend an befreundet war Ottilie mit den Schwestern Louise und Caroline von Harstall, an deren Hochzeit sie teilnahm, und mit den Mitgliedern ihres *Musenvereins*: Amalie Eichel, Clementine von Mandelsloh, Amalie von Seebach-Groß, Caroline von Baumbach und Louise von Niebecker. Man schrieb und dichtete, lieh sich Bücher aus, machte Ausflüge nach Berka und wanderte durch den herrlichen Park von Tiefurt. Auch Lulu von Werthern, Ewoline Müller, Alwina von Staff und Agnes von Herder gehörten zur Freundinnenrunde. Durch Ottilie waren die Schwestern Caroline und Julie von Egloffstein ins Goethehaus gekommen, und sie besuchten sie, sooft es sich machen ließ.

Jenny von Pappenheim sagte: Da gab es »Freundinnen mit gebrochenem Herzen und Priesterinnen der Vernunft, sie alle waren ihr ergeben, denn sie war von Herzen liebenswürdig – liebenswürdig selbst in ihrer Torheit«. Doch bei keiner dieser Freundinnen, die später Ottilies Amouren und Affären einstimmig verurteilen würden, fand sie einen derart bestechenden geistigen Gewinn wie bei Adele, die sie bei der berühmten Schriftstellerin Sarah Austin als »eine der geistreichsten Frauen Deutschlands« einführte. Sie kenne niemanden, so Ottilie, »die so bedeutend und reichhaltig an Geist, Talent, Wissen und Charakter in unserem Lande sei« wie Adele Schopenhauer.[80]

In Adeles Tagebuch wiederum findet sich die Feststellung, niemand könne den Vergleich mit Ottilie aufnehmen. Die Treue, die Adele der launenhaften Freundin bis zum letzten Atemzug bewies, hatte ihren Grund vielleicht in dem einen Satz, den Ottilie ihr ins Stammbuch schrieb, ein Geständnis, das die vom Leben nicht eben verwöhnte Adele zum Wahlspruch ihrer unverbrüchlichen Zuneigung machte. Der Eintrag von Ottilie lautete: »Da fing mein Leben an, als ich Dich liebte.«[81]

In die Freundschaft der Töchter waren auch die Mütter einbezogen. In der Newberry Library in Chicago haben sich achtzehn Briefe von Henriette von Pogwisch an die neunzehn Jahre jüngere Adele Schopenhauer gefunden, die eine selbstverständliche Nähe dokumentieren.[82] Ottilies Mutter kümmerte sich um Adele wie um eine eigene Tochter. Frau Johanna Schopenhauer dagegen betrachtete Ottilie mit gemischten Gefühlen. Obwohl als Schriftstellerin und Salonnière selbst eine ungewöhnliche Erscheinung, fand sie Goethes Schwiegertochter doch allzu überspannt.

Jenny von Pappenheim hatte Gelegenheit, die Freundinnen zu beobachten. Wie ihr Bruder Arthur sei auch Adele immer unzufrieden gewesen, man habe es ihr auch angesehen, behauptete sie. Adele habe Zeichentalent besessen, aber keine Ausdauer. »Ihre Leidenschaftlichkeit riß sie oft über die Grenzen der geselligen Unterhaltung hin. Ihre Empfindungen waren von verzehrender Glut und ein Hauptgrund ihrer vielfachen körperlichen Leiden.« Ihre zahlreichen Talente habe Adele nicht genützt: »Von Natur reich begabt, fehlte ihr die Kraft, sich zu beschränken.« Das stimmt nicht ganz. In ihrer zweiten Lebenshälfte war Adele produktiv tätig, verfaßte Opernlibretti für Ottilies Sohn Walther, veröffentlichte Märchenbücher und den Roman *Anna*, in welchem Ottilie eine entscheidende Rolle spielt.

Im Grunde war Adele Schopenhauer weitaus selbständiger und emanzipierter als die leichtfertige Ottilie, deren moralisch fragwürdiges Verhalten immer neuen Grund zur Aufregung bot. So war Adele im Herbst 1821 außer sich, als der vierundzwanzigjährige Heinrich Nicolovius Ottilie besuchte und sich zwischen beiden eine Beziehung anbahnte, die wenig geschwisterlich wirkte. Verärgert registrierte Adele, daß ihre verheiratete Freundin, so als ob

Abb. 13: Adele Schopenhauer, 44 Jahre alt. Zeichnung von Alexander von Sternberg

August nicht zähle, »die Gesetze strengster Schicklichkeit vergessend« nur noch Augen und Ohren für Heinrich habe. »Ottilie bleibt bis tief in die Nacht mit ihm sitzen und begeht eine Unanständigkeit«, notierte sie konsterniert.

Adele liebte Ottilie auch wegen ihrer Schönheit. Sie selbst besaß weder gewinnenden Charme noch Ottilies bestrickende Liebenswürdigkeit, dafür lief sie aber auch nicht Gefahr, die moralischen Verfehlungen zu begehen, vor denen sie die Freundin ständig zu bewahren suchte. Kurz nach dem Besuch des jungen Nicolovius mußte Adele einen noch weit schlimmeren Vorfall ertragen, worüber sie fast den Verstand verlor. Eine Truppe französischer Kunstreiter hatte in der herzoglichen Manege ihr Zelt aufgeschlagen, um dem Publikum ihr equestrisches Können zu präsentieren. Ottilie besuchte mit Ulrike und Adele begeistert die abendlichen Vorstellungen im Park an der Ilm. Da junge Frauen grundsätzlich das Haus nicht ohne männliche Begleitung verlassen durften, kam meist Goethes Diener Stadelmann mit. Einer der kühnen Reiter namens Batist, ein Mann »von hoher, königlicher Statur« – so Ottilie in ihrem Gedicht – bemerkte die hübsche junge Frau und begann, mit ihr zu flirten. Als Stadelmann einmal fehlte, beeilte sich Monsieur Batist, der reizenden Besucherin nach der Vorstellung persönlich in die Kutsche zu helfen, wobei er ihr unschicklich zu nahe trat. Adele verlor die Fassung, wollte August benachrichtigen, wollte sich in ihrem Ärger rächen und ließ dem Kunstreiter eine in französischer Sprache verfaßte Liebeserklärung anonym zukommen. Zu spät bemerkte sie ihren Fehler! Batist wartete von da an nur auf eine Gelegenheit, die Liebesofferte zu erwidern. Er passte Ottilie am Zelteingang ab und flüsterte ihr – vermutlich – seine heißen Gefühle ins Ohr. Adele machte daraus einen Riesenskandal. »Schon fing die ganze Stadt an zu schwatzen, zu klatschen, zu flüstern«, jedermann wisse, daß Batist nach einem Gasthausbesuch Ottilie derart stürmisch verfolgt habe, daß er ein wasserholendes Mädchen umwarf, dessen Geschrei die Gäste erschreckte, die dem Kunstreiter nachsetzten. »Sogleich wird's stadtkundig.« Der Skandal war perfekt. »Ich bin in einer wahren inneren Verzweiflung, und um was!« rief Adele aus. »Ich wollte, ich wäre tot … glaube mir: nun ist überall Irrtum.«[83] Mit dieser Prognose behielt sie recht – an Irrtümern und Skandalen würde es in Ottilies Leben nicht mangeln.

Die Affäre mit Kunstreiter Batist wäre ohne Bedeutung, hätte Ottilie sie nicht in zwei Versionen, als Novelle und als ziemlich holpriges Gedicht, verarbeitet.[84] Beides beweist, wie sehr sie sich geschmeichelt, ja verzaubert fühlte. Seit ihrer Heirat war es die erste Herzensaffäre, die ihr naheging. Ihre Novelle *Die Kunstreuter,* die sich unter ihren Nachlaßpapieren befindet, wurde von ihr sogar für den Druck korrigiert. In der Erzählung wird aus dem Reiter ein Held, der zu Zirkusleuten verschlagen, jedoch von einem schwedischen Prinzen zum Offizier ernannt und in seine angestammte aristokratische Welt zurückgebracht wird. »Diese Novelle beschäftigte sie immer wieder und soll auch Goethes Beifall gefunden haben«, schreibt der Herausgeber ihrer Briefe.[85]

Ottilies Gedicht bezeugt auch ihren Hang zu Ironie und Spott:

Frau Muhme, Frau Muhme, ich sag es mit Schrecken,
Der jüngste Tag kann nicht fern mehr sein.
Denn wo die Engel solche Greuel entdecken,
Fahren mit Donner und Blitz sie drein …
Ich war im Reithaus! – gerechter Himmel.
Ich nie etwas Ähnliches hörte und sah,
Der lange Mensch auf geflecktem Schimmel
Wie ein Gott und König stand er da …
Die Blicke sausten mir so um die Ohren,
Des hielt ich meine Mütze mit Händen fest.
Ich hätte sie wahrlich vom Kopf verloren
In dem abscheulichen Reiternest …[86]

Die Geschichte vom Kunstreiter blieb nicht Ottilies einziges literarisches Produkt in diesem Jahr. Als sie vom Tod des Schriftstellers E.T.A. Hoffmann erfuhr, verfaßte sie eine eigene Erzählung in Hoffmanns Manier, in dem Stil, den sie aus seinen Romanen kannte: »Ich hatte vier Wochen in Dresden zugebracht, hatte die Gemälde und übrigen Kunstsammlungen, das Theater, die Brühl'sche Terrasse, das Linckesche Bad, kurz als gewissenhafter Reisende alles gesehen …« Der Reisende wird ermahnt, den Organisten *Anselmus* aufzusuchen – eine bekannte Gestalt aus Hoffmanns Roman *Der goldene Topf.* Dieser Organist besitze drei Dinge: »ein herrliches Porträt, eine schöne Nichte und einen bunten Vogel«.

Beglückt erkennt der Reisende im herrlichen Porträt die Tonkunst der Italiener, in der schönen Jungfrau den altdeutschen Kirchengesang, »in dem bunten Vogel aber die süßen, wechselnden Farben der Oper«.[87] Auf diese Weise versuchte Ottilie, die Schönheit der Musik in poetischen Bildern zu erfassen.

Weniger poetisch war ihr häuslicher Alltag mit zwei kleinen Kindern. Der zweijährige Wolfgang war viel krank, bekam die Windpocken, danach Scharlach. Schweren Herzens fuhr Ottilie mit dem Kind zur Kur nach Frankenhausen. Augusts Briefe dorthin klingen glücklich und sehr vertraut. »Walther ist vergnügt; auch soll ich dir sagen, er hätte dich recht lieb«, meldete er am 30. Juni 1822. »Die Großmama ist wieder besser, doch ist die Oberlippe noch dick.« Die Reichsgräfin war auf der Treppe gestürzt. »Die Köchin hat schon das Johannisbeergelee fertig sowie die Himbeeren; an den Kirschen wird gearbeitet ... Schreib mir doch einen verrückten Brief mit Frankenhäuser Salz gewürzt! ... Lebe wohl, denke freundlich Deines einsamen Mannes in dem großen Hause. Dein August.«

Die Briefe zeigen sein Einverständnis, seine Freude. »Liebste Ottilie! Tausend Dank für die freundlichen Worte, welche mir die frohe Überzeugung geben, daß Du Dich leidlich befindest ...« Der vierjährige Walther durfte seine Mutter in Frankenhausen besuchen, wobei August mahnte: »... schicke ihn mir ja wieder, er ist mein einziger Trost in der Einsamkeit.« Schließlich reiste August selbst zu seiner Frau. Das Wiedersehen muß überaus innig gewesen sein. Er sehne sich fortwährend nach ihr, bekannte er danach, »und habe nichts zu melden, als daß ich Dich sehr liebe und mich sehr auf Deine Rückkunft freue ... Dein treu liebender Mann August.«[88]

IV.

Ein Götterbote

»Er war eine auffallend anziehende Erscheinung.«

Im Mai 1823 betrat ein junger Mann das Haus am Frauenplan, dessen »dämonische« Wirkung, wie Goethe bemerkte, ihm zunächst in keiner Weise anzusehen war. Hinterher wußte man es besser, und spätestens nach einem Jahr hatte auch August begriffen, was die Stunde geschlagen hatte. Das Erscheinen des unscheinbaren neunzehnjährigen Studenten würde sein Leben in den Grundfesten erschüttern und das Vertrauen in die Treue seiner Ehefrau ins Wanken bringen, Argwohn und Mißtrauen würden Einzug halten, seine Wutausbrüche Ottilie das Leben verbittern. An diesem 19. Mai begann der Niedergang seiner Ehe. August fing Verhältnisse mit fremden Frauen an, seine Liebe zu Ottilie schwand. Zwar würde es noch ein Kind geben, aber auch die Geburt von Tochter Alma konnte das gestörte Verhältnis nicht kitten. Was August blieb, war die Sorge für die drei Kinder – und letztlich die Flucht. In dem Augenblick, in dem Charles Sterling durch die Tür des Empfangszimmers trat, veränderte sich für August und Ottilie die Welt.

Mit Schrecken und Entsetzen hatte das Jahr begonnen. Im Februar erlitt der dreiundsiebzigjährige Goethe einen Herzinfarkt, der ihn so heftig niederwarf, daß er in Jena bereits als tot gemeldet wurde. »Wir alle, Deutschland, die Welt, haben einen Verlust erlitten, der, wenn nicht für a l l e Zeiten, doch gewiß für die jetzige unersetzlich ist«, meldete der Schriftsteller Johann Diederich Gries voreilig einem Freund. Er hatte gehört, Goethe sei gestorben.

Abb. 14: Der Jurist und Kanzler Friedrich von Müller. Zeichnung von Johann Joseph Schmeller

Die Ärzte diagnostizierten eine Angina pectoris, verursacht durch die arteriosklerotisch verengten Herzkrankgefäße, dazu trat »Wassersucht«, also Ödeme in den geschwollenen Beinen. »Allmächtiger Gott, was muß ich ausstehen, wie krank bin ich, kränker als in vielen Jahren!« rief Goethe aus, von Fieberschüben »durchschüttelt«. Die Ärzte Huschke und Rehbein behandelten ihn mit Aderlässen. »Die Kammer, worin er lag, war ganz dunkel, seine Hand kalt, alles umher unheimlich.« Seine Rettung sei unwahrscheinlich, so lautete auch sechs Tage später noch die Nachricht. Kanzler von Müller, der zu Goethes engstem Kreis zählte, übermittelte den Freunden täglich ein Bulletin. »In der Nacht trat Schweiß ein, weshalb man die Blutegel erst am andern Morgen ansetzte. Er war öfters betäubt, phantasierte halb und halb, doch immer dazwischen ganz teilnehmend …« Charlotte von Stein, einundachtzig Jahre alt und an den Augen leidend, hatte einen bequemen Lehnstuhl schicken lassen, doch Goethe bevorzugte den härteren von Caroline von Egloffstein. »Ottilie pflegt ihn und wacht die Nächte; sie soll sich mit Kraft betragen, obgleich sie keine Hoffnung hat und weiß, was sie verliert …«[89]

An Goethes Bett saß seine Schwiegertochter. »Ottilie benimmt sich wie ein Engel, verbirgt ihren ungeheuren Schmerz und umgibt Tag und Nacht sein Lager mit den freundlichsten Wort- und Hilfeleistungen«, wußte der Kanzler zu melden. »Ottilie zeigt eine ungemeine Standhaftigkeit und kräftigen Geist, trotz ihres schwächlichen Körpers«,[90] verkündete auch Julie von Egloffstein. Fast zwei Wochen vergingen in qualvollem Warten. Goethe sagte zu seinem Sohn: »Der Tod steht in allen Ecken um mich«, und: »Es ist ein Hindernis in mir zu leben wie zu sterben, mich soll nur wundern, wie es enden wird.«[91] Ottilie hörte es, blieb und wachte. Am 24. Februar 1823 notierte Frédéric Soret: »In diesen Augenblicken sagte Goethe zu seiner Schwiegertochter: ›Jetzt beginnt in mir der Kampf zwischen Leben und Tod.‹«[92] August sah den Vater schon am Rand des Grabes. Goethe verlangte nach seinem Kreuzbrunnen. Ottilie ließ ihm statt des Mineralwassers Arnika-Tee kochen – und ein Wunder geschah, sie hat später darüber berichtet. »›Papa‹, sagte ich, indem ich mich zu ihm beugte, ›trinken Sie diese Schale aus – mir zu Liebe!‹ … indessen mein Blick noch auf seinem totenblassen Antlitz haftete, wurde es mit einemmale dunkelrot bis an die Stirn hinan …«[93] Goethe erholte sich zusehends, die von den Ärzten erhoffte Krise trat ein. Ottilie war überglücklich – möglicherweise hatte sie ihm mit ihrem Tee das Leben gerettet. Als man wieder gemeinsam am Tisch saß, bedauerte Frédéric Soret, daß Ottilie keinen Blumenstrauß auf das Teebrett gestellt habe. »Frau von Goethe nahm sogleich ein farbiges Band von ihrem Hut und band es an die Tee-

Abb. 15: Frédéric Soret, Prinzenerzieher am Weimarer Hof, Freund Goethes

maschine. Dieser Scherz schien Goethe viel Vergnügen zu machen.«[94]

Der Schweizer Frédéric Soret aus Genf wohnte noch nicht lange in Weimar. Erbprinzessin-Großfürstin Maria Pawlowna hatte den noch nicht dreißigjährigen Schweizer Gelehrten zum Erzieher ihres Sohnes Carl Alexander bestimmt. In seinen Erinnerungen schildert Soret sein Staunen darüber, daß Goethe ihm schon bei seinem Antrittsbesuch an seinen selbstgebauten Apparaten Experimente vorführte. »Seine Gestalt ist noch schön zu nennen, seine Stirn und Augen sind besonders majestätisch. Er ist groß und wohlgebaut ...« Beeindruckt war Soret auch von Goethes Schwiegertochter, »die, jugendlich heiter, mit einem liebenswürdigen Naturell unendlich viel Geist verbindet«. Als einzige Frau im Hause wurde Ottilie, ein Jahr jünger als er selbst, zu seiner Gesprächspartnerin. Sie gefalle ihm auf Anhieb, berichtete Soret seinem Bruder. Frau von Goethe sei »klein, braun, mit feurigen, geistblitzenden Augen, lebhaft, originell, empfindsam, kokett (in allen Ehren, versteht sich), voll Phantasie, ab und zu auch launenhaft; sie verdreht den Männern ein wenig die Köpfe, liebt Gesellschaft, Bälle, Toiletten und noch mehr geistreiche Leute und Literatur.« Der Adressat erfuhr noch mehr. »Sie dichtet und schriftstellert, und ihre Versuche sind keineswegs ohne Wert, wenn auch von allzu jugendlichem Sturm und Drang, aber das mag hingehen. Klüger als die Mehrzahl ihrer Landsmänninnen, hat sie, soviel ich weiß, bisher nichts veröffentlicht, aber im Lauf der Zeit wird sie zu literarischem Ansehen kommen.« Für Soret war es unverkennbar, »daß die Schwiegertochter des großen Dichters etwas von diesem göttlichen Funken besitzt«.[95] Daß Ottilie zu kokettieren verstand, war ihm nicht entgangen – auch das fand Soret unwiderstehlich. Damals entstand eine Freundschaft, die lebenslang erhalten blieb.

Fortan eilte der Prinzenerzieher, sobald er Zeit hatte, ins Haus am Frauenplan, fasziniert von der Fülle des Gebotenen. »Prächtige Lithographien«, soeben erst aus Stuttgart eingetroffen, wurden herumgereicht, »dann plauderten wir über wissenschaftliche Dinge«, nämlich über die Entwicklung der Chemie. Goethes Vielseitigkeit war beeindruckend. »Er ließ sich ein Röhrchen mit Jod bringen und verflüchtigte es vor unseren Augen an der Flamme einer Wachskerze, dann mußten wir Umstehenden alle den violetten Dampf bewundern.« Der Maler Kolbe zeigte eine Kopie von Tizians *Venus*. Kupferstiche und seltene Drucke wurden betrachtet. Dann wieder rezitierte Goethe sein Gedicht »Charon«. »Welches Feuer!« schreibt Soret, »welche Blicke! Und welche Stimme, abwechselnd donnernd und dann wieder sanft und milde ...«[96]

Es war dies die geistvolle Atmosphäre, die Ottilie umgab und prägte.

Daß der Student Charles Sterling wiederkommen durfte, lag einzig und allein an einem Blatt Papier, das er bei sich trug. Es handelte sich um nichts Geringeres als ein persönliches Schreiben aus der Hand des englischen Dichters George Gordon Noel Lord Byron, das beide, Goethe wie auch Ottilie, sofort elektrisierte. Goethe war von Byrons unnachahmlichem Erfindungsreichtum, seiner genialen Schöpferkraft, seinen heroischen Gestalten zutiefst beeindruckt. Goethes Tagebuch: »Nach Tische Gespräch mit Ottilie, besonders über unmittelbare Einwirkung der Personalitäten.« Byron sei eine ebenso geniale wie zügellose Natur, bemerkte Goethe, dem die Gleichzeitigkeit von grandioser Begabung und sittenlosem Lebenswandel bei Byron unerklärlich war. In seiner Besprechung des Byronschen Dramas *Manfred* schrieb Goethe: »Als ein junger, kühner, höchst anziehender Mann gewinnt er die Neigung einer florentinischen Dame, der Gemahl entdeckt es und ermordet seine Frau. Aber auch der Mörder wird in derselben Nacht auf der Straße tot gefunden, ohne daß jedoch der Verdacht auf irgendjemand könnte geworfen werden. Lord Byron entfernt sich von Florenz und schleppt solche Gespenster sein ganzes Leben hinter sich drein ...«[97] Als der amerikanische Naturwissenschaftler Joseph Cogswell Weimar besuchte, vernahm er überrascht, Lord Byron sei »der größte und in Wahrheit der einzige gute Dichter unter den Lebenden«. Goethe habe ausgerufen: »Byron allein lasse ich noch neben mir gelten.«[98]

Ein Empfehlungsschreiben von der Hand dieses ungewöhnlichen Dichters öffnete dem jungen Sterling die Türen. Goethe lud ihn zu seiner Teegesellschaft ein; Kanzler von Müller notierte am 27. Mai 1823: »Bei Göthe traf ich unvermutet große Gesellschaft, auch den neuen Engländer Sterling, der von Lord Byron kam und mir sehr gefiel.«[99]

Der junge Mann gefiel allen. Als Sohn des englischen Konsuls in Genua hatte er eine ausgezeichnete Erziehung genossen. Einige Anwesende sahen in ihm eine Art griechischen Götterboten, und so muß er auch Ottilie erschienen sein. Sie hatte ihm noch kaum die Hand gereicht, da war sie schon in Bann geschlagen. Das »Ideal von einem Jüngling« war neunzehn Jahre alt und somit acht Jahre jünger als sie selbst. Seine schlanke Erscheinung war elegant, sein Anblick gewinnend, sein Auftreten höflich und bescheiden. Später, nach den stürmischsten und zugleich enttäuschendsten Erfahrungen ihres Lebens, hat sie eine Beschreibung geliefert, die ihren Gefühlsüberschwang erklären sollte. »Ich lernte vor 11 Jahren im May 1823 Herrn Sterling kennen – und er war damals eine auffallend anziehende Erscheinung, groß und schlank, lichte Haare von einer ungewöhnlichen Farbe, glänzende und doch sanfte blaue Augen, eine feine, durchsichtige Haut, die von Jugend und jeder vorübergehenden Empfindung, ja von jedem Gedanken gerötet ward, Züge, die sehr viel Ähnlichkeit mit den Bildern von Byron hatten, und ein Ausdruck von Poesie, Milde, Heiterkeit und Reinheit der Seele ließ ihn im Äußern, und mit der vollkommenen Übereinstimmung des Innern wie ein Ideal von einem Jüngling erscheinen.«[100]

Ottilies Ehe war schon damals nicht mehr das, was sie noch bis vor einem Jahr gewesen war. August hatte sich auch äußerlich verändert. Einst nannte man ihn »den schönen August« – Charlotte von Schiller war geradezu entsetzt, als sie den Dreiunddreißigjährigen wiedersah. »Der Sohn wird so dick, daß man erschrickt; da die Herren jetzt niedrige Rockkragen tragen, so ist sein Hals, auf dem der schwarze Lockenkopf sitzt, wie der des Herkules; sein Gesicht ist rot und dick«, lautete ihre Beschreibung.[101] War August ein Herkules, dann Sterling der Götterbote Hermes. Es schien, als hätte Ottilie nach fünf Jahren einer Ehe, in der sie weder erotische Befriedigung noch geistige Herausforderung fand, auf eine solche

Begegnung geradezu gewartet. »Byrons ›freundlicher Apostel‹«, wie Goethe ihn titulierte, wurde von nun an für seine Schwiegertochter zum Mittelpunkt ihrer Wünsche und Gedanken.

Ende Juni 1823 reiste Goethe in Begleitung des Großherzogs nach Marienbad. Es war das dritte Mal, daß er den böhmischen Badeort aufsuchte. Kaum war er fort, kam es zwischen August und Ottilie zu einem deftigen Krach. Adele Schopenhauer war zugegen und glaubte die Ursache zu erkennen: es ging um Charles Sterling. Bedrückt schrieb sie in ihr Tagebuch: »Sterling gibt mir viel zu denken ... August soll und darf nicht leiden.« Und weiter: »Sterling! ... Mir war, als stehe ein entsetzliches Unglück bevor ...« Sie durchschaute die Freundin. Ottilie war entflammt. An Ferdinand Heinke denkend, beklagte Adele, »Ottilie noch einmal dem Schmerz eines leidenschaftlichen Gefühls preisgegeben zu sehen ...« Intuitiv bedauerte sie auch Sterling. »Seine Seele ist so durchsichtig klar, und sein Glaube an Menschen und an Glück und Menschenkraft ist so fest, daß ich mit Staunen und Rührung seinem Lebenswege folge ... Jedes Wort zeigte mir, wie ruhig, aber wie innig sein Gefühl für Ottilie sei.«[102]

August ahnte nichts, sah nichts, merkte nichts. Adele war gekommen, um sich vor einer Reise zu verabschieden. Ottilie beschloß, sie mit dem fünfjährigen Walther und ihrer Schwester bis Eisenach zu begleiten. August war niemand, der seine Frau an einer Reise gehindert hätte. Bereitwillig sandte er Geld und liebevolle Worte. »Walther küsse von mir und Ulle grüße schönstens ... Sollte Dir die Reise etwas mehr kosten als du denkst, so werde ich dir eine kleine Beisteuer gern geben. Mit dem Wunsche für dein Wohl und Vergnügen Dein August v. Goethe.« In bester Absicht gab er Nachricht über Charles Sterling; der sympathische junge Engländer war ihm als Freund willkommen. »Liebe Ottilie«, meldete er arglos, »Sterling, mit dem ich gestern eine Morgenpartie nach Tiefurt machte, hat mir den *Cain* von Byron für Dich, schön eingebunden, zum Geschenk übergeben ... Sterling hat auch Nachrichten seiner Eltern, die sich wohl befinden und ihm erlaubt haben, ein Jahr in Weimar zu bleiben; was er tun wird, hat er noch nicht gesagt, doch scheint er Lust zu haben zu bleiben.«[103]

Ottilie war selig. Der geliebte Charles würde ein volles Jahr in ihrer Nähe sein!

Zusätzlich gab es eine erfreuliche Neuigkeit. Goethe hatte sein Gedicht »An Lord Byron« dem Dichter geschickt; der Adressat befand sich jedoch schon auf dem Segelschiff nach Griechenland, um am Kampf gegen die Türken teilzunehmen. Das Gedicht wäre nicht in seine Hände gelangt, hätte nicht Sterling eingegriffen. Ottilie jubelte. »Sterling schrieb sofort nach Genua, daß man ihm das Gedicht schleunigst nachsenden möge, und diese Zeilen geben das Geleit einer schriftlichen Erwiderung Ihres Händedrucks.« Das hatte Ottilie ausnehmend hübsch formuliert: Goethes papierener *Händedruck* wurde von Byron *eigenhändig* auf Papier erwidert. »Briefe von meinem Sohn und Tochter. Inliegend Brief von Lord Byron. Betrachtung des wunderbarsten Zusammentreffens«, notierte Goethe am 11. August 1823 in Marienbad. Das »wunderbarste Zusammentreffen« war Sterlings Verdienst, denn Goethe erhielt von Byron eine schmeichelhafte Antwort. »If ever I come back, I will pay a visit to Weimar to offer the sincere homage of one of the many millions of your admirers«[104] – Wenn er je zurückkäme, hieß das, werde er Weimar besuchen und Goethe als einer von Millionen Bewunderern seine herzliche Ehrerbietung offerieren. Aber Lord Byron kam nicht nach Weimar. Mit fünfunddreißig Jahren würde er in Griechenland den Tod finden.

Goethe und Byron – Ottilie glühte vor Begeisterung. Nach Marienbad meldete sie: »Es ist schön, wenn auf der höchsten Höhe, die die Erde kennt, auf dem geistigen unsterblichen Thron der Dichter einen Ebenbürtigen findet und der Lorbeer eine Brücke

Abb. 16: Der von Goethe verehrte englische Dichter George Gordon Noel Lord Byron

wölbt über trennende Länder und Nationen. Es ist schön, wenn der Dichter, der so hoch über der Menschenmasse steht, dennoch so menschlich schön empfindet, daß er nie ein anderes Bindungswort als den Ruhm verlangt, ihn mit dem befreundeten Geist zu verknüpfen. Dieses empfinde ich so tief, seit ich in Ihrer Nähe lebte; Ihre Anerkennung von Lord Byrons Genius, seine Verehrung, dieses Alles gehört unter das Schönste, was mir zuteil ward.« Während sie schrieb, wurde Ottilie klar, wie privilegiert, wie begünstigt sie selber war. Sie bewies nicht nur ihr Talent, geistvoll zu formulieren, sondern auch die Fähigkeit, Goethe mit sensiblen Worten eine Zuneigung zu bezeugen, wie man sie selten bei einer Schwiegertochter für ihren Schwiegervater findet.

Sie habe Byrons Drama *Cain* gelesen, berichtete Ottilie, das allgemein als Gipfel der Gottlosigkeit gelte – das Buch war in England sogar verboten worden. Sie aber komme zu einem völlig anderen Urteil. »Sehen Sie, lieber Vater, dieser *Cain*, der als so verderblich, als unmoralisch und irreligiös geschildert wird, gab mir vielleicht zum letzten Mal die Furcht vor Unrecht – und stundenlang weinte ich über die letzten drei Worte, die nur drei Worte sind, aber in diesen drei Worten eine Welt des Gefühls, der Verzweiflung und der Öde. Kurz, lieber Vater, den Tag, wo ich *Cain* lese, brauche ich nicht in die Kirche zu gehen.«

Am Ende ihres Briefes durfte Sterling nicht fehlen. »Ihnen von unserem täglichen Leben schreiben, heißt Ihnen von Sterling sprechen«, erzählte Ottilie freimütig. »Die Morgende lesen wir oft englisch ...« Auch August sei angetan. »Was mich innig erfreut, ist die Art wie August ihn liebt, wie froh und gemütlich ihn seine Nähe stimmt, wie gesprächig er ihm gegenüber ist.«[105] Was sie dem Schwiegervater verschwieg, war das zärtliche Liebesgedicht, das sie, mit einem Uhrenband, wie sie es einst auch für August gestickt, Sterling überreicht hatte.

An Charles.

Es sei dies Band um alle Deine Stunden
Gleich einem Talisman gewunden,
Der freundlich Dich erinnern mag,
Daß jede Stunde, jeden Tag,
Der froh, der trüb vorübereilt,
Die ferne Freundin mit Dir teilt ...
Du siehst: dies Band, so schmal und klein,
Schließt doch der Wünsche viele ein
Und ist wie jene große Welt,
Die kleiner Raum gefesselt hält,
Dies Wogenmeer von Glück und Schmerz,
Voll Licht und Nacht, – der Frauen Herz.

Die Marienbader Grazie

»Ich hoffe, daß der 74jährige Goethe nicht so unweise handeln wird.«

Eigentlich war Goethe im böhmischen Marienbad zu jeder Stunde vollauf beschäftigt. Seine täglichen Besuche galten keiner anderen als der neunzehnjährigen Ulrike von Levetzow, in die er sich sterblich verliebt hatte. Es war das dritte Mal, daß er das junge Mädchen im Kreis ihrer Familie erlebte. Ulrike hatte bislang ein französisches Internat besucht und noch keine Zeile von Goethe gelesen. Ihr vertrauensvolles Wesen und die aufmerksame Art, mit der sie seine Belehrungen freundlich, doch nicht unkritisch erwiderte, rührten den Dichter zutiefst. Der Dreiundsiebzigjährige wandelte, wie man so schön sagt, auf Freiersfüßen – das heißt, er wandelte nicht nur, er tanzte auch, und zwar auf einem Ball zu Ehren des preußischen Königs, auf dem es »anmutige, zierliche, niedliche Tänzerinnen« gab.[106] Er habe dabei die ganze Zeit an Ottilie gedacht, behauptete Goethe, »wie Du denn auch von Morgens bis Abends und zwar in der besten liebenswürdigsten Gesellschaft bei mir warst.« Ein derart inniges Bekenntnis, begleitet von »lyrischen Fallsternen« *wie er seine Gedichte nannte,*[107] bekam Ottilie nicht immer zu hören. Ein Gedicht lautete:

Du hattest längst mir's angetan,
Doch jetzt gewahr ich neues Leben:
Ein süßer Mund blickt uns gar freundlich an,
Wenn er uns einen Kuß gegeben.

Goethe war in glücklichster Stimmung. Wie Ottilie hoffte auch er auf eine Lebenserneuerung.

Goethes Ehefrau Christiane war seit nunmehr sieben Jahren tot. Die junge Ulrike von Levetzow hatte seine Sehnsucht nach einem anschmiegsamen weiblichen Wesen wachgerufen. Goethes Bemühungen nahmen ernsthafte Formen an. Er wanderte mit der jungen Ulrike in die böhmischen Berge, sammelte Steine, hielt ihr Vorträge über Basalt und Granit. Er erklärte Ulrike die Pflanzenwelt anhand der Blumensträuße, die er ihr überreichte, und schenkte ihr seinen Roman *Wilhelm Meisters Wanderjahre* mit einer persönlichen Widmung.

»Man spricht hier viel von zwei Fräulein von Levetzow … Sie hängen immer an seinen Armen. Man sagte vorige Woche sogar, er hätte die älteste geheiratet. Doch hoffe ich, sind solche Ideen dem dreiundsiebzigjährigen Goethe fremd«,[108] schrieb Caroline von Humboldt ihrem Mann. Zum Glück wußte sie nicht, daß Großherzog Carl August persönlich als Brautwerber auftrat und finanzielle Vergünstigungen zusagte, um Goethes Liebesantrag auf eine materielle Basis zu stellen. Ulrike von Levetzow, die unverheiratet blieb, bekannte später, sie habe den alten Herrn gemocht. »Wenn er alleine stünde«, schreibt sie, hätte sie eingewilligt.[109] Doch Goethe stand nicht allein; bei ihm lebten Sohn und Schwiegertochter.

Alle Welt war im Handumdrehen über die Liebe des berühmten Dichters zu einem unbekannten Fräulein informiert. Frau von Humboldt konnte ihren Mann beruhigen. Goethe habe dem Mädchen zwar einen Antrag gemacht. »Das Fräulein aber, sagt die Großmama, könne sich nicht zu einer im Alter so sehr ungleichen Heirat verstehen.«[110] Man wollte wissen: Was sagte Goethes Sohn? »Der Kammerrat soll außer sich sein, Ottilie aber sich sehr vernünftig betragen«, wußte Charlotte von Schiller. »Ich hoffe, daß Goethe in einem Alter von 74 Jahren nicht so unweise handeln wird.«[111]

Vor der Abreise hatte Goethe dem Grafen Sternberg »die rückkehrende Hoffnung eines neuen Lebens« anvertraut.[112] Die eigenen Emotionen machten den Dichter nachsichtig gegenüber seiner Schwiegertochter, die ihm nicht genug von Sterling berichten konnte. »Lieber Vater, die Natur gab ihm auch manchen Zauberstab in Kopf und Herz, und ich freue mich im Voraus, wie Sie ihn mit uns lieben werden, denn Niemand hat ja wie Sie für die Jugend ein so jugendliches Auge.«[113] Solche Worte trafen Goethe mitten ins Herz. »Ich freute mich schon, als August mir von seinem guten Willen gegen Sterling schrieb«, antwortete Goethe gutmütig, »Verzeihung! – aber das Zusammensein so guter verständiger und geistreicher Menschen, als wir sind, war mitunter so stockend als möglich, zu meiner Verzweiflung; es fehlte ein Drittes oder Viertes, um den Kreis abzuschließen.« Was wollte Goethe damit sagen? Sollten der männliche Sterling oder die weibliche Ulrike »den Kreis abschließen«? Es ist kaum vorstellbar, daß er seiner eigenen Schwiegertochter einen Verehrer vorschlug. Vielmehr wird er weiterhin auf einen Sinneswandel der unschlüssigen Ulrike von Levetzow gehofft haben. Von dieser Illusion nahm er auf der Heimreise Abschied. »Alles … was mich leben machte, ist geschieden«, schloß sein Marienbader Brief an Ottilie, den er zum ersten und einzigen Mal nicht mit dem üblichen langgezogenen »G« unterschrieb, sondern mit den goldenen Worten: »Im schönsten Sinne Dein liebender Vater G.«[114]

Aus Karlsbad reiste Goethe nicht nach Hause, sondern nach Jena, um über die verfängliche Angelegenheit keine Auskunft geben zu müssen. Ottilie lag krank im Bett, laut ärztlicher Diagnose hatte ein »Anfall von Ruhr« sie heimgesucht. Was, wenn der Schwiegervater seine Absicht wahrmachen und heiraten würde? Ottilie war weniger gefasst, als Außenstehende vermuteten. Sie war so betroffen und verletzt, daß die Anspannung in einem Ohnmachtsanfall endete. Ein unbedarftes Mädchen aus Böhmen würde ihr möglicherweise den Ort streitig machen, den zu erobern sie ihre ganze Existenz aufs Spiel gesetzt hatte! Sie, Ottilie, würde Stellung und Rang, würde ihre Bestimmung verlieren, die einzige Frau in Goethes Leben zu sein. Goethe war es, der ihrem Dasein Halt gab, der es reich machte durch das umfassende Wissen, an dem er sie teilhaben ließ. Deshalb liebte sie ihn.

Goethe kehrte in sein Haus zurück. Ottilie blieb krank und schwieg. Eine kritische oder gar abfällige Äußerung von ihr ist nicht bekannt. Doch im Inneren muß es gebrodelt haben. Wie sie erfuhr, war die »Marienbader Grazie« noch etliche Jahre jünger als sie. Kurgäste berichteten, Ulrike von Levetzow sei groß und blond, von ausgeglichenem Wesen und für ihr Alter sehr verständig. Sollte sie die Neunzehnjährige als Schwiegermutter akzeptieren? Eher würde sie mit August fliehen. Der Kanzler notierte: »Goethes Krise, Zwiespalt im Innern und Ottilies erfahrene Kränkung.«[115] Es ist vorstellbar, daß sie absichtlich vermied, Goethe zu sehen. Der Kanzler meldete Julie von Egloffstein: »… die arme Ottilie ist seit seiner Ankunft beständig krank und für ihn so gut wie unsichtbar.«[116] Goethe stieg schließlich selbst zu den Mansarden hinauf und besuchte die Schwiegertochter an ihrem Krankenlager. Der Kanzler notierte: »Ottilie war noch sehr matt, doch höchst liebenswürdig, besonders … in ihrer Verteidigung der Frömmigkeit des *Cain*.«[117] Man unterhielt sich über das Werk von Lord Byron. Goethes Besprechung von Byrons *Cain* ist möglicherweise auch Ottilie zu verdanken.

Goethe war seit seiner Rückkehr niedergeschlagen. Drei Monate lang sei er glücklich gewesen, nun müsse er sich wieder in seiner »Dachshöhle« vergraben und sehen, wie er durchkomme. Dem Kanzler gestand er seine Gefühle für Fräulein von Levetzow. »Ich werde darüber hinauskommen«, sagte er, »ich weiß es, aber es wird mir noch viel zu schaffen machen.« Als der Kanzler Ottilie und ihre Schwester erwähnte, rief Goethe aus: »Wen man täglich von früh bis Abend sieht, der kann uns nicht mehr verführen.«

»Wie schmerzlich ist es doch«, notierte der Kanzler erschüttert, »*solch eines Mannes* innere Zerrissenheit zu gewahren, zu sehen, wie *das verlorne Gleichgewicht* sich durch keine Wissenschaft, keine Kunst wiederherstellen läßt ...«[118]

Nach und nach legte sich die Erregung. Ottilies Plan einer Berlinreise wurde besprochen. Goethe hörte sie am Klavier singen, das brachte ihn auf eine Idee. Im Hause sollte »ein ewiger Tee« zu bestimmter Stunde stattfinden, »wo von 6 Uhr an die Freunde und Freundinnen uneingeladen willkommen sein sollen«.[119] So berichtet es der Kanzler. In Wahrheit hatte Goethe sich anders ausgedrückt: Er wollte Menschen sehen, gleichzeitig aber an- und abwesend sein. »Man triebe Musik, spielte, läse vor, schwatzte, alles nach Neigung und Gutfinden. Ich selber erschiene und verschwände wieder ...« (2. Oktober 1823) Die Freunde sollten die trübe Stimmung vertreiben, die seit Goethes Rückkehr auf allen lastete.

In Marienbad war der Dichter durch das überragende Klavierspiel einer Künstlerin so überwältigt worden, daß er sie kurzerhand nach Weimar eingeladen hatte. Es erschien die polnische Pianistin Maria Szymanowska und betörte ihre Zuhörer durch ein phänomenales Können. Der Kanzler meinte, ihr »seelenvolles Klavierspiel« wirke auf den Dichter um so tröstlicher, »als die Trennung von Levetzows ihm eine so tiefe Wunde schlug«.[120] Goethe fand sich »in den Strudel der Töne« hineingerissen, »erfrischt, verbessert, erweitert« und auf erotische Weise stimuliert. Seufzend sagte er zu Knebel: Es seien Genüsse gewesen, »die man immer ahndet und immer entbehrt« (29. Oktober 1823). Beim Abschied brach Goethe in Tränen aus. Die Pianistin, die sich von der Großherzogin verabschieden wollte, mußte noch einmal zurückgeholt werden. Das Gedicht, das Goethe der schönen Polin widmete, endet mit den Zeilen:

Da fühlte sich – o daß es ewig bliebe!
Das Doppel-Glück der Töne wie der Liebe.

Es begannen wieder die Abendstunden, die Ottilie über alles liebte. Wo auf der Welt hätte sie einen derartigen Reichtum an geistigen Schätzen finden können! Der Schriftsteller Johann Ludwig Deinhardstein hat die Atmosphäre erlebt. »Um fünf Uhr ging ich zu Goethe. Ich fand dort außer seiner höchst liebenswürdigen und geistreichen Schwiegertochter den Kanzler Geheimen Rat Müller, Riemer und Oberkonsistorialrat Röhr. Welch reiner geistiger Verkehr, welch eine im eigentlichsten Verstande *gute* Gesellschaft …« Man sprach über einen Roman von Lord Byron. Ottilie erfuhr, daß Goethe ihr den Besitz verheimlicht hatte, um ihn zuerst selbst zu lesen![121] Zeichnungen von Tischbein wurden hervorgeholt, »meist aus Rom und Neapel, gleichsam eine Bildergalerie zu Goethes italienischem Leben«. Auf einem Blatt sah man den Kopf der Juno Ludovisi, die sich als Kopie im Haus befand.[122] Später würde Ottilie in Rom vor dem Original stehen und sehnsüchtig an diesen Augenblick zurückdenken.

Goethes Freund Graf Reinhard, ein international versierter Diplomat, war vom lebhaften Treiben im Hause überrascht. Der Dichter werde umlagert und zugleich bereichert »durch Mitteilungen und literarische Erzeugnisse, die hier aus allen Teilen Europas zusammenfließen. Bald ist es eine Widmung des Lord Byron (in dessen *Sardanapal*), bald ist es die französische Übertragung eines seiner Werke … Reiche Sammlungen von Zeichnungen, Medaillen, naturgeschichtlichen Merkwürdigkeiten erfüllen sein Kabinett … Eine geistreiche und liebenswürdige Schwiegertochter, zwei reizende kleine Kinder und ein Sohn, ein braver Kerl, machen seine Familie aus.« Nebenbei habe er eine Sensation erfahren. »Goethe war mit einer jungen und hübschen Person bekannt geworden, und es hieß, daß er sie heiraten wolle …«[123]

Von dieser »Sensation« war inzwischen nicht mehr die Rede. Ottilie hatte nur einen Gedanken: Charles Sterling. Ihre Ehe war ihr eine tägliche Last. August kam gereizt nach Hause, beanstandete Ottilies »Putzsucht«, kritisierte ihre Kindererziehung und wurde nach dem Genuß von Alkohol sogar ausfallend. Dagegen besaß der sanfte Sterling die Eigenschaften, die August fehlten. Ottilie wußte, daß das, was sie ersehnte, gegen jeden Anstand verstieß – andererseits sah sie ihre Gefühle durch die Affäre des Schwiegervaters gerechtfertigt. Sie suchte Rat bei Adele Schopenhauer. »Unrecht handeln wirst Du nie!« antwortete die Freundin. »Sterling wird scheiden – ein Stern nach dem andern verlöscht ...«[124] Was dann?

Johann Peter Eckermann

»In dieser Zeit hörte ich zuerst den Namen Goethe.«

Dem Übermaß an Arbeit, die vor ihm lag, war Goethe kaum mehr gewachsen. Neben der Vollendung von *Dichtung und Wahrheit,* dem Abschluß des *Wilhelm Meister,* der Drucklegung seines *Briefwechsels mit Schiller*, den Heften zu *Kunst und Altertum,* der Beendigung von *Faust Zweiter Teil,* der Erledigung einer Korrespondenz, die insgesamt 10 000 Briefe umfaßt, neben allen anderen Tagesaufgaben stand die Herausgabe seiner *Werke letzter Hand* in vierzig Bänden bevor. Dazu mußten seine Arbeiten aus Jahrzehnten durchgesehen, geordnet, korrigiert und ergänzt werden. Wer sollte das leisten?

Der achtundzwanzigjährige Johann Peter Eckermann, der am 6. Juni 1823 Goethe seine Aufwartung machte, traf den Dichter zu einem günstigen Zeitpunkt. »Der Empfang seinerseits war überaus herzlich, und der Eindruck seiner Person der Art, daß

Abb. 17: Johann Peter Eckermann.
Zeichnung von Johann Joseph Schmeller

ich diesen Tag zu den glücklichsten meines Lebens zähle.« Goethe hörte den fremden Besucher freundlich an, erkundigte sich nach seinem Werdegang – und traf auf einen seltsamen Menschen.

Eckermann stammte aus dürftigsten Verhältnissen. In Winsen an der Luhe als Sohn eines Hausierers und einer Näherin geboren, fast ohne Schulunterricht als Hütejunge aufgewachsen, bestand für ihn keinerlei Aussicht auf ein besseres Leben. Doch der junge Eckermann besaß Fleiß und Begabung. Ein Gönner ermöglichte ihm, lesen und schreiben zu lernen, er wurde Bürogehilfe und Sekretär und bewies dabei eine so rasche Auffassungsgabe, daß man ihm gerne weiterhalf. Süchtig nach Bildung, hungrig nach Wissen, begann Eckermann mit einem Stipendium an der Göttinger Universität zu studieren, zu schreiben und Verse zu fabrizieren. Die Entdeckung von Goethes Gedichten wurde ihm zu einer Offenbarung. »In dieser Zeit hörte ich zuerst den Namen Goethe … Ich las seine Lieder und las sie immer von neuem und genoß dabei ein Glück, das keine Worte schildern.«[125] Er verfaßte eine eigene Schrift: *Beyträge zur Poesie mit besonderer Hinweisung auf Goethe.* Fortan hatte er nur ein Ziel: den Dichter mit eigenen Augen zu sehen. So pilgerte er zu Fuß nach Weimar, stellte sich und sein Büchlein vor und gewann das Vertrauen des Dichters, der ihm sogleich die ersten Arbeiten übertrug. Eckermanns bescheidenem, dienstfertigem Auftreten und anspruchslosem Wesen war nicht anzusehen, welche Bedeutung er in Zukunft für Goethe und dessen Schwiegertochter haben würde.

Beim Überschreiten des SALVE in Goethes Haus, wohin er zu einer Teegesellschaft gebeten wurde, beim Gang durch die mit Kunstwerken gefüllten Räume war Eckermann sprachlos – solche Pracht hatte er in seinem Leben nicht gesehen. Anwesend waren der Bibliothekar Riemer, Hausfreund Kunst-Meyer und der Jurist Friedrich von Müller. »Auch Goethes Sohn trat herein und Frau von Goethe, deren Bekanntschaft ich hier zuerst machte.« Goethe im schwarzen Anzug mit dem Ordensstern an der Brust ging mit Ottilie auf Eckermann zu, um ihn zu begrüßen. »›Das ist meine Schwiegertochter‹«, sagte er; ›kennt Ihr beiden Euch schon‹?«

Eckermann faßte den Plan, in Zukunft alles zu notieren, was er in diesem Hause sah und hörte. Seine berühmt gewordenen Aufzeichnungen *Gespräche mit Goethe* geben Einblick in alles, was im Haus am Frauenplan vorging. Aufschlußreich sind die Tischgespräche, wobei der Beobachter auch Goethes Schwiegertochter ins Visier nahm. Wie sie Goethe zum Lachen brachte! Wie sie sich über ihn lustig machte! Was für einen offenherzigen Ton sie sich erlaubte! Wie Goethe quer über den Tisch ihre Hand tätschelte! Eckermann notierte jeden Dialog, jedes Detail – zuerst im Ge-

Abb. 18: Treppenaufgang im Haus am Frauenplan mit der Gruppe der fackeltragenden Jünglinge »Schlaf und Tod«

dächtnis, später mit dem Federkiel. Bei Tisch wurde über die jungen Engländer diskutiert, die neuerdings die Stadt in großer Zahl überschwemmten. Wie man erfuhr, waren es ausschließlich Söhne reicher Familien. Spöttisch habe der Kanzler bemerkt, daß diese Jünglinge »gewaltigen Eindruck auf unsere Damen machen; man denke nur an den Gebildetsten von allen, den ›dämonischen Jüngling‹ Sterling.« Eckermann horchte auf. Die spitze Bemerkung war offensichtlich auf Ottilie gemünzt (27. Oktober 1823).

Der »dämonische Jüngling« kam inzwischen so oft ins Haus, daß Goethe sich schon an ihn gewöhnt hatte. An Ottilies Geburtstag, dem 31. Oktober 1823, kam Goethe nach oben, um beiden seine »Marienbader Elegie« vorzulesen. Ottilie war sehr berührt. Zeile für Zeile erkannte sie im Gedicht ihre eigene Situation wieder. Erschüttert schrieb sie in ihr Tagebuch: »Diese Worte – die das ganze Paradies uns zeigen, was ja fast jedem einmal gehörte, und dann der Schmerz des Verlustes, die Öde des Lebens, die tiefe Nacht in der eigenen Brust, ohne Sonnenstrahl der Belebung, ohne Schimmer der Hoffnung – wie mußte es auf uns alle wirken – und auf mich!«[126] Deutlich empfand sie die Parallele zwischen Goethes Gefühlen und ihrem eigenen leidenschaftlichen Zustand. So wie Goethe litt, weil er für die neunzehnjährige Ulrike zu alt war, so litt Ottilie, weil sie zu alt war für den neunzehnjährigen Sterling.

Das Marienbader Erlebnis, die enttäuschte Hoffnung, der frostige Empfang zu Hause – es war alles zuviel. Goethe wurde krank. Wilhelm von Humboldt fand ihn stöhnend und leidend. Goethe konnte seine Nierenschmerzen nur im Sessel sitzend ertragen. Die Hauptursache seiner Krankheit, sagte Humboldt zu Eckermann, sei »die leidenschaftliche Neigung, die er diesen Sommer in Marienbad zu einer jungen Dame gefaßt und die er jetzt zu bekämpfen sucht«.[127] Trotz seiner Schwäche war Goethe aber durchaus imstande, mit Humboldt über seine »Marienbader Elegie« zu sprechen. Diese Dichtung sei das Schönste, was Goethe je gemacht habe, schrieb Humboldt seiner Frau.[128] Seine Ansicht wurde von Charlotte von Schiller geteilt. »Daß ein Mann wie Goethe in seinen Jahren noch einmal recht liebt, ist bei so viel Einbildungskraft nicht unmöglich … Täuschungen über das andere Geschlecht hat er sich stets gemacht. Seine erdichteten Frauen sind mehr Wahrheit als die wahren.«[129] Als Eckermann die »Elegie« hörte, entdeckte er darin »die jugendlichste Glut der Liebe«, wie man sie sonst nur bei Byron finde. Die »Elegie« sei der Ertrag »eines höchst leidenschaftlichen Zustandes«, sagte Goethe, »aber jetzt möchte ich um keinen Preis wieder hineingeraten«.

Ottilie trug sich mit anderen Gedanken. Ihr Plan, nach Berlin zu reisen, hatte sich durch Goethes Krankheit verzögert. Jetzt, am Ende des Jahres 1823, bestand sie darauf.

V.

Doppelter Verrat

»Ottilies Leidenschaftlichkeit zerstört alles.«

»Frau v. Goethe trat herein, um ihren Schwiegerpapa zu benachrichtigen, daß sie nach Berlin zu reisen im Begriff sei. Sie wolle dort mit ihrer Mutter zusammentreffen.« Das notierte Eckermann am 21. Dezember 1823. Nur mühsam konnte Goethe seinen Ärger verbergen. Ihm war sofort klar, daß die Mutter nur eine Ausrede war. Zwischen August und seiner Ehefrau stand es nicht eben zum besten. Als Ottilie gegangen war, bemerkte Goethe zu Eckermann, in Wirklichkeit sei es völlig gleichgültig, ob sie ihre Mutter hier oder dort träfe, da die Freude dieselbe sei. »Man muß oft etwas Tolles unternehmen, um nur wieder eine Zeitlang leben zu können«, fügte er gleichsam entschuldigend hinzu. »Diese Winterreise ist viel Mühe um nichts; aber ein solches Nichts ist der Jugend oft unendlich viel.« Weniger zurückhaltend äußerte er sich beim Kanzler von Müller, dem er seinen Ärger geradezu entgegenschleuderte. Das Treiben Ottilies sei hohl, leer, es sei »weder Leidenschaft, Neigung, noch wahres Interesse, es sei nur eine Wut, aufgeregt zu sein, ein abenteuerliches Treiben«. Was Goethe sah, wußte auch der Kanzler: »Ottiliens Koketterie mit Sterling.«[130]

Das Weihnachtsfest feierte die Familie noch zusammen; August war allerdings krank. Dann hielt Ottilie nichts mehr. Am 27. Dezember 1823 stieg sie ungeachtet des schlechten Wetters in die Reisekutsche. Fräulein von Witzleben und Clementine von Mandelsloh nebst Kammermädchen Amalie fuhren mit. Adele Schopenhauer hielt die Abfahrt pathetisch im Tagebuch fest. »Diesen

Morgen ist sie fort, nach Berlin. Oh, welch eine Höllenqual liegt in diesen letzten Monaten! Beschreiben kann ich sie nicht ... Sterling, den ich gar nicht verstand, noch verstehe in seiner neunzehnjährigen Freundschaft, und der mich immer an mein Lied vom Vogel und der Sonne erinnert. Alle diese wundersamen Formen des Gefühls, alles, was ich mir als Unrecht anrechnen und gewiß dadurch nicht töten würde, muß ich an Ottilien verzeihen, weil ihre kristallklare Seele über all das Formenwesen hinaus ist.«[131] Für die »Höllenqual« machte Adele offenbar Charles Sterling verantwortlich.

Was wollte Ottilie in Berlin? Das Treffen mit ihrer Mutter war tatsächlich nur ein Vorwand; die Begegnung kam auch gar nicht zustande. Ob sich Ottilie vor ihrer Liebe zu Sterling in Sicherheit bringen wollte, wie der Forscher Wilhelm Bode meinte?[132] Ottilie war noch kaum in Preußen eingetroffen, als sie August sofort und mit Humor von ihrer Potsdamer Begegnung mit Vetter August von Treskow berichtete, der »einen sehr hübschen Schnurrbart« trage. Dann kam sie in Berlin an. Sie sei noch wie im Taumel, »wo wir durch das Brandenburger Tor fuhren: wir lachten, weinten, sangen, drückten uns die Hände, fielen fast zum Wagen heraus, alles durcheinander.« Ihr Dank an August war aufrichtig: »und wüßtest Du, wie oft ich Deiner dankbar gedacht, oder ließe sich ein Gedankenhändedruck 82 Meilen weit fühlen, so würdest Du mit mir zufrieden sein.« Schon wurden die ersten Einkäufe getätigt, August solle sich auf eine Fuhre gefaßt machen »mit einer Kiste mit Spickgänsen und Würsten, einem Fäßchen Kaviar, Spielsachen für die Kinder, den Pelz für Adele, einen Kasten für die Mutter, und Kaffee, und Milchkannen ...«[133]

Goethe, der von der ganzen Reise nichts hielt, wandte sich mit einem ungewohnt scharfen Urteil an Zelter. »Ottilie west nun in Berlin und wird es von Stunde zu Stunde treiben, bis sie von Zeit zu Zeit pausieren muß; vielleicht gibt ihr das erreichte Ziel, wieder durchs Brandenburger Tor eingefahren zu sein, wenigstens einige Minderung der Hast, ohne die man sie freilich kaum denken kann. Du tust ihr, weiß ich, alles zuliebe; das Beste kann freilich nicht ohne Aufregung ihres lebhaften Wesens geschehen.« (9. Januar 1824) Ottilies »lebhaftes Wesen« war die vorsichtige Umschreibung eines Temperaments, das der Schweizer Soret wiederum besonders schätzte. Ottilie sei feurig und kokett und bereit, den Männern den Kopf zu verdrehen, hatte Soret erklärt. Ihm gefiel das schon deshalb, weil sie ihn dabei nicht ausnahm! Der Prinzenerzieher und Goethes Schwiegertochter waren ein Herz und eine Seele.

Überschwenglich waren die Schilderungen, die Ottilie ihrem Schwiegervater über ihre Berliner Begegnungen zukommen ließ. Goethes Antworten sind voll von scherzhaftem Spott. »Wenn ich, meine liebe Tochter, unsern Zustand aufrichtig vermelden soll, so geht es im Hause und in der Residenz ebenso verwirrt zu als wenn Du da wärst.« Er bat Ottilie, Bettina von Arnim zu grüßen, die ihm einen Brief geschickt habe. Ottilie tat ihm den Gefallen, wenn auch nicht gerne. Im Grunde waren beide Frauen von ähnlichem Temperament, gleichermaßen wissbegierig und süchtig nach menschlichen Begegnungen; beide pflegten Sie in- und außerhalb der Ehe vielfältige Beziehungen zu jüngeren Männern. Eine Freundschaft entstand dennoch nicht, zumal Bettina eine Äußerung machte, die Ottilie nachhaltig empörte: Sie behauptete, Lord Byron sei »so hohl und leer wie ein Pappendeckel, und wenn man den ganzen *Child Harold* umdrehte, fiele nicht eine einzige Schönheit heraus«. Dagegen stach Rahel Varnhagen durch Geist und Originalität vorteilhaft ab; nur schade, meinte Ottilie, »an ihrer Wiege sind die Grazien ausgeblieben«. Alle Freunde, die sie vor vier Jahren getroffen hatte, wurden diesmal wieder besucht, die Künstler Schadow und Tieck, Musikus Zelter, Staatsrat Schultz und die Familie Mendelssohn.[134] Goethe erkundigte sich, ob ihr die Aufführung von *Hermann und Dorothea* gefallen habe – ja,

Ottilie hatte »äußerstes Entzücken und wahre Herzensrührung« empfunden.[135] »Wir fühlen alles mit«, bedankte sich Goethe. »Mit den Kindern leb' ich in großer Einigkeit und wir bringen manchen Abend gar artig miteinander zu ... Lebe fröhlich! liebe zärtlich! *G.*«

August war in bester Laune: Er war zum Geheimen Kammerrat befördert worden, für seinen Vater wiederum Anlaß zu einem humoristischen Schreiben an Ottilie. »Der Frau Geheime Kammerrätin hätte ich schon beim Abschiedskusse zu diesem schönen und bedeutenden Charakter Glück wünschen können«, scherzte er, »ich wollte es aber lieber versparen, um nach dem herrlich leuchtenden Berlin ihr einen hübschen milden Familienstern nachzusenden ... Möge dir alles zum besten geraten und gelingen. Treulichst G.«[136] Der rot gesiegelte Umschlag trug die heiter gemeinte Adresse: *Der Frau Geheime Cammeräthin von Goethe Gnaden.*

August meldete, er verbringe fast jeden Abend gemeinsam mit Freund Sterling – der übrigens mit Adele Schopenhauer täglich italienisch lese. Diese Nachricht stürzte Ottilie in eifersüchtige Verwirrung. Sterling hatte ihr noch mit keiner Zeile geantwortet. Unter Tränen machte sie ihren Vetter Heinrich Nicolovius zum Vertrauten ihrer Herzensnöte. Ihr Bekenntnis löste ein Erdbeben aus.

Ohne Sterling zu kennen, schrieb Heinrich dem unbekannten Engländer einen ebenso vorwurfsvollen wie taktlosen Brief. In Weimar schlug das Schreiben ein wie eine Bombe. Sterling geriet in helle Aufregung, August fiel aus allen Wolken. Er riet seiner überspannten Frau zur Vorsicht, »man hat ja so im Leben genug auszuhalten«. Ruhig erklärte er Ottilie, »daß ich über Dein Verhältnis mit Sterling auch jetzt nicht anders denke wie sonst«, nur ihr Gerede sei an allem schuld. »Endlich schließe ich mit der Versicherung, daß mein Inneres gegen Dich keinen Groll und kein Mißtrauen hegt und wünsche, daß dieser Schattenpunkt in deinem Berliner Aufenthalt Dir und den Freunden keine trübe Stunde mehr mache.« August blieb besonnen, ließ ihr sogar weiteres Geld anweisen. Was ihn dann aber doch schockierte, war Sterlings plötzliche Abreise. Seine Heimkehr zu den Eltern war zwar geplant gewesen, doch die Hast, mit der er dann heimlich und ohne Abschied verschwand, war ein Treuebruch, ein Verrat. Allmählich begriff August, daß es sich um ein abgekartetes Spiel handeln mußte – das Rendezvous in Berlin war verabredet. »Eine neue Erfahrung habe ich wenigstens gemacht«, schrieb er Ottilie, »und meine Gutmütigkeit wird wenigstens nie wieder auf eine Sandbank laufen.«[137]

Was hier geschah, war ein Skandal. Damit nicht genug, ließ Ottilie den Termin zur Rückkehr nach Weimar verstreichen, um sechs Tage länger mit Sterling zusammen zu sein – ihre Aufzeichnungen für die Daheimgebliebenen brechen mit seiner Ankunft ab. Daß sie und der Geliebte sich trafen, ist durch spätere Briefe belegt. Das Glück des Wiedersehens und die Hoffnung, »der himmlische Traum« möge wiederkehren, finden sich in zwei Liebesgedichten, die Sterling für »Ottily« reimte und in ihr Tagebuch schrieb.[138] Der schöne Irländer mit den durchscheinend zarten Gesichtszügen und dem reinen Augenausdruck war und blieb Ottilies große Liebe.

Der doppelte Verrat von Frau und Freund machte August krank. In übler Verfassung ließ er Ottilie wissen: »Ich habe viel zu arbeiten und leider wenig Mut dazu, da es mir jetzt an körperlichem Übelbefinden nicht mangelt und mein Gemüt durch manche Bewegungen, welche die letzte Zeit hervorgebracht hat, auch nicht in der besten Stimmung ist.« (22. Februar 1824) Die Affäre muß auch zu Goethe gedrungen sein, den Augusts sichtbare Niedergeschlagenheit bekümmerte. Der Schwiegervater warnte. Ottilie möge den Bogen nicht überspannen. Sein Schreiben klingt wie eine versteckte Drohung. »... die Kinder sind sehr charmant«, meldete er der Schwiegertochter, »und wenn Du nicht bald wiederkömmst, so wirst Du nicht recht wissen, wo Du Platz finden willst. Sei also nicht zu verwegen in der Königstadt und bedenke, daß man seinen Sitz nicht zu lange verlassen muß, wenn man ihn behaupten will.«[139]

Nach zwei Monaten Abwesenheit kehrte Ottilie zu Mann und Kindern zurück. Ihre Liebenswürdigkeit, ihre poetische Art des Erzählens und die aufrichtige Freude, Goethe wiederzusehen, ließen bald alle Bedenken dahinschmelzen. »Ottilie ist glücklich zurückgekommen und hält mich durch Erzählung in Berlin fest, wohin sie mich nun seit acht Wochen durch ununterbrochene Tagebücher redlich versetzt hatte«, erfuhr Zelter. Seinem Freund Schultz dankte Goethe: »Nun ist Ottilie wieder zurück … sie hat freylich so viel herumgetrieben, viel gesehen und nach ihrer Weise genossen; haben Sie herzlichen Dank für alles, was sie diesem lieben wunderlichen Wesen an Aufmerksamkeit und Neigung gegönnt haben …« (8. März 1824)

Eckermann erlebte Goethe in zufriedener Stimmung. »Frau von Goethe erzählte viel von Berlin, woher sie vor kurzem gekommen; sie sprach mit besonderer Wärme von der Herzogin von Cumberland, die ihr viel Freundliches erwiesen. Goethe erinnerte sich dieser Fürstin, die als sehr junge Prinzeß eine Zeitlang bei seiner Mutter gewohnt, mit besonderer Neigung.« Ottilie stand wieder in des Dichters Gunst. Als am Abend unter Eberweins Leitung Händels *Messias* aufgeführt wurde, beteiligte sie sich mit ihrer schönen Stimme, wie es der Schwiegervater sich schon lange gewünscht hatte.[140]

Über die »Verrücktheiten« seiner Schwiegertochter und ihr »lebhaftes Wesen« sah Goethe gern hinweg, denn sie wurde für ihn unersetzlich. Ottilie erledigte die Bitten um Audienzen, Autogramme und Stammbuchverse, kümmerte sich um Papiere und Federn und schenkte Goethe schwarze Tinte, weil die, die er bisher benutzt hatte, »blaß und vergänglich« war.[141] Ottilie lenkte den

Abb. 19: Ottilie als Goethes Begleiterin.
Bleistiftzeichnung von Ehregott Grünler, um 1828

Strom der Bewunderer und präsentierte das Haus so gewandt wie eine Diplomatin. »Auf Ihren Befehl, bester Vater, habe ich die Pairs von England auf morgen Abend eingeladen ... Da Sonnabend der Freischütz, so wäre kein Tag als heute ... Entscheiden Sie nun, bester Vater, was geschehen soll.«[142] Sie unternehme alles, »um des Vaters alte Tage nicht zu trüben«, hatte sie ihrer Mutter erklärt.[143] Goethe scheint die Ausflüge mit ihr geliebt zu haben. »Sodann mit Ottilien nach Berka gefahren. Spazieren in der Allee und sonstigen Räumen. Kam Herr Badeinspektor Schütz. Wir frühstückten. Gingen in das neue Haus, wo wir mit Vergnügen verweilten. Waren um 2 Uhr zurück. Speiste Dr. Eckermann mit uns.« (17. September 1826)

Was Goethe einzig mißfiel, war die Tatsache, daß seine Schwiegertochter ihre eigenen Angelegenheiten nicht besser im Griff hatte. Sie handele »unsystematisch« und spontan, klagte er. Ottilie verteidigte sich mit Humor. Sie habe nie »systematisch gelebt«, erwiderte sie lachend. »Dieses unsystematische Unsystem«, bemerkte sie schlau, »ist namentlich in Ihrem Hause, lieber Vater, klüger als man denkt; denn welch wechselnde Lebensweise ist da nicht oft Notwendigkeit?«[144] Bei Goethe Ordnung, in ihren Zimmern Unordnung – Julie von Egloffstein hat das Sammelsurium in Ottilies Mansarde in einer Zeichnung festgehalten. Da erblickt man Schlüsselbund, Perücke und Handspiegel, Notenhefte und Bücher, Tinte und Feder, einen Korb mit Handarbeiten, eine Lyra als Symbol der Musik und Amors Pfeile als Symbol der Liebe, welche in Ottilies Leben, wie man wußte, eine Hauptrolle spielte. Das war nicht nur Ottilies Zimmer, es war eine Abbildung ihres chaotischen Wesens.

Weniger harmonisch verlief Ottilies Wiedersehen mit ihrem Ehemann. August war empört und ergriff eine Maßnahme, die im Grunde zu seinem besonnenen Wesen nicht paßte: Er verbot Ottilie jeden Kontakt zu Sterling. Daraufhin avancierte Adele Schopenhauer zur konspirativen Vermittlerin: Sterling schickte seine Post in Zukunft an ihre Adresse.

Das miserable Verhältnis zu August machte Ottilie depressiv und krank. Adele vermerkt im Tagebuch. »Ottilie ist so unglücklich, daß sie fast jenes Leiden in den täglichen Martern vergißt, sie stirbt auf sehr grausame Art.« Zwischen den Eheleuten gab es Streit. »Augusts Mißtrauen, Heinrichs Unvorsichtigkeit und endlich auch Ottilies Leidenschaftlichkeit zerstören alles«, so Adele Schopenhauer. August äußere nur noch »Härte, Mißtrauen, Torheit – ich kann ihm nicht verzeihen«.[145] Im Tagebuch notierte Adele: »Ottilie war und ist von Natur aus das edelste, wahrste, reinste Geschöpf, das ich je gesehen, und nun ist sie in dieser unseligen Ehe dahin gekommen, nichts mehr zu suchen, nichts mehr zu denken, nichts zu atmen als Liebe! Nicht bloß das verzehrende schmerzliche Gefühl für Sterling – nein, nur das Glück, geliebt zu sein, es zu hören, es zu sehen – und keiner der Männer kann ihr bleiben, wird ihr genügen – in halben Gefühlen soll das vollendet schöne Leben vergehen?« Mit dem Schicksal der unglücklich Liebenden befaßt, nahm Adele ihre pädagogische Rolle ernst. »Sterling war durch seine leidenschaftliche Phantasie einem Abgrunde sehr nah gebracht.« Ottilie hatte Sterling mitgeteilt, »August werde nie in eine Trennung willigen ... der Brief brachte eine so heftige Wirkung hervor, daß er im Begriff war, sich totzuschießen.«[146]

Was wußte Goethe? Bemerkte er den Konflikt? Jedenfalls unternahm er einen ungewöhnlichen Schritt: Er wandte sich mit einem persönlichen Schreiben an Charles Sterling. Wollte er den gefährlichen Rivalen vor weiteren unbedachten Schritten warnen? Ein Anliegen gab es nicht, so kann man hinter Goethes wohlgesetzten Worten nur einen diplomatischen Schachzug vermuten, um weiteres Unheil zu verhüten. »Sehr gern, mein werthester Herr Sterling, hätte ich mündlich von Ihnen Abschied genommen und ein weiteres Wohlergehen auf Ihrer Reise persönlich gewünscht ...« Mit anderen Worten: Er fand Sterlings heimliche Flucht unhöflich und überflüssig. Weiter: »... alsdann hätte ich den Dank wiederholt, daß Sie einem näheren Verhältniß zu dem höchstgeschätzten Lord Byron den Weg gebahnt. Ich betrachte dies als einen der schönsten Gewinne meines Lebens.« Diesen Dank auszusprechen, dazu hatte Goethe ein Jahr lang persönlich Zeit gehabt – warum gerade jetzt? »Gedenken Sie unserer! und wenn Sie nach Genua kommen ... so erwähnen Sie auch meiner, der Meinigen und der unerschöpflichen Verehrung, Bewunderung und Liebe, mit der wir ihm zugetan sind.«[147] Wohlgemerkt, die Zuneigung galt Lord Byron, nicht Herrn Sterling.

Ein Unglück gefährdete den mühsam bewahrten Frieden im Hause. Ottilies Schwester Ulrike war beim Tanzen auf dem Karnevalsball so heftig aufs Parkett geschlagen, daß die Krone, die sie zum Kostüm trug, sich ihr in den Kopf gebohrt hatte. Eine schwere Gehirnerschütterung mit Schwindel war die Folge, zeitweilig verlor Ulrike das Gedächtnis, sie konnte erst nach drei Monaten mit Schmerzen und einer Narbe am Kopf das Zimmer verlassen. Schuld an dem Unfall war ihr Tänzer, Captain Frederic Cullen Smith, der Ulrike liebte und heiraten wollte; beide warteten nur noch auf die Einwilligung seiner Eltern. Für Goethe, der jede Krankheit mied, war Ulrikes Zustand eine schwer erträgliche Zumutung.

Zur allgemeinen Verstimmung trug zusätzlich die erschütternde Nachricht bei, daß Lord Byron als Kommandeur der griechischen Streitkräfte im Kampf für die Freiheit Griechenlands mit fünfunddreißig Jahren in Missolunghi den Tod fand. Aufgewühlt rief Goethe aus: »Der schönste Stern des dichterischen Jahrhunderts ist untergegangen.«[148]

Seit der Berliner Affäre herrschte zwischen den Eheleuten ein gereiztes Klima. Augusts hölzerne Art der Annäherung war ohnehin nie das gewesen, was Ottilie brauchte; sie verschaffte ihr weder das erhöhende Gefühl erotisch erfüllender Leidenschaft noch eine aufregende Entfesselung zum vibrierenden Leben. Ottilie wurde schwer krank. Goethes Arzt Dr. Rehbein riet dringend zu einer Kur. Ottilie weigerte sich. Erst als ihre Schmerzen in Brust und Leber unerträglich wurden, reiste sie nach Ems. »Ich verließ den 18. Juni Weimar mit so betrübtem Gefühl wie bisher noch niemals«, steht in ihrem Tagebuch. In den Briefen an August finden sich Eingeständnisse ihrer Schuld und die ungewohnte Bitte um Nachsicht. Sie sei vor Schwäche und Leid ganz willenlos, schrieb sie am 2. Juli 1824, habe »nicht Mut und Lebensinteresse genug zu irgendeinem Widerspruch«. »Ich bin so gereizt, so herzens-

und gemütskrank, daß die bloße Idee einer Unfreundlichkeit mir das Fieber gibt … Lebe wohl, lieber August, ich umarme Euch alle herzlich und bitte aus Liebe und Mitleid um ein Wort über Ulrike und die Kinder.«[149] Augusts Antworten klingen kühl. Der Verrat, vielleicht auch das Vertuschen vor dem Vater waren eine psychische Belastung – auch er brach zusammen. Die Krankheit begann morgens um fünf Uhr durch »starkes Herzklopfen« und »eine unbeschreibliche Angst«. Dr. Rehbein tat das einzige, was möglich war: Er ließ zur Ader und setzte Blutegel. Schwäche konnte sich August nicht leisten, bei Hof wurden Gäste erwartet, der Vater verlangte seine Unterstützung – es war alles zu viel. Im Brief an Ottilie brach es aus ihm heraus. »Meine Stimmung ist auch nicht die brillanteste«, jeder in seiner Umgebung könne »die Welt und das Dasein genießen, ich hingegen sitze wie ein Sklave angekettet … alles in diesem leider großen Haushalt kommt an mich, Geldsorgen kommen dazu … da mich aber Gott einmal so gestellt, so will ichs erdulden, bis – es anders wird.«[150] Welche Änderung erhoffte er sich? Wie sollte es »anders« werden? War damit Goethes Tod gemeint?

Trennung – oder Scheidung

»Sieben Jahre lang habe ich mich ungeliebt gesehen«

Während Goethe am letzten Teil von *Dichtung und Wahrheit* arbeitete und sich dabei an die selige Zeit seiner Jugendliebe zu Lili Schönemann erinnerte, »ein zartes, anmutiges, leidenschaftliches Liebesverhältnis«, wie Eckermann konstatiert, wünschte sich seine Schwiegertochter nur noch eines: Flucht oder Trennung. Mehr und mehr kam Ottilie zu der Überzeugung, daß ihre Ehe mit August die Tragik ihres Lebens war. Ihr Schwiegervater gab sich gelassen, vertiefte sich in seine Arbeit und schien partout nicht zu bemerken, welches Desaster sich zwischen seinem Sohn und dessen Frau abspielte. Bei Goethe fand Ottilie Ruhe. Kein Verdacht, kein Vorwurf störte die Gemeinsamkeit. Erst wenn sie allein war, flossen Tränen. Ottilie war bereit, sich scheiden zu lassen.

Doch was würde ihre Mutter zu einem solchen Skandal sagen? Seit der Trennung von ihrem Mann war Henriette von Pogwisch zu einer eigenständigen, berufstätigen Frau geworden. Sie hatte nicht nur Geld verdienen, nebenbei ihren Töchtern Französisch- und Englischunterricht erteilen, Klavierschüler aufnehmen müssen, sie hatte auch eine französische Lesegesellschaft gegründet, die für die gebildeten Damen Weimars zu einer wichtigen kulturellen Institution geworden war. Durch ihre schwierige Situation, die ungünstigen Wohnverhältnisse, die Abhängigkeit von der herrschsüchtigen Reichsgräfin hatte sich zwischen der Mutter und ihrer ältesten Tochter eine ungewöhnlich enge Beziehung entwikkelt. Ottilies Vertrauen in die Fähigkeiten und Ratschläge ihrer Mutter war unbegrenzt. Auf sie konnte Ottilie sich auch dann verlassen, wenn Anbeter und Liebhaber entschwunden waren, sie sich verkannt und mißverstanden fühlte – die Mutter war als Mahnerin, Seelentrösterin und Freundin uneingeschränkt für sie da. Seit der Zeit ihrer ersten Liebe zu Ferdinand Heinke bis über Augusts Tod hinaus zeigen Ottilies Briefe, daß sie vor ihrer Mutter nichts verbarg, weder ihre prekären Liebschaften noch die problematischen Ereignisse, die ihr das Leben schwermachten.

Es ist erstaunlich, daß Henriette von Pogwisch das Zeugnis der zerrütteten Ehe ihrer Tochter für die Nachwelt aufbewahrt hat. Der lange Brief, den Ottilie während der Kur in Ems an die Mutter schrieb, ist das aufschlußreichste Dokument, das sie jemals über ihre Schuld und ihr Verhältnis zu August, über ihre Ehe und ihre Enttäuschung verfaßte. Die Antwort der Mutter zeigt Frau von Pogwisch als eine ebenso einfühlsame wie intelligente Frau.

Sie weiß, daß es die Tochter war, die die Misere herbeiführte, weiß aber auch, daß eine Scheidung vor den Augen der Welt eine Katastrophe bedeuten würde. Alle Gazetten des Landes würden hämisch darüber berichten: Wie verrottet mußte eine Familie sein, wenn selbst im Haus des größten deutschen Dichters Untreue und Affären an der Tagesordnung waren! Und was wären die Folgen einer Scheidung? Tochter Ottilie hatte kein eigenes Vermögen, kein Geld, keine Bleibe. Walther war sieben, Wolfgang fünf Jahre alt. Für August würde jedermann Verständnis aufbringen, schließlich war er es, der von Frau und Freund hintergangen wurde. Ottilie würde sich in eine ausweglose Situation hineinmanövrieren. Frau von Pogwisch sah nur einen Ausweg: Die Entscheidung mußte verschoben werden! Goethe war fünfundsiebzig Jahre alt. Die Mutter verlangte Geduld: Nur noch zwei Jahre, Ottilie, dann sehen wir weiter.

»Deine Zeilen las ich mit Tränen«, antwortete die Tochter aus dem Kurort Ems, »nein, meine liebe Mutter, ich stoße Deine Vorschläge nicht von mir, dazu bin ich nicht mehr jung, das heißt, nicht mehr glücklich genug ...« Nach sieben Jahren Ehe liege die Schuld bei August. »Kurz, liebe Mutter, lassen wir das alles ... Wofür ich Dir aber ewig danken will, ewig, ewig, das ist, daß Du mir sagst, ich sollte diese Art von Existenz nur noch zwei Jahre zu ertragen versuchen ... Sieh, ich bin fester entschlossen wie je, solange nur noch ein Atom von Kraft in mir ist, mich nicht scheiden zu lassen«, versicherte Ottilie, »aber dennoch danke ich Dir, daß Du Mitleiden genug hast, um nicht gleich den andern zu sagen: ›Du darfst nicht daran denken‹, daß Du nicht kalt und unbarmherzig dadurch das Unglück eines langen Lebens bestimmst. Warum ich mich nicht von August trennen will, habe ich schon zu oft gesagt, um es noch zu wiederholen, Sterling kommt jetzt in keinen Betracht dabei. Auch meine erste Idee, an August ausführlich über unser Verhältnis zu schreiben, habe ich ganz aufgegeben: wozu? –

durch welches Gefühl soll sich unser Verhältnis noch bessern? Ich weiß keines, es steht selbst nicht mehr in meiner Macht …«

Henriette von Pogwisch, mit achtundvierzig Jahren mitten im Leben stehend, wußte das alles nur zu gut. August und Ottilie waren grundverschieden. Ottilie schwebte lieber in geistig höheren Sphären als in den Niederungen der Kindererziehung und Küchenorganisation, war verschwenderisch, las romantische Romane, dichtete und musizierte und bat ihre Freunde zum Tee, während August sich fühlte »wie des Färbers Gaul im Kreise herumgetrieben«. August hatte Sinn für alles Praktische, Gediegene, für Naturwissenschaften und Verwaltung. Ottilie aber sah in ihm einen stocknüchternen Menschen, der ihre Ausgaben kontrollierte und ihr nicht genug Geld gab. »Sieben Jahre lang habe ich mich ungeliebt gesehen, stets getadelt, stets verletzt: nun hängt nichts mehr von ihm ab«, schrieb Ottilie weiter, »er mag sein, wie er will, es kann mich zwar noch peinigend, nicht mehr aber erfreuend berühren. Und was sollte ich ihm sagen? Hat er nicht in allem, was ihn jetzt schmerzt und worüber er sich beklagt, vollkommen recht?« (29./30.7.1824)[151]

Da sich Ottilies Gesundheit in Ems nicht gebessert, sondern im Gegenteil verschlechtert hatte und sie weiter unter Leberschmerzen und einem eiternden Zahngeschwür litt, war August bereit, auch noch die Folgekur zu finanzieren. Ottilie fuhr nach Schlangenbad, von dort sandte sie ihrem Schwiegervater das Resümee ihrer Eindrücke. Der Brief ist beispielhaft für ihre anschauliche Schreibweise. »Den Morgen noch in der brillantesten geräuschvollen Modewelt von Ems, den Abend in klösterlicher Stille – Überhaupt, lieber Vater, hat dieses Jahr mich durch die allerverschiedenartigsten Lebensverhältnisse und geselligen Zustände geführt: 1tens der Winter in Berlin … Assembleen, Opern mit feenhafter Pracht … Hierauf Frankfurt, wo ich mich in den mir ganz neuen

Kreisen des diplomatischen Zirkels und der reichsten Kaufmannschaft fand«, schließlich Schlangenbad, wo »die vollkommenste ländliche Abgeschiedenheit herrscht, und Sie müßten gestehen, lieber Vater, daß ich einen mannigfaltigen Kreis der Lebensweise in diesem Jahr durchlaufen bin.« Sie überlegte, was Goethe erheitern würde. »Gewiß bin ich, lieber Vater, daß Sie gern wissen möchten, ob ich gar keinen Verehrer gefunden? … Nein, gar nicht!« Das setzte ein großes Maß an gegenseitigem Verständnis und von Humor voraus. Ihre Antwort war eine halbe Lüge. Sterling hatte sich gemeldet, Ottilie ihm mit einem glühenden Antwortbrief gedankt. »O mein Charles, nur Du sei glücklich, bin ich es dann nicht auch?«[152]

Allerdings hatte auch August seine heimlichen Abenteuer. Ottilie erfuhr seine amourösen Affären von August selbst, als er sie ihr bei einer Kutschfahrt in großer Offenheit bekannte. Nach dem Ausflug schrieb Ottilie mit scheinbarer Ruhe in ihr Tagebuch: »Indem ging die ehemalige Mademoiselle Rüter vorbei, und er gestand mir, daß er im vergangenen Jahre sie sehr geliebt, daß dies nun aber sicher das letzte Interesse sei was er hege, und daß sie ihn zu dem Gedicht ›die Palme‹ begeistert habe.«[153] Augusts Verhältnis mit Frau Seiler schien ebenfalls stadtbekannt zu sein. Man wußte, daß der Pavillon in Goethes Hausgarten dem Paar als Ort zum Stelldichein gedient und Ehemann Seiler die Liaison geduldet hatte, »weil seine Frau schöne Geschenke mit nach Hause brachte«.[154] Einem Mann wurde ein Seitensprung weit eher zugebilligt als einer Frau, der die Liebe außerhalb der Ehe schon von Gesetzes wegen strikt verboten war.

Die englischen Liebhaber

»Weimar an der Ilm ist eine Stadt,
Schön, weil sie viele Schönheiten hat,
Alle Fremden sind wohlgelitten,
Vorzüglich die Briten.«

Wegen ihrer fanatischen Vorliebe für alles Englische hatte man Ottilie bereits spöttisch den Titel »Britischer Consul in Weimar« zugelegt. Wieder war ein junger Engländer eingetroffen, der Ottilie den Hof machte, George Cromey, ein gebildeter und eleganter Mann, der sich nicht abweisen ließ und nach Adeles Meinung imstande war, Ottilies Ruf zu gefährden. Offenbar blieb für die unermüdlich im Hintergrund agierende Freundin Ottilie die unglückliche Heldin eines Liebesromans à la Jean Paul, der die Abgründe der Seele in allen Formen schwärmerischer Liebeserschütterungen zu ergründen suchte. Ottilies offenkundiges Faible für die englischen Lords, die zur Teezeit ihre Mansarde bevölkerten, war auch für Goethe ein Rätsel. Die jungen Engländer in ihrer Selbstherrlichkeit waren ihm suspekt. »Es ist ein eigenes Ding«, sagte er zu Eckermann, »liegt es in der Abstammung, liegt es im Boden, liegt es in der freien Verfassung, liegt es in der gesunden Erziehung – genug! die Engländer scheinen vor vielen anderen etwas voraus zu haben. Wir sehen hier in Weimar ja nur ein Minimum von ihnen – aber was sind das alles für hübsche junge Leute!« Nie fremd und verlegen, sondern von einem Benehmen, »als wären sie überall die Herren und als gehöre die Welt ihnen«. Das eben gefalle den Frauen, »wodurch sie in den Herzen unserer Dämchen so viele Verwüstungen anrichten«. Es grause ihm, sagte Goethe, wenn Ottilie »wieder einen neuen jungen Insulaner« ankündige.[155]

Gegen die großen englischen Schriftsteller, die ihn besuchten, wie William Makepeace Thackeray, Henry Crabb Robinson oder Thomas Carlyle hatte Goethe nichts einzuwenden. An der Spitze der Literatenpyramide stand weiterhin der »außerordentliche« George Gordon Lord Byron. »Goethe war heute bei Tisch in der heitersten, herzlichsten Stimmung«, notierte Eckermann. »Ein ihm sehr wertes Blatt war ihm zugekommen, nämlich Lord Byrons Handschrift der Dedikation seines *Sardanapal.*« Byrons Widmung, die jetzt, ein Jahr nach dessen Tod, umso wertvoller erschien, lautete ungemein feierlich: »Dem berühmten Goethe wagt ein Fremder – als literarischer Vasall seines Lehnsherrn – seine Verehrung zu offerieren – dem Ersten unter den lebenden Schriftstellern, der die Literatur seines eigenen Lands schuf und diejenige Europas erleuchtete.«[156] »Goethe zeigte sie uns zum Nachtisch, indem er zugleich seine Tochter quälte, ihm Byrons Brief aus Genua wiederzugeben.« Sie rückte ihn aber nicht heraus. »›Sie haben ihn mir einmal geschenkt, lieber Vater‹, sagte Ottilie, ›und ich gebe ihn nicht zurück.‹« Am liebsten hätte sie auch noch das Widmungsblatt besessen. »Das wollte Goethe noch weniger, und der anmutige Streit ging noch eine Weile fort.« Als Ottilie verschwunden war, zeigte Goethe Eckermann ein rotes Portefeuille, das er im Arbeitszimmer verwahrte. Es enthalte alles, was Byron ihm jemals geschickt habe, sagte er listig lächelnd. »›Hier ist sein Brief aus Livorno, dies ist ein Abdruck seiner Dedikation, dies mein Gedicht … nun fehlt mir bloß sein Brief aus Genua, aber sie will ihn nicht hergeben‹ …«

Das fünfzigste Regierungsjubiläum von Großherzog Carl August von Sachsen-Weimar am 2. September 1825 wurde zum Anlaß großer Feierlichkeiten. Es läuteten die Glocken, es donnerten hundert Kanonenschüsse, Festmusik begann, die Stadt hatte geflaggt, die Häuser waren mit Laubgewinden, Schillers Wohnhaus mit einer Lyra geschmückt. Das neue Theater in Weimar – das alte war ab-

Abb. 20: August von Goethe im Alter von 36 Jahren. Zeichnung von Johann Joseph Schmeller, 1825

gebrannt – wurde mit der Oper *Semiramis* eröffnet. Goethe hatte sein Haus renovieren lassen, um es an diesem Abend Einheimischen wie Fremden zu öffnen. »Ottilie muß für 150 bis 200 Personen Erfrischungen vorbereiten und hat alle Hände voll zu tun«, teilte der Kanzler mit.[157] *Die Zeitung für die elegante Welt* pries das »Jubelfest« in den höchsten Tönen. »Nach dem Theater war Soirée bei Goethe, auf welcher der Erbgroßherzog, mehrere Prinzen aus souveränen Häusern, die Gesandten, der Adel und Gelehrte erschienen. Goethes Schwiegertochter begrüßte die Ankommenden mit dem edelsten Anstand. Alle Zimmer waren vollgefüllt. Mehrere der Zimmer waren zur Bewirtung der Gäste eingerichtet, die hundertweis sich einfanden. Das auserlesene Souper und die kühlenden und geistigen Getränke aller Art waren hinreichend, alle zu befriedigen, und seine geistreiche und liebenswürdige Schwiegertochter bewegte sich mit jugendlicher Leichtigkeit unter der Menge, für jeden sorgend, niemand übersehend, und alles mit umsichtigem Scharfblick ordnend und leitend. Bis nach Mitternacht blieb Goethe gegenwärtig ...« Dem Mineralogen Joseph Grüner erklärte Goethe: »Meine Schwiegertochter ist eine einsichtsvolle, in Sprachen geübte, im Umgang mit höheren Zirkeln gewandte, unterrichtete Hausfrau. Sie dürften sich selbst bei der Soirée überzeugt haben, wie sie jeden Gast empfangen und sich bemüht hat, jeden nach Möglichkeit zu unterhalten.«[158] Nur ein Mal verzeichnete Eckermann einen Mißklang. Ottilie hatte Schiller langweilig genannt, woraufhin Goethe sie erzürnt mit den Worten zurechtwies: »Ihr seid viel zu armselig und irdisch für ihn.«

War es Übermut, Leichtsinn oder ein unglücklicher Unfall – vor dem Haus der Frau von Wolzogen, Schillers Schwägerin, stürzte Ottilie vom Pferd. Der Arzt hatte geraten, der Gesundheit wegen Reitstunden zu nehmen. Ottilie war zu ungeduldig, griff heftig in die Zügel, das Pferd scheute und warf sie ab. Ihr Reitkleid verfing sich im Sattel, sie wurde eine Strecke mitgeschleift. Blutüberströmt und ohnmächtig trug man sie ins Haus. Eckermann fand sie »ganz entstellt«, Charlotte von Ahlefeld meinte: »Gestern hätte die Frau von Goethe fast das Leben verloren«, das Pferd habe sie mit solcher Gewalt abgeworfen, »daß ihr Gesicht durch die vielen Verletzungen ganz unkenntlich geworden sein soll«. Goethe, der sich zuvor gefreut hatte, daß Ottilie »munterer, mitteilender, gesellig-heiterer war als je«, zog sich zurück. Unter keinen Umständen wollte er sie in entstelltem Zustand sehen. Häßliche Eindrücke werde er im Leben nicht mehr los, »sie verderben mir für immer die Erinnerung«. Man sei ja nicht von Draht wie die Hängebrücken, und selbst die könnten brechen![159] Adele Schopenhauer notierte: »Augusts schlechte Laune und Unzufriedenheit, die er mit Alkohol zu betäuben suchte, verdarb allen das Weihnachtsfest.«[160]

Gebrochen war zwar nur Ottilies Nase, aber Knie und Arme zerschunden und verrenkt. Sie litt starke Schmerzen und konnte wochenlang das Zimmer nicht verlassen. Amalie von Stein fand sie »so zerstoßen und entstellt, daß allein ihr Mund mehrere Male genäht werden mußte.« Die Veränderung war unübersehbar. Die früher vorstehende »Papageiennase« erschien plattgedrückt, die Unterlippe gespalten und genäht. Ulrike von Pogwisch erhielt einen bestürzenden Bericht über die seelische Zerreißprobe, unter der die Schwester Tag und Nacht litt. »Von mir ist wenig Gutes zu hören; ich bleibe auf ewig entstellt und bin daher in meinem Innern in einer Art von Verzweiflung, die kaum ein fremdes Auge ermessen kann«, schrieb Ottilie. »Bei den vielen Fremden, die der Vater sieht, erneut sich mir täglich die Qual des Kampfes! Was für ein Gefühl, einem jeden Unbekannten mit dem Bewußtsein entgegenzutreten, daß ich Widerwillen erregen muß ... Das Einzige, was mir Frieden geben könnte, wäre, daß August sich von mir scheiden ließe und ich in einen ruhigen Winkel zöge; dies will er nicht, und doch ist das Leben so nicht zu ertragen.«[161]

Als Sulpiz Boisserée Ottilie besuchte, sah er ihr »bleiches, totenhaftes Ansehen«, Stirn, Nase und Oberlippe mit weißen Pflastern bedeckt »wie eine mit Papier verklebte Fensterscheibe«. Sie selber aber, von Freundinnen umgeben im Sessel sitzend, sei ein »geistreiches, lebhaftes Wesen«. Über Ottilies Aussehen war man verschiedener Meinung. Ein Engländer versicherte, »die Liebenswürdigkeit ihres Wesens« gleiche alles aus. »Ottilie Goethe ist nicht hübsch, sogar häßlich«, allerdings sei sie »sehr klug und liebenswürdig«, schrieb ein russischer Schriftsteller.[162] Frédéric Soret, nach wie vor in Ottilie verliebt und mit charmanten *billets doux* bei der Hand, versicherte seinem Bruder sogar, sie sei jetzt »noch hübscher«. Ottilie verstand sich sowohl mit Soret als auch mit Eckermann glänzend. Beide waren und blieben ihre Freunde, keiner hat je ein schlechtes Wort über sie verloren, obwohl ihnen Ottilies Eskapaden natürlich nicht verborgen blieben.

Von Sterling hatte Goethe ein zurückhaltendes Schreiben bekommen; Goethes Erwiderung vom Juli 1826 zeigt sein Mitgefühl für seine Schwiegertochter, denn jedes Wort bezieht sich auf sie. »Ihr Schreiben, mein Theuerster, hat mir und den Meinigen sehr viel Vergnügen gemacht; denn wir halten auch in jeder Entfernung Ihr Andenken hoch und werth. Bey uns ist nicht alles gegangen, wie es sollte …« Goethe schilderte Ottilies Sturz vom Pferd, bemerkte aber auch, daß »immerfort bildungslustige junge Männer aus den drey Königreichen« sich bei ihr versammelten. Falls das ein Hinweis darauf sein sollte, daß Sterling nicht der einzige Kandidat in Ottilies Liebeskalender und schon fast vergessen sei, hatte sich Goethe geirrt. Die Verliebten schickten sich – mit Adele als Liebesbotin – schwärmerische Briefe. In einem Gedicht sah Ottilie in Sterling bereits den zukünftigen Poeten – sie war es, die seine Fähigkeiten geweckt hatte.[163]

An Charles.

Ich weiß, Du kannst mir nicht gehören,
Und nimmer, nimmer möchte ich
Dein glänzend Blumenreich zerstören!
Der Tag ist Dein – die Nacht für mich …

Mit Stolz darf ich mir selbst bekennen:
Zum Dichter küßte ich Dich wach!
Und wird man Deinen Namen nennen,
So tönt der meine leise nach.

Charles Sterling blieb Ottilies Idol, daran konnten auch Jahre der Trennung nichts ändern. Als ein Besucher sagte: »Man kann Sie nie vergessen, hat man Sie einmal gekannt«, wurde Ottilie rot vor Freude, »denn ich dachte an Sterling!« Unmittelbar nach Goethes Tod würden sich die Liebenden auf einer Insel im Rhein überglücklich in die Arme sinken.

Goethes Tagebücher enthalten Hinweise darauf, daß er mit Ottilie über »die Engländer« sprach: »Nach Tische mit Ottilie über die verschiedenen Charaktere der Bewohner der drei britannischen Inseln.« (23. März 1826) Vermutlich wollte er seine Schwiegertochter durch nüchterne Erörterungen von ihrem Wahn kurieren. Goethes Belehrungen richteten jedoch nichts aus gegen die Versuchungen, die das Leben für Ottilie bereithielt.

Durch die Tür des Hauses am Frauenplan trat im September 1826 der Irländer Charles Des Voeux, der gleich nach seiner Ankunft verkündete, ein halbes Jahr in Weimar zu bleiben. Er habe die Absicht, seine Deutschkenntnisse zu verbessern und Goethes Gedichte zu übersetzen. Trotz seiner vierundzwanzig Jahre war der junge Aristokrat bereits als Legationssekretär im diplomatischen Dienst seines Landes akkreditiert. Von seinem vornehmen Wesen, seinem irischen Akzent und dem »schmelzenden Blick« war Ottilie auf der Stelle hingerissen. Einen Mann von solcher Gewandtheit, perfektem Äußeren und selbstbewußtem Auftreten konnte man in ganz Weimar nicht finden! Abgesehen von Sterling, der neben diesem Heros wie ein Unschuldsengel wirkte, war Ottilie noch nie im Leben einer so noblen Persönlichkeit begegnet.

Der Besucher ließ sich das sichtliche Interesse der Dame des Hauses überrascht gefallen. Ottilie bat ihn zum Tee. Des Voeux kam wieder, sie gab ihm Unterricht in deutscher Sprache, er staunte über ihr wunderbares Englisch. Sie sprachen über seine literarischen Vorhaben, seine beruflichen Pläne.[164] Daß die dreißigjährige Ottilie dermaßen schnell Feuer fing, war ihr fast selbst ein Rätsel. Die eigene Untreue – nicht etwa gegenüber August, sondern gegenüber Sterling – machte ihr so zu schaffen, daß sie bei der »Urfreundin« ihr Herz ausschütten mußte.

Adele Schopenhauer wußte längst, daß fast jeder Besucher von dieser Gastgeberin, die dazu noch den Namen *Goethe* trug, angezogen wurde. Sie kannte Ottilies unvergleichliche Liebenswürdigkeit, ihr bestrickendes Lächeln, die fürstliche Haltung und die wunderbar sprechenden Augen, die selbst bei dem steifen Schweizer Soret ihre Wirkung nicht verfehlten. Medizinstudent Louis Stromeyer schilderte seine Überraschung. »Schon am Tage nach meiner Ankunft betrat ich das Goethe'sche Haus, um der Frau von Goethe vorgestellt zu werden, welche mit den Damen Schopenhauer im freundschaftlichsten Verhältnisse stand. Frau Ottilie von Goethe, geborene von Pogwisch, des Dichters Schwiegertochter, war eine anziehende Erscheinung. Sie war ungefähr 32 Jahre alt, von zartem Körperbau; eine hohe Stirn, große dunkelblaue Augen, eine fein gebogene Nase, ein bewegtes Mienenspiel drückten Verstand, Gemüt und Heiterkeit aus. Mit ihren schönen beiden Knaben neben sich war sie ein Bild des Glückes und der Anmut.«[165]

Auch Charles Des Voeux zeigte sich keineswegs unempfänglich für die Liebenswürdigkeit, die ihm unerwartet entgegengebracht wurde. Er trug Ottilie aus einem begonnenen Roman vor und erbat ihr Urteil. Das tägliche Zusammensein bedeutete für beide eine nur mühsam unterdrückte Versuchung. Sie fuhren nach Jena und besuchten Herrn von Knebel, der den neuen Gast einen »wirklich ausgezeichneten jungen Mann« nannte, von dem er weitere Übersetzungsproben zu sehen wünsche.[166] Sie machten Ausflüge zu den herzoglichen Schlössern, wohin Ottilie gelegentlich den achtjährigen Walther mitnahm. Sie tanzten auf einem Hofball und unterhielten sich blendend. Des Voeux fing Feuer. Ottilies aparte Schönheit wirkte anziehend, ihr Interesse an seinen Arbeiten anregend. Er las ihr aus dem Roman *Lara* von Lord Byron vor, den er sogar persönlich gekannt hatte. »Vergebens kämpfte ich gegen die Gewalt seines Vortrages an«, notierte Ottilie, »jedes Wort drang wie ein glühender Pfeil in meine Seele.« Als man sie zu Tisch rief, sah Ottilie »so ergriffen und bestürzt« aus, daß Goethe sich nach ihrer Lektüre erkundigte.

Schließlich beichtet Ottilie dem neuen Freund ihre alten Gefühle: Sie liebe Charles Sterling. Daraufhin gestand ihr Des Voeux seine bevorstehende Verlobung mit einer aristokratischen Lady. Ottilie bat ihn, Weimar zu verlassen – Des Voeux weigerte sich und blieb. Ottilie versprach, ihm weiter bei seiner Arbeit zu helfen. Ihre Liebesfähigkeit sei immer auch mit dem Wunsch, zu helfen und zu dienen, verbunden, sagte sie. »Mit einem wilden, angeborenen Freiheitstrieb war ich doch immer vollkommen Sklavin, wo ich liebte.« Für Sterling wollte sie die Muse sein, die ihn zum Ruhm führte, für Des Voeux die Liebesbotin, deren Fackel das erotische Gemach der Sinne erleuchtete. »Doch der Wurm im Herzen will nicht schlafen« – eine magische Formel, die sie bei jedem sinnlichen Erlebnis in ihr Tagebuch schrieb.

Aus der gemeinsamen Arbeit erwuchs eine Verliebtheit, die kaum noch zu verbergen war. Des Voeux reimte Verse, deren Anfangsbuchstaben Ottilies Namen ergaben – sie glühte vor Freude. Ihr Kommentar im Tagebuch scheint einem Liebesroman entnommen. »Wie oft er meine Hand ergriff, wie oft die Augen aussprachen, was nie in ihnen hätte Sprache finden sollen – lassen wir das.«[167] Des Voeux hatte Goethes Gedichte »Wanderers Nachtlied« und »Mignon«, die Balladen »Der Erlkönig«, »Der Gott und die Bajadere«, »Der König in Thule« übersetzt. Sein ehrgeizigstes Vorhaben war die Übertragung von Goethes *Torquato Tasso*. Das konnte bei seinen mäßigen Deutschkenntnissen nur mit Ottilies Hilfe gelingen.

In einer Kladde, die Ottilie »Gedankensarg« nannte und mit Erzählungen, Gedichten und Notizen füllte, hat sie festgehalten, auf welche Weise ihre Gefühle für Charles Des Voeux entbrannten. »Ich hatte einen Freund, der hier deutsch lernte, und zwar unternahm er die Übersetzung eines goetheschen Werkes«, notierte sie. »Natürlich war es, daß ein großer Teil unseres Zusammenseins damit ausgefüllt war …« Dabei hätten sie beide gespürt, wie sehr sich manche Szene zwischen Tasso und Eleonore auf ihr eigenes Leben bezog, so daß »der Ton der Stimme beim Vorlesen, ein Blick … unsere Seelen mit anderem Zauber erbeben ließ.«[168]

Der englische *Tasso* erschien ein Jahr später im Druck und erlebte sogar eine zweite Auflage. Goethe wußte, daß gegenseitige Sympathie die Übersetzung wesentlich gefördert hatte. An Zelter schrieb er anspielungsreich: »Ein Engländer, verführt durch geistreich gesellige Unterhaltung und Anregung, machte den Versuch, meinen Tasso ins Englische zu übersetzen.« (29.3.1827) »Verführt durch geistreich gesellige Unterhaltung« – das war auf seine Schwiegertochter gemünzt.

VI.

Alma soll sie heißen

»Wie ich auch versuchte, glücklich zu sein.«

Die Briefe, die August von Goethe an seine Frau schrieb, zeigen im Lauf einer dreizehnjährigen Ehe seine immer gleichbleibende Zuwendung. Nach der Affäre mit Sterling hatte Ottilie die Scheidung erwogen; August aber lehnte eine Trennung kategorisch ab – ein Skandal kam für Goethes Sohn nicht in Frage. Er bewahrte Ruhe und hoffte, seine exaltierte Frau werde mit der Zeit zur Vernunft kommen. Nach Jena schickte er ihr ein Gedicht über blühende Rosen; ein Bouquet weißer Rosen sandte er ihr noch kurz vor seinem Tod, um sie an ihren Hochzeitstag zu erinnern.

Im Frühjahr 1827 stellte Ottilie fest, daß sie schwanger war. »Wir waren bei Tisch sehr heiter«, notierte Eckermann, »und Frau von Goethe brachte in die Unterhaltung große Anmut.« Es ging um etliche Einkäufe, »womit sie den jungen Goethe neckte, weil er sie durchaus nicht genehmigen wollte«. Sein Vater gab ihm recht mit den Worten, man dürfe schöne Frauen nicht zu sehr verwöhnen, »denn sie gehen leicht ins Grenzenlose. Napoleon erhielt noch auf Elba Rechnungen von Putzmacherinnen, die er bezahlen sollte.« Dazu erzählte Goethe eine Anekdote. Ein Pariser Modehändler breitete vor Joséphine die teuersten Waren aus, bis Napoleon ihn wütend aus der Tür jagte. »Tat er dies als Konsul?« fragte Ottilie interessiert. »Wahrscheinlich als Kaiser«, lachte Goethe, »sonst wäre sein Blick nicht so furchtbar gewesen, daß der Mann sich schon geköpft oder erschossen sah!« August, der Napoleon verehrte, erwog, seine napoleonischen Kupferstiche in seinem

Abb. 21: August von Goethe im Alter von 39 Jahren. Ölgemälde von Ehregott Grünler

Zimmer aufzustellen. Das sei unmöglich, erwiderte Goethe mit verschmitzter Ironie, sie würden in kein Zimmer passen, »so groß sind seine Taten«.[169]

Lag Eckermann richtig mit seiner Vermutung, das freudige Ereignis läute eine neue Epoche ein? Vorläufig war Ottilie infolge der Schwangerschaft noch unduldsamer als sonst. Sie verachtete Augusts kleinliche Ordnungsliebe, war seine Strafpredigten leid und ergriff im September die Flucht. »Ich gehe nach Tiefurth, liebe Mutter, in der Absicht, mir ein Zimmerchen zu mieten und bis zum 1. Oktober dort zu bleiben! Wie reizbar ich bin, wie alles mich in einen Zustand der Verzweiflung bringt, hast Du selbst gesehen;

ich vermag die Qual des Gedankens aber nicht mehr zu ertragen, durch diese heftigen Erschütterungen, die sich ja beinah täglich erneuen, das Leben des Kindes zu gefährden. Ich hoffe, du besuchst mich recht oft … Tadele mich nicht zu sehr – ich habe keine Kräfte mehr und kann wirklich nicht anders.«[170]

Es ging Ottilie schlecht. Man vermutete bereits, es kämen Zwillinge zur Welt. Goethe zeigte viel Verständnis. Ende September 1827 schrieb er an Zelter: »Meine Schwiegertochter sieht ihrer Entbindung, und wir mit ihr, desto sehnsuchtsvoller entgegen, als sie diesmal in ihrem Zustand mehr als billig zu leiden hat.«

Von Ottilies Vater Major von Pogwisch waren seit seinem wunderlichen Glückwunschschreiben zur Vermählung keine Nachrichten mehr eingetroffen. Kurz vor der Geburt seines dritten Enkelkindes ließ er unverhofft von sich hören. Bei Goethe meldete sich am 11. Oktober 1827 ein unbekannter Herr aus dem Norden. In Goethes Tagebuch heißt es: »Herr von Sacken aus Curland.« Gemeint war der Baron Wilhelm von der Osten-Sacken, Besitzer von Schloß Randen in Kurland, in welchem der nunmehr siebenundsechzigjährige Freiherr Julius von Pogwisch, Ottilies Vater, inzwischen wohnte. Pogwisch hatte den kurländischen Baron offenbar gebeten, auf seiner Durchreise in Weimar Halt zu machen und seiner Tochter Grüße und gute Wünsche zum bevorstehenden Ereignis zu überbringen.

Das freudige Ereignis war da. Am 29. Oktober 1827 brachte Ottilie ihr drittes Kind zur Welt. Es war diesmal keine schwere Geburt wie bei Wolfgang, als man glaubte, Ottilie werde die Strapazen nicht überleben. Freudig meldete Goethe Adele Schopenhauer: »Ottilie ist ganz eigentlich von und an diesem Kind genesen. Ein schönes Mädchen, willkommen Vater und Mutter sowie Großvater und Brüdern.«[171] Am 2. Dezember 1827 wurde das Kind im großen Saal des Hauses getauft: *Alma Sedina Henriette Cornelia*

Abb. 22: »Alma soll sie heißen«. Ottilies und Augusts Tochter, gemalt von Louise Seidler

von Goethe. Um die Namensgebung ihrer Söhne habe es einige Debatten gegeben, erklärte Ottilie einer Freundin. So sei es nicht ihre Absicht gewesen, Wolfgang nach dem Großvater zu benennen; der aber habe es unbedingt gewünscht. Sie selbst hätte den italienischen Namen Flaminio vorgezogen – der Schwiegervater habe erfolgreich Einspruch erhoben.[172] Auch der Name *Alma* war von Goethe ausgesucht worden. »Als er das erste Mal heraufkam, sie zu sehen, beugte er sich mit auf den Rücken zusammengehaltenen Händen, wie es seine Art war, zu ihrer Wiege hinab und sagte, nachdem er sie lange freundlich betrachtet hatte: ›Alma soll sie heißen.‹« Sedina war ein Einfall von Ottilie, Henriette der Name ihrer Mutter und Großmutter, Cornelia hieß sie nach Goethes einziger Schwester. Generalsuperintendent Günther hielt die Taufrede. Zwölf Paten waren anwesend: Goethe und Henriette von Pogwisch als Großeltern, Ulrike, die Schwestern von Egloffstein, die Freundin Amalie Groß, geb. v. Seebach, Frédéric Soret, sodann Augusts Freunde Friedrich von Wegener, Franz Ernst von Waldungen und der in Weimar lebende englische Schriftsteller James Henry Lawrence.

Auch Charles Des Voeux war zum Paten ernannt, erschien jedoch nicht. Als er sich endlich ankündigte, war Ottilie vor Freude wie von Sinnen. »Lache nicht, daß ich noch einmal an mein Glück glaubte«, schrieb sie in besinnungsloser Naivität an Freundin Adele. Täglich habe sie auf ihn gewartet, »das ganze Geschäft meines Lebens war, stundenlang am Fenster zu stehen und jedes Klopfen, jeden Fußtritt für den seinen zu halten ... Du kannst Dir denken, in welchen Zustand meine Nerven gerieten.« Als der Ersehnte erschien, um sein Patenkind in den Arm zu nehmen, stand sie sprachlos daneben, »er war so gut, so weich, so erschüttert, als er Alma an sein Herz drückte, daß ich mir mit tausend Eiden schwor, durch nichts seinen Aufenthalt zu trüben und nur das Lächeln der Freude für ihn zu haben ... Übrigens waren wir beide zu aufgeregt, um ganz natürlich sein zu können.«[173] Ottilie schildert ihren Freund Des Voeux beim Anblick von Alma als »weich« und »erschüttert«; von einem Verdacht, daß er auch der Vater des Kindes sein könnte, ist bei niemandem, auch nicht als Gerücht, jemals die Rede.

Ottilie war ohne Männer aufgewachsen. Ihren Vater hatte sie durch die Macht der Großmutter Reichsgräfin verloren; einen Bruder besaß sie nicht. Das mag auch eine Ursache dafür gewesen sein, dass sie diejenigen Männer, denen sie ihr Herz öffnete, stark idealisierte. Ein erotisierender Ton beseligte sie, Geständnisse, die sie von August nie gehört hatte, versetzten sie in Hochstimmung. Ihr

Hunger nach Bewunderung und Zuneigung wurde zu einer Art Besessenheit, die sie am Ende fassungslos und unglücklich zurückließ. Doch in gewisser Weise schuf sich Ottilie durch ihre Liebesfähigkeit und Liebesbereitschaft auch den Freiraum, den sie brauchte, und konnte ihrem Ehekäfig zeitweise entrinnen. »Lieben belebt!«, so lautet ein Ausspruch von Goethe. Unter seinen Augen erlaubte sie sich Freizügigkeiten, die ihr als Frau sonst verwehrt gewesen wären.

Anziehend zu sein, umworben zu werden, das war für Ottilie auch eine Form der Selbstvergewisserung, das Mittel, sich ein größeres Maß an Selbstwertgefühl zu verschaffen. Nur als romantisch Liebende fühlte sie sich lebendig. Adele Schopenhauer hat es klar erkannt, als sie Ottilies »fesselfreie Empfindung aller Tiefen des Liebens« bewunderte und behauptete, das Glück, sich geliebt zu fühlen, sei Ottilies eigentlicher Lebensantrieb gewesen.

Jenny von Pappenheim

»Die schönste junge Dame von Weimar.«

In diesen komplizierten Verhältnissen, in denen neben den beiden Söhnen auch noch ein Säugling zu versorgen war, erschien zum Glück die sechzehnjährige Jenny von Pappenheim. Als Stieftochter des Kammerpräsidenten von Gersdorff war sie schon früh in Goethes Haus gekommen; nach Almas Geburt lief sie fast täglich aus ihrem Elternhaus am Theaterplatz herüber, um Ottilie mit den Kindern zu helfen.[174] In ihren Erinnerungen hat Jenny ausführlich darüber berichtet. »Nach der Geburt von Alma, Goethes reizender Enkelin, die meine lebendige, sehr geliebte Puppe war, wurden meine Beziehungen zu Goethes Haus und Familie sehr innige. Täglich stieg ich nun zu Ottilie hinauf, ich lernte die kleine

Abb. 23: Jenny von Pappenheim als junges Mädchen

Alma wickeln, ihr Milch im Schnabeltässchen geben ... und wenn die Kinderfrau beschäftigt war, hieß es: Fräulein von Pappenheim ist ja da und hat das Kind.«[175] Außerdem gab Jenny Walther und Wolfgang Französischstunden. Wie Goethe bevorzugte sie den hübscheren Wolfgang, der sie dafür heiß liebte. »Wolf war mit sechs Jahren ein heiteres, sehr gesprächiges Kind mit den wunderschönen Goetheschen Augen, voll Lust zu jedem Spiel, der Liebling seines Großvaters.« Auch Jenny war der Meinung, daß Walther zum Musiker, Wolfgang zum Dichter geboren sei.

Jenny von Pappenheim trug ihren Namen zum Schein. In Wahrheit war sie die uneheliche Tochter der Diana von Pappenheim mit Napoleons Bruder Jérôme Bonaparte, der als »König von Westphalen« in Kassel residierte. Obwohl man in Weimar längst über Jennys illegitime Herkunft tuschelte, war ihr selbst die uneheliche Herkunft verschwiegen worden. Sie erfuhr die Wahrheit erst, als ihre Mutter im Sterben lag. Diana Waldner von Freundstein war jung mit dem vierundzwanzig Jahre älteren Grafen Wilhelm Maximilian von Pappenheim verheiratet worden und hatte zwei Söhne geboren. Als der alternde Ehemann an Demenz erkrankte, wurde sie die Geliebte von Jérôme Bonaparte. Am 7. September 1811 kam ihre Tochter Jenny zur Welt; zwei Jahre später die Tochter Pauline. Inzwischen aber hatte sich Napoleons Schicksal gewendet. Nach der Niederlage vor Moskau 1812 und dem panischen Rückzug seiner Truppen hatte Napoleon im Oktober 1813 auch die entscheidende Schlacht bei Leipzig verloren und ging in die Verbannung. Sein Bruder Jérôme verließ Hals über Kopf Kassel; die neugeborene Tochter wurde einer französischen Freundin übergeben. Diana von Pappenheim floh mit Jenny zu ihrer Schwester Isabelle von Egloffstein nach Weimar. Hier lernte sie den Witwer Ernst Christian von Gersdorff kennen, Staatsminister und Kammerpräsident am herzoglichen Hof, den sie 1816 heiratete. Fünf Jahre später wurde dem Paar die Tochter Cécile geboren.[176] Durch Gersdorffs Beziehung zu Goethe kam die junge Jenny ins Haus am Frauenplan. Goethe mochte sie sehr. Jenny sei »gar so schön, so unbewußt anmutig und reizend wie irgendein leuchtendes Holz oder ein Glühwurm bei Tage, man weiß nicht, wo es steckt«,[177] sagte er. Der Archäologe Magnus von Stackelberg aus Livland wußte sein Glück nicht zu fassen, als er Jenny zur Tischdame bekam. »Da ward denn zu meiner Unterhaltung die schönste junge Dame von Weimar täglich eingeladen, ein Fräulein Gersdorff, sanft und jungfräulich, mit einem Paar der schönsten Augen, bei hoher, schlanker Gestalt ...«[178]

Für Jenny wurden die Jahre mit Goethes Schwiegertochter zu einer unvergesslichen Lebensepoche. Bis zu Goethes Tod und darüber hinaus waren beide trotz des Altersunterschieds enge Freundinnen. Von Ottilies spontaner Herzlichkeit, ihrer einmaligen Persönlichkeit war Jenny hingerissen. »Ihr edler poetischer Geist, ihre liebenswürdige Gabe, aus jedem Menschen das Beste und Klügste, was in ihm lag, heraufzubeschwören, das Neidlose, Klatschlose, geistig Anregende im Verkehr mit ihr übten einen unwiderstehlichen Reiz auf mich aus.« Jenny beschrieb ihr Staunen, wenn sie die fünfzehn Jahre ältere Ottilie im Haus überraschte. »Ich fand meine Freundin in ihren hübschen Mansardenstuben, umgeben von Büchern und Papieren, vor einem kleinen offenen Bücherschrank; ihre Augen glänzten, ihre braunen Locken schienen schon zwanzig Mal nach hinten geschüttelt zu sein; ihre kleine weiße Hand hielt ein Buch, ihre Wangen brannten, und schon ihre Begrüßung zog mich in die lebhafteste Unterhaltung.«

Zum Glück fand auch August einen neuen Freund. Im Grunde war er viel zu eingespannt, sich um Freundschaften bemühen zu können. Zwei Menschen gab es bisher, die August seine Freunde nannte: Schillers Sohn Ernst und den Landesdirektionsrat Johann Friedrich Gille. Dann kam der Schauspieler Carl Eduard von Holtei nach Weimar, um Vorlesungen über Goethes *Faust* und Byrons *Sardanapal* zu halten. Die erste Begegnung zwischen beiden verlief ausgesprochen frostig. August war es leid, als »der Sohn« zu gelten. Erst nachdem Holtei den *Faust* im Theater vorzüglich rezitiert hatte, war der Bann gebrochen. August wartete kaum das Ende ab, um Holtei »mit tränenfeuchten Augen« zu danken. »Von diesem Augenblick fing unsere Freundschaft an«, berichtet der Schauspieler. »Wir sahen uns täglich und wurden Vertraute.« Wie beurteilte er August von Goethe? »Stirn, Auge, Nase waren schön und bedeutend, machten seinen Kopf dem des Vaters ähnlich. Der Mund, mit seinen sinnlich aufgeworfenen Lippen, hatte dagegen etwas Gemeines …« August habe ihm gestanden, für ihn sei nichts so schrecklich wie der Gedanke, Sohn des Vaters zu sein. »Er wußte viel«, schrieb Holtei. Augusts Fähigkeiten imponierten ihm: Er war ein tüchtiger Rat an der Kammer, kannte sich in den Naturwissenschaften aus, betreute die väterlichen Sammlungen wie das Münzkabinett, liebte die Poesie und vor allen anderen Schiller. »Nie habe ich einen Freund gehabt, der so sichtlich und so zur Freude des Beschauers Ordnung und Sauberkeit in Allem was ihn umgab, in Papieren, Briefsammlungen, Kunstschätzen zu halten wußte.« Während Ottilie es damit keineswegs genau nahm, »war in seinen Gemächern eine wahrhaft strahlende Reinlichkeit, über jeden Schrank und Kasten der wohltuende Friede heimatlichen und behaglichen Sinnes verbreitet«.[179]

Im Unterschied dazu erlebte Jenny oft genug in Ottilies Mansarden ein unübersehbares Chaos. Ottilie schien das bohèmehafte Ambiente nachgerade zu kultivieren. »Welch buntes Durcheinander: Kleider und Schärpen, Blumen und Bücher, die sie sich zum Geburtstage wünschte, verschiedene Adressen, quer darüber einige Verse ihrer *Tasso*-Übersetzung, den Titel einer neuen Geschichte Irlands …« Jenny zeigte Verständnis. »Inzwischen hatte sie auf allen Tischen nach ihrer Schrift gesucht, doch vergebens; ich kam ihr zu Hilfe und entdeckte endlich unter Büchern, Briefen, Stickereien und Noten ein mit einer großen engen Schrift bedecktes Papier. Ich begann zu lesen …« Sie hatte Ottilies gesuchte Erzählung gefunden, die Geschichte einer Lampe, die zu erlöschen drohte, doch die Vorübergehenden warfen immer wieder etwas hinein, was die Flamme am Leben hielt, jeder das, was er gerade hatte, eine Blume oder einen Zweig, einen Tropfen Blut oder eine Träne – »und die Flamme brennt heute noch!« »Du bist es«, rief Jenny aus, »diese Flamme ist Deine Seele.« Von nun an besaß Ottilie eine Freundin, mit der sie alles besprechen konnte, ihre Ehe, ihre Kinder, ihre Liebhaber und ihre Garderobe.

In Jennys Augen war Ottilie »die Frau vom anderen Stern«, wie es sie kein zweites Mal gab. Hellsichtig notierte sie: »Ihre Seele war glänzend und liebenswürdig, doch für einen anderen Planeten geschaffen; sie hatte sich in ihrem Fluge getäuscht, statt der blühenden Gärten ihres Sterns fand sie die kalten Nebel des unseren, statt der Liebe fand sie die Vernunft auf dem Thron, statt des heiteren Lebens fand sie Arbeit und Sorgen, statt der unendlichen Räume des Sterns ... fand sie die kleinlichen Verhältnisse unserer Erde, wo man geht – oder kriecht. Mit jedem Schritt verstieß sie gegen ein irdisches Gesetz, jedes Gesetz rächte sich, jeder Irrtum kostete ihr eine Feder ihrer Flügel, einen Strahl ihres Lichts, eine Blume ihrer Schönheit – sie weinte, doch sie lernte nichts!«[180]

»Du glaubtest, die Kleine bringe einen neuen Lebensmorgen dem nächtlichen Leben deiner Ottilie«, schrieb Ottilie nach Almas Geburt an Adele Schopenhauer, »und wie ich auch kämpfte, wie ich auch versuchte, glücklich zu sein, stets schleuderte mich wieder ein Etwas dem alten Unheil entgegen. Auch von dem Verhältnis zwischen mir und August hatte ich mir eine gänzliche Umgestaltung erwartet ...« Augusts ungezügeltes Benehmen und seine Trunksucht waren inzwischen weithin bekannt, so daß auch andere sich Sorgen machten. Adele erlebte August auf der Rückfahrt von Jena derart betrunken, daß er einen nachgerade widerlichen Anblick bot.[181] August spürte selbst: so konnte es nicht weitergehen. Er bat den Staatsminister von Gersdorff um Urlaub. Doch noch vor Gersdorffs Antwort traf die Nachricht vom Tod des Großherzogs Carl August ein und machte den Urlaub unmöglich. Ausgerechnet der bedauernswerte August war es, der die Botschaft seinem Vater überbringen mußte.

An ebendiesem 14. Juni 1828 reiste Ottilie mit ihrer Großmutter zur Kur. Aus dem böhmischen Karlsbad erinnerte sie August an ihren Hochzeitstag. Er antwortete freundlich: »Glaube mir, ich habe an jenem Tage mit Freude und ohne Reue auf die verlebten Tage und Jahre zurückgeblickt und mir keine bessere Zukunft gewünscht, als noch recht lange mit Dir zu leben.« Ottilie war gerührt – in Wahrheit aber dachte sie an Charles Sterling. Der 1. Juli war Sterlings Geburtstag. »Immer steht er heute vor mir mit den leuchtenden verklärten Blicken, immer seh' ich ihn lächeln und lachen«, so an Adele. »Das Herz seiner Mutter kann nicht teurere Segenswünsche für ihn aussprechen wie ich.« Dem Ehemann antwortete sie: »Hoffentlich, lieber August, hast Du Deine Pläne für Italien nicht aufgegeben.«[182]

Als Ottilie nach Weimar zurückkam, sah sie noch die Menschenmenge, die von der Beerdigung des Großherzogs heimkehrte. Goethe war nicht darunter, er hatte sich auf die Dornburger Schlösser zurückgezogen. Wie üblich vermied er unangenehme Situationen, wie er es auch bei der Beerdigung seiner Mutter, seiner Schwester, seiner Frau getan hatte. Das Weimarer Haus war verwaist. Ottilie brach, als sie eintrat, in Tränen aus. »Ich weiß nicht, war es diese innere Erschütterung – aber als ich kaum die Stufen des Hauses überschritten, brach ich zusammen. Es ist mir eine unbeschreiblich traurige Empfindung, das Haus ohne den Vater zu finden; es sagt mir, wie es künftig sein wird.«[183] Angstvoll ging sie durch die Räume, die sie noch nie auf so bedrückende Weise öde erlebt hatte. Blitzartig erschien vor ihrem inneren Auge, wie die Zukunft eines Tages sein würde: geistlos, farblos, unbedeutend. Ohne Goethe und seine eindrucksvolle Gestalt, ohne sein inspirierendes Gespräch, seine Anregungen und Teilnahme würde ihr Dasein banal sein und »unbeschreiblich traurig«. August genügte ihr nicht, hatte ihr nie genügt.

Ottilie war so verzweifelt, daß ihr plötzlich auch die sonst so gelobten Engländer fade wurden. »Ich ging zu Frau von Gersdorff«, steht in Ottilies Tagebuch vom 16. Juli 1828. »Lord Douro stand wenige Schritte von mir … ohne daß er mich grüßte oder mit mir sprach … Lord Wellesley ist auch nicht mehr derselbe …« Die Herzöge von Douro und Wellesley waren die Söhne des berühmten Herzogs von Wellington, dem Sieger in der Schlacht von Waterloo. Endlich merkte Ottilie, wie sehr sie sich in diesen Verehrern geirrt hatte, und bemühte sich um ein besseres Verhältnis zu August. Das Tagebuch meldet: »... wir suchten wieder Streit zu umgehen.«[184] *Doch der Wurm im Herzen will nicht schlafen...* Die Harmonie hielt nicht lange vor. »August blieb zum Tee und Abendessen. Doch mußte ich wieder weinen, obgleich er mir zum Schluß versicherte, daß, wenn er noch jetzt frei wäre und die schönsten jungen Mädchen wählen könnte, er mich dennoch vorziehen würde. Das Unglück ist, daß er sich immer einbildet, ich habe einen felsenfesten herrschsüchtigen Charakter. Wollte Gott, es wäre.«[185]

Statt Zärtlichkeiten gab es nur zermürbende Streitigkeiten. »Allein Mittag mit August; nichts war recht, und mit unendlichen Tränen ging ich in mein Zimmer.« Der Schwiegervater hätte die Kontroversen auf seine gütige Art glätten können – doch Goethe fehlte. Ottilie schrieb ein eigenes Tagebuch, um ihn über die Vorgänge in seinem Haus zu informieren. Von ihren anschaulichen Schilderungen war der Dichter angetan. »Deine Tagebücher würden mir durchaus angenehmer sein als die der Lady Morgan«, lobte er, »du findest das Menschliche durch die wunderlichsten Formen; alles Übrige ist ja auch nichts und gar nichts.« (22. Juni 1828) Sie gab sich Mühe, vergnügt zu wirken, doch Goethe erriet auch zwischen den Zeilen, wie es wirklich um sie stand. »Dein Memorandenbuch enthält schöne Sachen, nur meist von der Nachtseite, und das will mir nicht zusagen ...«[186]

Von Ottilies »Nachtseiten« erfuhr auch Charles Des Voeux. »Nie haben wir miteinander über mein trauriges Geschick gesprochen, ich glaube, Sie wußten, wie unglücklich ich mich fühlte«, schrieb sie ihm. »Des Voeux – wähnen Sie nicht, daß ich August anklagen und mich ganz freisprechen will; nein, unsere beiderseitige größte Schuld ist, daß auch nicht eine gemeinschaftliche Saite in uns klingt; er würde mit jeder andern Frau glücklicher geworden sein, denn ich besitze für ihn nicht einmal die kleine Kunst, ihn zu amüsieren. … Denken Sie, daß nicht etwa dies unglückliche Verhältnis obwaltet, seit ich Sterling kenne, sondern daß ich mich schon wollte scheiden lassen, als Walther kaum zwei Monate alt!«

Hier bricht das Konzept ab.[187]

Eine Zeitschrift namens Chaos

»Auf der geistigen Höhe unserer Weimarer Gesellschaft.«

Inzwischen war es zu einer noch größeren Mißhelligkeit gekommen. Während Ottilies Abwesenheit hatte August eine Maßnahme ergriffen, die der ehelichen Harmonie nicht eben förderlich war: Er hatte Ulrike des Hauses verwiesen. Das war eine bodenlose Kränkung. Wie sehr die Schwestern sich liebten, wie einmütig sie seit zehn Jahren unter einem Dach wohnten, das war August schließlich bekannt. Ulrike hatte sich um seine Kinder gekümmert, hatte Ottilie während ihrer Reisen vertreten, hatte Goethe unterhalten und ihn so erfreut, daß er sie häufiger umarmt hatte als unbedingt nötig – Felix Mendelssohn konnte seinen Eltern belustigt davon berichten. Der unglückliche Sturz beim Tanz hatte sie aus dem Gleichgewicht gebracht und ans Zimmer gefesselt. Seit diesem Unfall war Ulrike durch eine Narbe entstellt, von Kopfschmerzen, Gesichtsneuralgien und Anfällen geplagt und in einem Seelenzustand, auf den man Rücksicht nehmen mußte – das war es, was Vater und Sohn auf die Nerven ging. Die junge Frau war eine Last geworden, die man loswerden wollte. August bat Ulrike, die Koffer zu packen.

Mutter Henriette von Pogwisch war verzweifelt. Zuerst der Auftritt mit Ottilie, die sich scheiden lassen wollte, jetzt das Desaster mit der dreißigjährigen Ulrike, mit der sie sich nicht gut verstand. Seit Jahren hatte Ulrike auf ihren Captain Smith gewartet, einen Neffen Wellingtons, der ihr versprochen hatte, sie zum Altar zu führen. Vor kurzem war aus Malta die Nachricht eingetroffen, daß er im Sterben liege. Ulrike war seelisch zerbrochen. »O Gott«, schrieb Frau von Pogwisch an Ottilie, »ist denn das *Heyrathen* wirklich das höchste Glück hienieden?« (29.7.1828) Das Schlimmste war, daß man nicht wußte, wo Ulrike in Zukunft bleiben sollte. Warum hatte man verschwiegen, fragte die Mutter, »daß Ulrikens Gegenwart August und dem Vater lästig sei?« Zwar habe Adele ihr schon von einer Verstimmung berichtet, »da sie aber gewöhnlich aus einer Mücke einen Elephant macht«, hielt sie es für pure Übertreibung (12. August 1828).

Goethe erfuhr von Augusts Maßnahme nur am Rande. Unangenehmes hielt man von ihm fern. Von Juni bis September blieb der Dichter auf den Dornburger Schlössern, von Ottilie, August und den Enkeln häufig besucht. Am 28. August 1828 wurde er neunundsiebzig Jahre alt. Den liebevollsten Gruß erhielt der Dichter von seiner Schwiegertochter. »Man ist es schon gewohnt, bester Vater, daß Sie stets in Allem der Erste sind, und während ich Sie an dem heutigen Tag begrüßen wollte, kommen Ihre Zeilen, die mich allein getröstet, nicht kommen zu dürfen. Mich dünkt, jede warme und wahre Empfindung sei alt und neu zu gleicher Zeit. So ist es wenigstens mit meiner Liebe zu Ihnen; und wenn ich sie auch stets so frisch empfinde als sei es ein Gefühl, was mich zum erstenmal überrascht, so weiß ich doch heute nur die alten Worte: ›ich liebe Sie‹.«[188]

Endlich füllte sich mit Goethes Rückkehr das Haus wieder mit Freunden und Verehrern. Es kam der für seine romantischen Romane weithin bekannte Dichter Ludwig Tieck, in seinem Schlepptau die Töchter Agnes und Dorothea, Ehefrau Amalie sowie seine Geliebte und Lebensgefährtin Henriette Gräfin von Finckenstein.

Abb. 24: Goethe, porträtiert für König Ludwig I. von Bayern. Gemälde von Joseph Karl Stieler

Eckermann legte eine ausgesuchte Diskretion an den Tag, als er die disparate Truppe im Tagebuch schilderte – kein Wort darüber, daß Tieck seit langem eine »Ehe zu dritt« führte. Tieck hatte seine große Lebensliebe, die anmutige und musikalische Gräfin Henriette, bei seinem Freund Wilhelm von Burgsdorff kennengelernt, der ihm als ehemaligem Schulkameraden sein Gutshaus großzügig als Wohnsitz zur Verfügung stellte. Fast gleichzeitig war Tiecks Ehefrau Amalie mit ebendiesem Burgsdorff eine Liaison eingegangen, der die Tochter Agnes entstammte.[189] Alle Welt überschüttete die skandalöse Dreierbeziehung mit boshaftem Hohn, nicht aber Goethe, der Tiecks Werk schätzte und an seinen persönlichen Verhältnissen keinen Anstoß nahm. Abends bat Ottilie die Gäste in ihre Mansardenwohnung. Zufällig war der Philologe Carl Wilhelm Göttling aus Rom zugegen, Goethes Mitarbeiter an der *Ausgabe letzter Hand*, der fesselnd von seiner römischen Zeit zu erzählen verstand. Am nächsten Tag machte Goethe seiner Schwiegertochter die erstaunliche Erklärung: »Ich kann es dem Guten nicht verargen, daß er von Italien mit solcher Begeisterung redet. Ja ich kann sagen, daß ich nur in Rom empfunden habe, was eigentlich ein Mensch sei. Zu dieser Höhe, zu diesem Glück der Empfindung bin ich später nie wieder gekommen; ich bin, mit meinem Zustande in Rom verglichen, eigentlich nachher nie wieder froh geworden.«[190]

Nach wie vor war es Ottilie, die den Tageslauf des berühmten Dichters organisierte. Täglich flatterten Bitten, Aufträge, Anfragen ins Haus – Ottilie arbeitete wie ein Protokollchef, um die Flut der Gesuche zu bändigen. »Liebster Vater, Varnhagens würden Sie wohl noch gerne sehen ... dies scheint keine Redensart, sondern die wirkliche Wahrheit ... Befehlen Sie nur mit einem Wort.« – »Bester Vater, Vogels, Gräfin Marschall, Diemars stehen noch auf Wartesold – wer von ihnen?« »Bester Vater, Eberwein (der Dirigent) steht morgen früh zu Befehl ... Ist es Ihnen aber nicht gelegen, so bleibt es bei morgen 11 Uhr.« »Lieber Vater, ich bringe ihnen heute Abend niemand, weil das *Picniq* in Tiefurt ist und ich einige Damens bemuttern muß.« – »Bester Vater, ich bringe Ihnen heute nicht einmal mich selbst, weil Tee bei der Frau Großherzogin ist ... Wollen Sie mich morgen zum Spazierenfahren? Wollen Sie mich und Andere morgen Abend?« – »Gestern Abend, lieber Vater, war Herr Coke bei mir, um nochmals in aller Form anzufragen, ob er Ihnen nicht aufwarten dürfte? Er ist der gesprächige Engländer, ist viel gereist in Schweden, Norwegen, Lapland ... Außerdem ist er auch noch ein großer Politiker.«[191]

Der Komponist Ferdinand Hiller schrieb seinem Kollegen Meyerbeer: »Besonders erinnere ich mich, bei Frau von Goethe in einem sehr schönen Kreise eine lange Erzählung mit musikalischen Zwischenspielen gehalten zu haben. Das tiefere Interesse, welches sie Allem entgegenbrachte, ihre Lebendigkeit, ihre geistreiche Schlagfertigkeit, ihr wohlwollend einfaches Wesen machten sie sehr anziehend, ja fesselnd. Sie hatte poetisches Talent (ich besitze einige sehr hübsche Gedichte von ihr) und lebte eigentlich nur in Kunst, Literatur und – in ihren Söhnen.«[192] Der berühmte Physiker Ampère wußte: »Goethe ist ein wunderbarer Mensch. Und mit seinem schneeweißen Schlafrock, in dem er wie ein dicker weißer Hammel aussieht, zwischen seinem Sohn, seiner Schwiegertochter und seinen zwei Enkelkindern, die mit ihm spielen, im Gespräch über Schiller … ist er der interessanteste und liebenswürdigste Mensch.«[193]

Im August 1829 starteten die Vorbereitungen zu Goethes achtzigstem Geburtstag. Gäste aus aller Welt bevölkerten die Stadt. Der Schauspieler Carl von Holtei kam, es erschienen die polnischen Schriftsteller Adam Mickiewicz und Edouard Odyniec, »Pole I und Pole II« genannt, so daß Damen, die sich für beide Dichter interessierten, »zwischen zwei Polen« standen, wie es scherzhaft hieß.[194] Ottilie war auf ihrem Posten. »Der heutige Abend bei Frau Ottilie war ein Ballabend«, berichtete Pole II einem Freund. »Die ganze Gesellschaft Weimars und die von allen Seiten hergekommenen Gäste füllten die reich beleuchteten Salons … Alle Damen in glänzender Toilette, die Herren mit weißen Halsbinden, auf den Tischen große Bouquets … Goethe war als Sonne und Idol des Festes der Zentralpunkt, gegen den alles gravitierte.«[195]

Schon oft hatte Ottilie sich gefragt, welche befriedigende Tätigkeit – außer den Verpflichtungen für Goethe – für sie in Frage käme. Doch nach einer geistig herausfordernden Aufgabe suchte sie vergeblich. Frédéric Soret hatte seinem Bruder geschrieben, Ottilie habe zwar bisher noch nichts veröffentlicht, »aber im Lauf der Zeit wird sie zu literarischem Ansehen kommen«. In der Tat schrieb Ottilie außerordentlich viel. Sie füllte nicht nur Tagebücher und verfaßte lange Briefe an ihre Freunde, sie erfand auch Geschichten, dichtete, komponierte und trug alles in die zahlreichen Hefte ein, die sich in ihrem Nachlaß fanden. Schon im ersten *Schreib-Almanach auf das Jahr 1815* finden sich frühe Gedichte und kleine Beiträge. In der Kladde mit der wundersamen Aufschrift *Schaafgarbe und Gedankenstrich* von 1816 hat sie als Zwanzigjährige die Aufgaben des »Musenvereins« versammelt. Es folgt das Heft *Gedanken-Perücke, gepudert und frisiert von Ottilie von Pogwisch*, sowie das *Musen-Herbarium 1817* mit weiteren, von den Freundinnen unterzeichneten Beiträgen. Den reichsten Inhalt findet man in der Kladde *Gedankensarg*, angelegt, um sich nicht unnütz mit einem Gedanken zu quälen – stattdessen »lege ich ihn gleich still in diesen Gedankensarg«. Ottilie hat verschiedene kleine und große Erzählungen und unzählige Gedichte geschaffen. Doch als Schriftstellerin aufzutreten wie Bettina von Arnim, das war für die Schwiegertochter des großen Goethe unmöglich.

An einem nasskalten Oktobertag des Jahres 1829 kam Ottilie eine zündende Idee. Sie wurde zum Ausgangspunkt eines Projekts, das sie fortan über Jahre in Atem halten würde: die Gründung einer Zeitschrift. Jenny von Pappenheim hat den Vorgang geschildert. Sie und die Freunde saßen an einem regnerischen Tag in Ottilies Mansarde beisammen, die Arzttochter Emma Froriep, der Prinzenerzieher Frédéric Soret, Mr. Patrick Parry, ein reicher, in Weimar einheimisch gewordener Engländer, der als Wohltäter galt, und der freundlich aufmerksame Eckermann, der jedes Wort, das in und außerhalb des Zimmers gesprochen wurde, emsig in seinem Gedächtnis speicherte. Der Regen schlug an die Scheiben, es war neblig und trüb, man langweilte sich. Ottilie war es, die den rettenden Einfall hatte. Man müsse ein Journal gründen, erklärte sie der Runde. Alle stimmten zu: eine blendende Idee! Der Titel werde sich finden. Das Journal habe den Zweck, jeden »zur Teilnahme wie zu eigener Fortbildung und selbständiger Tätigkeit« anzuregen, so Ottilie weiter. Eilfertig wurde nach einem treffenden Namen gesucht. Die Runde kam überein, die Zeitschrift solle »Chaos« heißen, ein Titel, der unzweifelhaft auf Ottilie als Urheberin hinweisen würde.

Zur Gründung erbat sich Ottilie die Zustimmung des Schwiegervaters. Goethe war sofort angetan. Die Idee eines Journals amüsierte ihn. Er wird an das *Tiefurther Journal* gedacht haben, das die Hofdame Louise Ernestine von Göchhausen vor langer Zeit ins Leben gerufen hatte; damals war jedes einzelne Exemplar noch per Hand abgeschrieben und dann verteilt worden. Dem Kanzler meldete Goethe: »Dabey ist das Wunderlichste, daß unsre junge schöne Welt sich vereinigt hat, wöchentlich ein Druckblatt herauszugeben, wovon die Redaktion unter meinem Dache geschieht.« Der Titel erinnerte ihn an die griechische Mythologie. Das Journal heiße *Chaos*, »es darf nur noch die Nacht hinzutreten, so ist auch der Eros schon geboren«. Frédéric Soret, Mister Parry und Arztfreund Robert Froriep redigierten das Blatt mit großer Verschwiegenheit, denn die Beiträger mußten anonym bleiben. Chefredakteurin war Ottilie. Als ständige Mitarbeiter beteiligten sich August von Goethe, Carl von Holtei und Felix Mendelssohn, der eigene Kompositionen beisteuerte. Die erste gedruckte Ausgabe enthielt bereits Beiträge von Fouqué und Chamisso, Adele Schopenhauer, Carl Ludwig von Knebel, den Schwestern Egloffstein und Goethe. Nur Johann Peter Eckermann wahrte die Anonymität nicht. Ursprünglich hatte er ein berühmter Dichter werden wollen; jetzt bemühte er sich auf andere Weise um Anerkennung und ließ seinen Beitrag mit seinem vollen Namen drucken.

Goethe beteiligte sich nicht nur persönlich, er rief auch seine Freunde Zelter und Boisseré zur Mitarbeit auf. Im Lauf der Zeit erschienen seine Gedichte: »Mit einem buntgestickten Kissen« –

»Wasserstrahlen reinsten Schwalles« – »Alter gesellet sich gern der Jugend« – »Wer ist der glücklichste Mensch« – »Vieles gibt uns die Zeit« – »Willst du dir ein gut Leben zimmern« – »Liegt dir gestern klar und offen« und »Der Bräutigam« mit der Schlußzeile: »Wie es auch sei, das Leben, es ist gut.« Sein Rätselgedicht hat er Ottilie gewidmet:

Du allein kannst mich entdecken,
Du allein wirst mich verstehen.
Willst Du trösten, willst Du necken,
Und so mag es weitergehen.

Goethes Briefe und die Gedichte anderer, die Goethe zur Veröffentlichung freigab, wurden zuvor streng begutachtet: »… er strich Unnötiges, kürzte die Sätze und änderte oft noch den ersten Druck.« Waren die Verse »gar zu schlecht«, legte er sie kopfschüttelnd beiseite. »Wir haben sie durch das Fegefeuer geschickt«, sagte Ottilie dann lachend. Das neue Journal förderte ungeahnte Talente zutage, selbst der ungebärdige August setzte seine Freunde mit sanften Versen in Erstaunen:

Ein holder Schlummer naht dem Sehnsuchtsmüden
Und löset mild des Herzens rasches Schlagen.
So scheinen Mond und Sterne mich zu hüten,
Doch es ertönen sanft der Liebe Klagen.

Mitarbeiter am *Chaos* wurden nach und nach der Kanzler Friedrich von Müller, Graf Sternberg und Henriette von Pogwisch, Herders Enkelin Natalie und Pücklers Stieftochter Adelheid von Carolath, Rahel Varnhagen und Staatsrat Schultz aus Berlin, Marianne von Willemer aus Frankfurt, Sorets Bruder Nicolas aus Genf, aus England die Schriftsteller Samuel Naylor und William Makepeace Thackeray. Julie von Egloffstein und Felix Mendelssohn schickten Briefe, Sophie von Diemar sandte die Übersetzung von Byrons *Lara*. Goethe las jedes Heft und ließ das *Chaos* regelmäßig an Zelter und Boisserée senden. Zu Eckermann sagte er: »Es ist doch hübsch von meiner Tochter, und man muß sie loben und es ihr Dank wissen, daß sie das höchst originelle Journal zu Stande gebracht und die einzelnen Mitglieder unserer Gesellschaft so in Anregung zu erhalten weiß, daß es doch nun bald ein Jahr besteht.« Ihre Zeitschrift sei »ein Spiegel der geistigen Höhe unserer jetzigen Weimarer Gesellschaft ... Ich lese das Blatt so wie es frisch aus der Presse kommt ...«[196]

Mit ihrer Idee hatte Ottilie ein Riesenrad in Bewegung gesetzt. Aus dem In- und Ausland fluteten Beiträge herein; sie mußte unzählige Stunden auf Auswahl und Abschrift, Einteilung, Änderung und Verbesserung verwenden.[197] Oft wurde ein Text, vor allem wenn er fremdsprachig war, vom Drucker dreimal korrigiert. Caroline von Egloffstein meldete ihrer Schwester Julie: »Ottilie sieht sehr elend aus.« Sie nannte sich selbst »eine geplagte Frau« und war »gewöhnlich todmüde«. Auf einigen erhaltenen Papieren im Goethe- und Schiller-Archiv sind noch die Krakeleien ihrer Kinder zu sehen. Walther, Wolfgang und Alma waren elf, neun und zwei Jahre alt.

Eckermann schildert die »Redaktionsgespräche«: »Mittags mit Frau von Goethe zu Tisch. Sie liest mir englische Gedichte von Read, die uns wohl gefallen. August von Goethe liest von seinen Gedichten, die wir für das Chaos aussuchen. Nach Tisch spielt Walther die Meermädchen und Barkarole. Frau von Goethe singt mir sodann ein Lied ...« Es kamen auch Texte mit deutlich autobiographischem Charakter zum Vorschein – Ottilie als »Schmetterling« wurde darin sofort erkannt. Es ist erstaunlich, mit welcher Offenheit man im *Chaos* eigene Befindlichkeiten zum Druck beförderte. Ottilie dichtete:

Treue hab' ich warm empfunden;
Doch es ist schon lange her,
Und sie gab' mir trübe Stunden.
Denn man fand – ich liebt' zu sehr …

Das letzte Heft des *Chaos* erschien im Februar 1832, einen Monat vor Goethes Tod.

Er hatte es noch in Händen gehalten.

VII.

August von Goethe in Italien

»Ich will nicht mehr am Gängelbande …«

Nicht im Traum wäre es dem Hausierersohn Eckermann eingefallen, jemals nach Rom zu kommen. Entsprechend groß war sein Hochgefühl. »Morgens besuchte mich Herr v. Goethe und eröffnete mir, daß seine lange beabsichtigte Reise nach Italien entschieden, daß von seinem Vater die nötigen Gelder bewilligt worden und daß er wünsche, daß ich mitgehe.« Eckermann war auf der Stelle einverstanden. »Zu Tisch mit Herrn v. Goethe. Ich gehe etwas früher hin, er ist voller Reisegedanken und zeigt mir Ansichten von Genf und die Straße über den Symplon, so daß wir beide eine Art von Vorgeschmack bekommen.« Goethe senior war bemüht, den Freudentaumel zu dämpfen. »Man solle sich keine zu großen Illusionen machen, denn man käme gewöhnlich zurück, wie man gegangen ist.« Was ihn betreffe, »er habe durch die schönen Treppen in Rom seine eigene Treppe verdorben, sie sei zu breit geraten«. Doch die Entscheidung seines Sohnes, Eckermann zum Begleiter zu wählen, fand er ausgezeichnet. Glücklich konnte Eckermann seiner langjährigen Braut Johanna Bertram die Freudenbotschaft melden. Als Augusts Begleiter werde er »von Gesandten, Künstlern und Gelehrten gut aufgenommen werden, und man wird Goethes Sohn die Ehre und Liebe erweisen, die man gerne dem Vater antun möchte«.

Ottilie wurde in den Reiseplan eingeweiht. »Zu Tisch mit Frau v. Goethe. Wir sprechen von nichts als unserer italienischen Reise und sind glücklich in einer Art von Vorgenuß.«[198] Ottilie atmete auf. Für ein paar Monate, vielleicht sogar für ein halbes Jahr würde sie von Streit und Tränen befreit sein. Die Damen Egloffstein, die mit Vorliebe alles erörterten, was im Hause vor sich ging, widmeten sich dem seelischen Aspekt der Reise. Goethes Sohn und seine komplizierte Frau boten immer wieder pikanten Erzählstoff. »Ottilie lebt auf in dem Gedanken, ihre Hausqual auf einige Monate los zu werden, und die Domestiquen wollen den Tag der Abreise feiern«, wußte Julie. »Der leichtsinnige Gatte ist zum rohsten Barbaren geworden, und die Torheit der Gattin wird auf die grausamste Art bestraft«, wußte Caroline. Die Scheidung sei »beinahe unvermeidlich«, meinten beide.

Die Schwestern hatten es ihrerseits im Leben nicht leicht. Beide waren unverheiratet und verdienten sich als Künstlerinnen nur mühsam ihren Unterhalt. Die Familie entstammte altem Adel, besaß aber weder Geld noch Vermögen; die Mutter hatte Schmuck und Handarbeiten verkaufen müssen, um den vier Töchtern ein anständiges Leben zu ermöglichen. Caroline war Musikerin, bezog ihr Salär aber aus ihrer Hofdamenstelle. Julie hatte als freischaffende Malerin den Hofdienst ausgeschlagen und eine selbständige Existenz angestrebt, erhielt aber keine professionelle Ausbildung, weil dazu das Geld nicht reichte. Lange konnte sie von ihren Bildern und Illustrationen leben; später fand das Werk einer weiblichen Künstlerin, die zugleich eine Gräfin war, kaum noch Zuspruch. Resigniert äußerte sie am Ende, sie sei nur eine Dilettantin und ihr ganzes Leben letztlich verfehlt gewesen.[199] Goethe mochte die reizende Julie, förderte sie und lud sie wie ihre musikalische Schwester oft ins Haus ein. So hatten beide Gelegenheit, seine Schwiegertochter, deren Schicksal sie mit freundschaftlicher Besorgnis verfolgten, aus nächster Nähe zu beobachten und über Ottilies abenteuerliche Irrwege besorgt den Kopf zu schütteln. »Was soll aus ihr, aus den Kindern werden, und welch ein Schicksal steht ihr bevor, wenn der alte Vater stirbt!«

Am 22. April 1830 nahm August Abschied. »Halb sechs Uhr aufgestanden«, notierte Ottilie. »Dreiviertel verließ uns August …« Mit Eckermann bestieg er die Schnellpost Richtung Frankfurt. Augusts miserabler Zustand war für niemanden ein Geheimnis. Der Kanzler teilte dem Grafen Reinhard mit, Goethe junior wolle sich in Italien »physisch und psychisch und moralisch« erholen.[200] In der Zeitschrift *Chaos* hatte man sein zorniges Gedicht lesen können:

Ich will nicht mehr am Gängelbande
Wie sonst geleitet seyn,
Und lieber an des Abgrunds Rande
Von jeder Fessel mich befreien …
Zerrissnes Herz ist nimmer herzustellen,
Sein Untergang ist sichres Loos,
Es gleicht vom Sturm gepeitschten Wellen
Und sinkt zuletzt in Thetis Schoos.
Drum stürme fort in deinem Schlagen,
Bis auch der letzte Schlag verschwand,
Ich geh' entgegen bess'ren Tagen,
Gelöst ist hier nun jedes Band!

Lieber sterben als weiterleben wie bisher – Augusts Verse müssen auch dem Vater gesagt haben, wie es um ihn stand. Schon zweimal hatte er abreisen wollen, jetzt war es soweit! Bei seinem Vorgesetzten von Gersdorff hatte sich August einen sechsmonatigen Urlaub erbeten, nicht ohne den Hinweis, er habe während neunzehnjähriger Dienstzeit nur ein einziges Mal Ferien gemacht: mit Ehefrau Ottilie in Berlin.

»Liebe Ottilie! Ich bin nun 150 Meilen von Dir entfernt und will Dir auch ein vertrauliches Wort zukommen lassen, welches Dir meinen Zustand klar machen soll. Ich ging wirklich so krank aus Weimar, daß ich nicht glaubte, Frankfurt lebendig zu erreichen.« Augusts erster Brief vom 13. Mai 1830 kam aus Mailand. In einem »verzweiflungsvollen Zustand« habe er den Postwagen bestiegen, mit einer schweren Erkältung vier Tage in Frankfurt im Bett zugebracht. Über Karlsruhe, Basel und Lausanne sei er in Mailand eingetroffen. Wenn Ottilie wissen wolle, warum er so dringlich sie und seine Kinder verließ: »Die äußerste Not trieb mich, um den letzten Versuch zu meiner Erhaltung zu machen.« Sein Benehmen sei zuletzt nur noch eine verzweifelte Maske gewesen. »Ich wollte, Du könntest mich jetzt beobachten! welche Ruhe im Gemüt ist eingetreten, wie stark fühle ich mich wieder, mit welcher Leichtigkeit steige ich die 5 Stufen zu meinem Zimmer! – Dir danke ich alles dieses, denn Du hast doch den Entschluß befördert und das Ganze gemacht, ich will es in der Zukunft zu vergelten suchen; könnte ich nur mein früheres Unrecht gegen Dich austilgen!«[201]

Im Goethehaus traf indessen ein Gast ein, für den ungewöhnliche Vorbereitungen zu treffen waren. Diener Friedrich hatte Kästen geschleppt und Noten abgestaubt, der Klavierstimmer war gerufen worden, und, mit geradezu ungestümer Freude von Jenny begrüßt, erschien der einundzwanzigjährige Felix Mendelssohn aus Berlin. Goethe empfing den jungen Pianisten mit offenen Armen. Nie habe sie gewußt, »daß man so brillant spielen kann«, berichtete Ottilie, hingerissen von seiner Person wie von seinen schönen Kompositionen. Sein Spiel sei von einer Zartheit, meldete sie Adele, »mit der die Seele in seinen Tönen zu singen scheint, daß man sich beinah schämt, daß wir Anderen unsere Empfindungen mit so groben Material, wie die Worte sind, ausdrücken müssen, während es eine solche Sprache gibt«. Ottilies Schilderung ist erstaunlich, zumal in Goethes wortgewaltiger Nähe. Sie und der junge Mendelssohn waren ein Herz und eine Seele, und Felix spielte so oft bei ihr oben, daß Goethe einmal wütend in ihrer Mansarde auftauchte, zornige

Blicke in die Runde der Zuhörer schleuderte und den Pianisten wortlos mit sich nach unten zog.[202]

Während August in der Lagunenstadt Venedig eintraf und beim Anblick der Molusken und Muscheln, der Krebse und Seespinnen auf dem Lido daran dachte, wie dieses Schauspiel Walther und Wolf gefallen würde,[203] erschien bei seiner Frau Charles Des Voeux, um von seiner »besten Freundin« Abschied zu nehmen. Der Diplomat war als Attaché seiner Botschaft nach Konstantinopel versetzt worden. Ottilie war zerrissen zwischen Stolz und Ablehnung. Die Übersetzung von Goethes *Tasso* hatte ihr erstmals das Gefühl gegeben, auch selber eine schwierige künstlerische Aufgabe meistern zu können, was ihre beharrliche Anhänglichkeit an Des Voeux und ihre Enttäuschung über seine Zurückweisung erklärt. Er sei drei Tage geblieben, schrieb sie an Adele Schopenhauer, »um zu verwischen, was mich monatelang wie ein Gespenst verfolgte … Ich bin ihm sehr dankbar dafür, denn er kam wirklich nur für mich … Er war herzlich und freundlich … doch so treu ich auch an ihn für immer gekettet bin, so ist doch eine Veränderung in Bezug auf ihn dadurch in meinem Innern vorgegangen.« Jeder Satz zeigt Ottilies emotionale Erregung. Sie habe »grausenvolle Momente« erlebt und Schmerzen erlitten, »von denen noch kein Roman mich unterrichtet, daß sie existieren …«[204]

Nach einer langen Phase ehelichen Unfriedens sprach August in seinem zweiten Brief an Ottilie erstmals wieder von seiner Liebe zu ihr. »Diese Zeilen nebst den weißen Rosen sind dem 17t Juni gewidmet, und ich wünsche nur, daß alles zu rechter Zeit anlangen möge«, schrieb er, »indem Du siehst, daß ich in der Ferne eines Tages mit Rührung gedenke, den ich noch oft mit Dir zu durchleben hoffe.« August schickte Halstücher für die Söhne, ein Kleidchen für Alma. »Seit meiner Abreise bin ich mir keiner Heftigkeit bewußt, und ich komme mir eher etwas niedergeschla-

Abb. 25: Der vierzigjährige August von Goethe vor seiner Reise nach Italien, 1830

gen vor. Die herrlichen Dinge aber, die man sieht, heitern einen wieder auf.«[205] Die weißen Rosen, sorgfältig in feuchtes Papier verpackt, trafen zu ihrem 13. Hochzeitstag ein.

Sie wäre zufrieden, wenn es so bliebe, erklärte Ottilie, »nur Augusts Rückkehr droht mir wie eine unheilbringende Wolke, und der freundliche Brief, den er mir aus Mailand schrieb, wo er ausspricht, wie unrecht er gegen mich gehandelt und hofft, künftig anders zu sein, hat mich eher beunruhigt als getröstet«. Sie hatte keinen Funken Liebe mehr für ihn übrig. »Alles was die Kette zerrissen hätte, würde mir willkommen sein – sobald er ruhig und freundlich, habe ich kein Recht, mein Los zu ändern – und doch ist dies das Einzige, was mich beglücken könnte.« Augusts Freundlichkeit, sagte sie zu Adele, bewirke nichts. »Es bedarf jahrelanger Härte gegen mich, um jedes Gefühl in mir zu erlöschen, aber einmal ausgebrannt, halte ich es auch für unmöglich, daß es je wieder erwache.« Es folgte der unbarmherzige Satz: »Wenn ich mir denke, daß ich August nicht wiedersehen könnte, so empfinde ich auch nicht die leiseste Bewegung. Er war in einem beklagenswerten Zustand, als er ging, und ich fragte mich oft, ob dieser wutähnliche Zustand durch den Tod oder Wahnsinn enden werde.«[206]

Vor ihren Söhnen aber beschwor Ottilie einen liebevollen und freundlichen Vater, der Weihnachten zurückkehren und ihnen Geschenke mitbringen werde. »Von dem Papa sind sehr heitere Briefe aus Venedig da«, meldete sie dem zwölfjährigen Walther nach Frankenhausen, »und Herr von Groß, der ihn dort gesehen, schreibt, daß er sehr wohl aussähe und sehr vergnügt sei.« Den Kindern zuliebe verstellte sie sich – in Wahrheit war sie trostlos. Charles Des Voeux würde heiraten – nicht sie, sondern eine englische Lady. Ottilies Erwiderung war eine zornige Abrechnung. »Täuschen Sie sich nicht, Des Voeux! Ich bin nicht mehr die enthusiastische Freundin, die Freude und Trost an Ihren Namen knüpfte … Was war mein Verbrechen? Meine Treue war Ihnen unbequem … Genug, Sie wollten das Band zerreißen – und es ist zerrissen. Doch keine Auseinandersetzung mehr; genug des Gaukelspiels … Täuschen Sie sich nicht, es mag noch in Ihrer Macht liegen, mir weh zu tun, aber nicht mehr, einen Strahl der Freude in mein Herz zu senden.« Sie habe bewiesen, daß es ihr ernst war, »und trete daher ruhig vor Gottes Richterstuhl, der es unvergänglich in meine Seele gelegt hatte …«[207] Die Erwähnung von »Gottes Richterstuhl« und das Bekenntnis ihrer Verkettung lassen vermuten, daß beide ein Liebesverhältnis eingegangen waren. Daß auch Des Voeux trotz seiner Heirat Ottilie nicht vergessen konnte, beweisen fast hundert Briefe von ihm, die sich heute im Weimarer Archiv befinden.

In der Leere ihres Herzens war Ottilie froh, von ihrem Idol Charles Sterling trotz des Schreibverbots einen Gruß zu bekommen. »Sterling schrieb! – welch ein Brief, welch ein Glück! Er liebt mich noch wie sonst. Warum bin ich dieser Liebe nicht mehr wert! Und doch – ich habe ihn nie, nie vergessen, das würde selbst Des Voeux mir bezeugen.«

Durch den Brief in Euphorie versetzt, verfaßte Ottilie für Sterling ein Gedicht von nicht weniger als fünfzig Versen, in denen sie ihn bat, seiner poetischen Begabung zu leben.[208] Tatsächlich hatte Sterling einen Roman begonnen, der aber nie beendet wurde.

Jeden Ton wollt' ich belauschen,
Jeden Seufzer Deiner Brust;
Deiner Lyra erstes Rauschen
Gab mir ahnend Götterlust –
Welch Talent hat sich entfaltet,
Welche Knospe drang zum Licht?
Ist die Dichtkunst nicht erkaltet
Im Erglüh'n und schweigt sie nicht? …

Eckermann hatte sich am 27. Juli 1830 in Genua von August getrennt, um die Rückreise alleine anzutreten. Noch am gleichen Tag kam es zu einem Unfall. Augusts Kutsche wurde umgeworfen, er erlitt einen Schlüsselbeinbruch und mußte die Schmerzen ertragen, bis er in La Spezia ärztlich behandelt werden konnte. Wundfieber trat ein. Als Charles Sterling davon erfuhr, kam er aus Genua, um zu helfen. In Weimar wurde der Vorfall von den Egloffsteins erörtert. »Die Frau ist nun froh darüber, daß ihr Gemahl viel länger ausbleiben muß, und lebt wieder ganz auf«, hieß es. »Oh, das menschliche Herz ist so töricht und schwach, wer darf sich rein genug fühlen, den ersten Stein auf eine Gesunkene zu werfen, die wohl gar nicht wirklich sündigte, sondern dem Anschein der Sünde und tausend phantastischen Torheiten ihr Unglück zu verdanken hat …« Goethe erwirkte durch Gersdorff eine Urlaubsverlängerung. Erfreut teilte er August mit: »Da ich nunmehr Deinen Urlaub bis Ende des Jahres durch die schnellwirkende Gunst des Herrn von Gersdorff Exzellenz in Händen habe, so begrüße ich Dich damit hoffentlich in Rom.«

August stirbt

»Goethe spricht fast mit niemandem darüber.«

Augusts Aufzeichnungen, die er auf Wunsch seines Vaters in Briefform nach Weimar schickte, waren laut Ottilie »in dauerndem Entzücken« geschrieben, nämlich kenntnisreich, anschaulich, komisch, anrührend und mitreißend.[209] August war von Livorno nach Neapel gesegelt und schilderte seine Fußbesteigung des Vesuv: »Es war ein kühnes Unternehmen. Zwey Führer mit Wein und Brot sowie Fackeln geleiteten uns … Aber vom Fuß des Kegels an war kein fester Fuß mehr zu fassen, ich hielt mich an einen Strick, die Lava hatte alles ungangbar gemacht … die Steine flogen bis nahe zu uns herüber. Die Dunkelheit der Nacht erhöhte das Schauspiel, und das unterirdische Donnern war erhebend.« Ob Ottilie aber auch sein erschütterndes Bekenntnis las? August hatte am 16. Oktober Rom erreicht. »Ich tat die Mütze ab und dankte Gott HIER zu seyn«, jubelte er, fuhr dann in verändertem Ton fort: »Es ist das erste Mal, im 40t Jahre, daß ich zum Gefühle der Selbständigkeit gekommen, und unter fremden Menschen …«[210]

An ebendiesem 16. Oktober erhielt Ottilie den Brief eines jungen Engländers, der mehrfach bei ihr zu Gast gewesen war. Der zweiundzwanzigjährige Samuel Naylor, ein literarisch begabter

Jurastudent, hatte sich während seines Weimaraufenthalts leidenschaftlich in Goethes Schwiegertochter verliebt. Was mündlich zwischen beiden besprochen wurde, kann man nach seinen werbenden Briefen erahnen. Naylor wollte Ottilie, die immerhin eine verheiratete Frau mit drei Kindern war, nicht nur von seiner Begabung überzeugen – er hatte einige Passagen aus Goethes *Faust* übersetzt und lieferte lyrische Beiträge für die Zeitschrift *Chaos* – nein, er wollte mehr: Sein Brief enthielt seinen Heiratsantrag.[211] Mit ungestümer Begeisterung erklärte der Student der zwölf Jahre älteren Ottilie, daß sie die Frau sei, die er liebe.

Ottilie war von Naylor außerordentlich angetan. Er erinnere sie, sagte sie zu Adele Schopenhauer, in Gestalt und Stimme an Sterling. Dennoch war sie inzwischen belehrt genug, um auf seinen Antrag nicht einzugehen. Ihre Antwort geriet ihr zu einer großen Abrechnung mit der eigenen Vergangenheit. »Was ist es denn?« fragte sie zurück, »was verlangen Sie von mir, damit dies Verhältnis Sie beglücken könnte? … Sie werden mich fragen, ob ich denn so reich bin an Liebe, daß ich so leicht ein Herz zurückweisen könne? – ach mein Freund, ich bin der Bettler, der es nicht mehr wagt, die letzte Habe, die ihm blieb, auf eine Hasardkarte zu setzen, müde vom Leben habe ich endlich nach manchen sehr bitteren Erfahrungen es aufgegeben, noch das Glück zu suchen, auf der Erde werde ich es nimmer finden, und im Himmel verdiene ich es nicht.« Sie wisse, man müsse Augenblicke des Glücks oft »mit langer, langer Qual bezahlen«. Sie sei eine Frau »mit warmem Herzen, leicht beweglicher Phantasie und doch einem kalt zergliedernden Verstand«. Ihre zweite Natur sei Opferbereitschaft. »Mein ganzes Unrecht ist aus dem Wunsch entstanden, ein Wesen zu finden, dem ich mein ganzes Dasein widmen könne. Von Klippe zu Klippe bin ich diesem Traumbild nachgejagt bis hinunter in den tiefsten Abgrund …« Sie habe erleben müssen, daß Männer, die sich erst leidenschaftlich um sie bewarben, sie bald darauf lästig fanden. »Wollen auch Sie sich dieser Reihe anschließen?« fragte sie bitter.

Auf mehr als zehn Seiten zog Ottilie ein Resümee ihrer Verirrungen und Träume. Sie hatte Naylor ihre Liebesaffären mit Sterling und Des Voeux keineswegs verheimlicht. Ein neues Verhältnis wäre »Unrecht gegen diese Beiden«. Naylor habe sich in ihr getäuscht. Er wisse, »daß meine Vergangenheit nicht fleckenlos ist«. So eindeutig hat sich Ottilie nie wieder geäußert.

Naylor ließ nicht locker, bedrängte sie weiter mit seiner Liebe. Er müsse »aus dem Labyrinth seines Traums erwachen«, erwiderte Ottilie. Sie habe lange unter Mangel an Liebe gelitten, jetzt leide sie unter seiner Leidenschaft. »Was kann Ihnen ein gebrochenes Herz sein, wie das meinige ist – und was hätte ich überhaupt Ihnen zum Glück zu bieten? … Wollen Sie die Qual meines Lebens noch mehren?«[212] Samuel Naylor zog sich nicht wirklich zurück. Nachdem er erfuhr, daß Ottilie Witwe geworden war, kam er wieder, übersetzte Gedichte wie den *König in Thule* und Verse aus dem *Faust* und war so oft im Haus, daß sogar Goethe sich an seine Anwesenheit gewöhnte.

Während Ottilie sich gegen Naylors Zudringlichkeit wehrte, unternahm August, obwohl stark erkältet, einen Ausflug nach Albano. Sein Begleiter war August Kestner, der Sohn jener Charlotte Buff, die als »Werthers Lotte« in die Weltliteratur einging. Kestner war als hannoverscher Resident in Rom akkreditiert. Ihre Unternehmungen – die Umrundung des Albaner Sees, Fußmarsch und Ritt auf dem Esel – erwiesen sich als zu anstrengend. August glühte vom Fieber. Bis Frascati schaffte er es nicht mehr, die Freunde mußten ihn in seine römische Wohnung tragen. Augusts letzte Aufzeichnung stammt vom 23. Oktober 1830. Drei Tage später starb er. Nach Auskunft der Ärzte hätte der Vierzigjährige nicht mehr lange leben können; seine Leber sei dreimal größer als normal gewesen. »Alle, die ihm nah waren, fanden, daß er viel zu viel Wein trank.« August von Goethe wurde auf dem protestantischen Friedhof von Rom gegenüber der Cestius-Pyramide beigesetzt. Auf dem von Thorwaldsen gestalteten Stein mit Augusts Reliefbildnis ließ Goethe die Worte anbringen: GOETHE FILIUS PATRI ANTEVERTENS – *Goethes Sohn, der dem Vater vorausging.*

Am 29. Oktober, dem Tag von Augusts Beerdigung, feierte seine Tochter Alma ihren dritten Geburtstag. August habe von seiner Frau und den Kindern mit Tränen gesprochen, berichtete später eine Bekannte. Wenn er stürbe, würde er von niemandem vermißt. »Ich werde keinem Menschen fehlen«, habe er gesagt.[213] Noch ohne Nachricht von seinem Tod, schrieb Ottilie am 1. November 1830 in ihr Tagebuch: »Freudenlos ist mein künftiges Leben, Sterling darf mir keine Freude geben, und Des Voeux entsagte auf ewig dem Recht, wie ein Gott das Geschick eines Sterblichen umwandeln zu können.« Doch der begabte und stolze Freund war anhänglicher, als sie dachte. Kurz vor seinem frühen Tod 1833 mit erst einunddreißig Jahren würde der schwerkranke Des Voeux eigens nach Frankfurt aufbrechen, um Ottilie noch einmal zu sehen.

Die Nachricht von Augusts Tod traf erst am 10. November 1830 in Weimar ein. Goethes Tagebuch: »Gegen Abend Herr Geheimrat von Müller und Hofrat Vogel, mit möglichster Schonung das in der Nacht vom 26. bis 27. Oktober erfolgte Ableben meines Sohnes zur Kenntnis zu bringen.«[214] Jenny von Pappenheim notierte: »Den Kanzler Müller, der den Auftrag hatte, ihm des Sohnes Tod mitzuteilen, ließ er nicht zu Worte kommen, er sah ihn nur groß an und ging hinaus. Der Kanzler selbst berichtete, Goethe habe ausgerufen: »Non ignoravi me mortalem genuisse!« – Ich habe immer gewußt, daß ich sterblich bin. »Aber es bleibt doch ein schrecklicher Riß in seinem Leben!« klagte Jenny. »Die Liebe zur Schwiegertochter und zu den Enkeln werde ihm Ersatz bieten – doch nur wehmütigen.«[215]

»Nun wollen wir recht zusammenhalten.« Mit diesen Worten

begrüßte Goethe am anderen Morgen seine Schwiegertochter, die in Trauerkleidern vor ihm stand. Eine Situation war eingetreten, die Ottilie sich vielleicht gewünscht, doch so nicht vorgestellt hatte: Abwesenheit des Ehemannes bei Anwesenheit Goethes. Der Schwiegervater stürzte sich in Arbeit. Tagebuch vom 13. November 1830: »Später Ottilie. Über einiges Litterarische und Kunstgemäße gesprochen.« Goethe verhielt sich wie schon beim Tod seiner Mutter und seiner Schwester Cornelia, seiner Frau und dem Großherzog: Er verdrängte, was schmerzen würde. Allwina Frommann meldete Marianne von Willemer: »Er spricht fast mit niemand darüber … mit Ottilien fast gar nicht, welches eine große Qual für sie ist, da sie aufs heftigste erschüttert ist. Doch ist er *sehr freundlich* gegen sie und hat sie viel um sich.« An Zelter, der ebenfalls einen Sohn verloren hatte, schrieb Goethe: »Prüfungen erwarte bis zuletzt.«

Ottilie war vermutlich dankbar, nicht über August sprechen zu müssen. Das taten andere. Ottilie habe August »aus Versehen« geheiratet, behauptete Allwina Frommann, »und beide haben sich gequält und geplagt, beide hatten Schuld …«[216] Und Jenny von Pappenheim meinte: »Ihre Ehe wurde durch Beider Schuld sehr unglücklich. Beide standen wie auf offener Szene, und das Publikum verfolgte mit gehässiger Neugier den Fortgang des Dramas«, war ihre Meinung. Allerdings seien sie in der Öffentlichkeit stets als einiges Paar aufgetreten, zumal wenn die Kinder dabei waren.

Eckermann erfuhr auf der Heimreise zufällig in einem Gasthaus von Augusts Tod. Angstvoll dachte er an die Rückkehr – er war als Augusts Begleiter abgereist und kam alleine zurück! Als er das Haus am Frauenplan betrat, war nahezu ein Monat vergangen. »24. November … Ich ging zuerst zu Frau von Goethe. Ich fand sie bereits in tiefer Trauerkleidung, jedoch ruhig und gefaßt … Sodann ging ich hinunter zu Goethe. Er stand aufrecht und fest und schloß mich in seine Arme. Ich fand ihn vollkommen heiter und ruhig, wir setzten uns und sprachen sogleich von gescheiten Dingen ... seines Sohnes jedoch ward mit keiner Silbe gedacht.«[217] Am nächsten Tag erschien Goethe »besonders still und oft in sich verloren«. Er befragte Eckermann nach dem englischen Konsul Sterling in Genua, dessen Sohn August geholfen hatte – Ottilie wird begierig gelauscht haben. Es war ihr einziger Wunsch und das erste, was sie nach Goethes Tod unternehmen würde: ein Treffen mit Charles Sterling.

Einen Monat nach dem Tod seines Sohnes erlitt Goethe einen Zusammenbruch. »Er verlor, einen Aderlaß mit eingerechnet, sechs Pfund Blut, welches bei seinem achtzigjährigen Alter viel sagen will«, berichtet Eckermann. Kräuter notierte: »Bis zum Schlafengehen abends 9 Uhr hatte ihm seine Schwiegertochter vorgelesen. Kurz nach 10 Uhr schellen Seine Exzellenz dem Bedienten heftig. Dieser eilt hinauf und findet seinen Herrn im entsetzlichsten Zustande. Ein Blutsturz entstürzt unter dem furchtbarsten Geröchel seinem Munde; das ganze Gesicht ist blau. Vierundzwanzig Stunden schwebte sein Leben in der größten Gefahr ...« Kanzler von Müller lobte Ottilie. »Seine Schwiegertochter weicht nicht von seiner Seite, und ihre liebevolle Pflege und Fürsorge scheinen ihm sehr wohl zu tun.«[218] Von August wurde kaum mehr gesprochen. »Ich werde keinem Menschen fehlen«, hatte dieser gesagt. Weil Goethe schwieg, schwiegen alle. Der Weimarer Schriftsteller Stephan Schütze veröffentlichte im Berliner »Gesellschafter« einen Nachruf, lobte Augusts Fähigkeiten als Geheimer Kammerrat, sein Interesse an Kunst, Theater und Naturalien, sein literarisches Wissen und sein eigenständiges poetisches Talent, »womit er nicht wenig überraschte.«[219] Carl von Holtei schrieb an Ottilie: »Sie wissen, wie lieb ich August hatte ... Das Leben lag auf ihm wie ein glühendes Fieber, nur selten war er froh und unbenommen; nur selten hat er heiter aufgeatmet, denn seine Freude war wild und konvulsivisch.«[220]

Auf Adeles pathetischen Kondolenzbrief antwortete Ottilie wenig erfreut: »Wir waren gewiß beide grenzenlos unglücklich, und was mir eine entsetzliche Empfindung gibt, ist der Gedanke, daß er gleichsam für uns, oder für mich, gestorben ist, oder vielmehr das Gefühl gehabt, daß es das Beste für unser Glück sei. Glaube nicht, daß ich immerwährend über diese Dinge grübele – aber ich wollte Dir doch auch die Nachtvögel zeigen, die mir das Gemüt umschwirren.« Sie sei vierunddreißig Jahre alt und wolle nicht mehr an Tod denken, »also welche lange, lange Lebensstrecke zu durchwandern! ... Ich sehe kein Glück für mich, ich habe im Gegenteil geglaubt, daß dies nur der Anfang von vielen, vielen Tränen ist. Du weißt es ja, ›zu spät‹ ist das Losungswort meines Lebens gewesen, und so wird es auch hier sein.« Adeles Forderung, nicht mehr an Heirat zu denken, sei überflüssig. Des Voeux sei aus ihrem Leben gestrichen, Sterlings Liebe zweifelhaft. Er werde sie vielleicht nach dem Reitunfall entstellt und häßlich finden. So sei auch dieser Traum zu Ende. Adele hatte Ottilie dramatisch zugerufen: »Du stehst in diesem Augenblicke auf einer Höhe, die selten eine Frau erreicht. Ganz Deutschland blickt auf Dich.« Ottilie widersprach gereizt. »Was für entsetzliche Momente mir des Vaters Krankheit gegeben, hast Du wohl bedacht. Und doch war etwas Stärkendes, Erhebendes für mich darin, ihm etwas zu sein.« Sie bringe jeden Abend bis zur Erschöpfung bei dem Schwiegervater zu. »Du sagst: Deutschland sieht auf Goethe – ich pflege meinen Vater und nicht Goethe.«[221]

Goethes Letzter Wille

»... eine Wiederverheiratung würde das Fallgatter sein«

Inzwischen sah sich Goethe der schwierigen Aufgabe gegenüber, Ottilies Zukunft und die seiner drei Enkel finanziell abzusichern. Sein letztes Testament stammte noch aus dem Jahr 1797, worin er den siebenjährigen August zum Alleinerben ernannt hatte. Inzwischen galten andere Bedingungen. Ottilies Ehevertrag mußte berücksichtigt werden. Goethe war dankbar, daß der juristisch versierte Kanzler von Müller ihn bei der Abfassung der einzelnen Paragraphen beriet. »Meine Nachlassenschaft ist so kompliziert, so mannigfaltig, so bedeutsam, nicht bloß für meine Nachkommen, sondern für das ganze geistige Weimar, ja für ganz Deutschland, daß ich nicht Vorsicht und Umsicht genug anwenden kann«, sagte Goethe. Im endgültigen Testament vom 6. Januar 1831 setzte er nicht Ottilie, sondern die Enkel zu Universalerben ein. Bis zu ihrer Volljährigkeit sollte das Vermögen durch die noch von August bestimmten Vormünder verwaltet werden, Kammerherrn Franz von Waldungen und Regierungsrat Carl Büttner. Dagegen legte Ottilie Widerspruch ein. Sie war empört, daß ihr das Recht abgesprochen wurde, Vormund ihrer eigenen Kinder zu sein. Der Kanzler notierte am 15. November 1830: »Nachher großer Streit darüber mit Ottilie.«

Der für Ottilie entscheidende Paragraph des Testaments lautete: »Meine geliebte Schwiegertochter Ottilie, geb. von Pogwisch, soll außer freier Wohnung und Gartengenuß jährlich fünfhundert Taler Sächs. an Wittum aus meinem Nachlaß erhalten.« Auch die Benutzung der Möbel, der Geräte und des Silbers wurde ihr zugesichert. Wohnhaus und Gärten, Sammlungen und Kunstobjekte sollten von ihr und den Kindern gemeinschaftlich besessen und nicht verkauft werden; erst bei Volljährigkeit sollte alles den Enkeln gehören. Zusätzlich zu ihrem »Wittum« erhielt Ottilie jährlich 500 Taler für jedes Kind als Erziehungsgeld. Details erfährt man aus einem Brief ihrer Mutter an Adele Schopenhauer. »Ottilie hat von heute an jährlich 2200 Taler, freie Wohnung, die Nutzung beider Gärten und des Hausmobiliars – reich ist sie nicht; da indes das ganze hinterlassne Vermögen des Geheimrats nur 58 000 Taler sind, so hätte er ihr auch nicht mehr geben können.« Sie hoffe auf den Verkauf der Manuskripte, das Geld würde »im Falle von Krankheit, Studium, Ausstaffierung und Mitgift für Alma auch dringend benötigt«. Goethe machte den Kanzler zu seinem Testamentsvollstrecker – eine Entscheidung, die sich für Ottilie und ihre Kinder als verhängnisvoll erweisen sollte.

Zu Ottilies Erbschaft hatte Goethe geäußert: »… eine Wiederverheiratung würde das Fallgatter sein, das zwischen meiner Liebe und ihr niederfiele.« Was wußte er, als er das harte Wort »Fallgatter« aussprach? Ahnte er, was sich in den oberen Mansarden abspielte? Solange August lebte, hatte er beide Augen zugedrückt und Ottilies Schwärmerei für andere Männer mit ihrem »aufgeregten Wesen« entschuldigt – sie war eben »ein verrückter Engel«. Im Testament unter § 11 ließ er einfügen: »Würde meine Schwiegertochter sich wieder vermählen, wie ich jedoch nicht hoffe, so fallen natürlich sowohl das Wittum als der freie Gebrauch des Mobiliars weg; die übrigen zu ihren Gunsten § 8, § 9 und § 12 getroffenen Bestimmungen aber bleiben aufrecht.« Der kleine Satz »wie ich jedoch nicht hoffe« ist in diesem sachlichen Dokument die einzige persönliche Bemerkung. Die Sorge des vorsichtig gewordenen Schwiegervaters enthält zugleich die Drohung, daß die Schwiegertochter im Falle einer Wiederheirat auf 500 Taler jährlich verzichten müßte.

Im Februar 1831 erlitt Ottilie einen schweren Zusammenbruch; es dauerte Wochen, bis sie das Zimmer wieder verlassen konnte. Goethe suchte sie mehrfach besorgt in der Mansardenwohnung auf. Ottilie litt an Kopf- und Gliederschmerzen, vor allem an Gesichtsneuralgien.

Es hatte damit begonnen, daß der gesamte Haushalt neu organisiert worden war. Ottilie gab viel zu viel Geld aus. Am 30. Januar 1831 schickte Goethe der Schwiegertochter ein Billet: »Wollte nur vorläufig bemerken, daß für Küchenausgaben für den nächsten Monat Februar nur dreißig Taler können zugestanden werden.« Die Mahnung war deutlich. Jenny von Pappenheim bemerkt: »Goethe hatte kein Vertrauen in ihre wirtschaftlichen Talente und sagte wohl scherzend: ›Ich hatte mir so eine hochverständige Tochter gewünscht, und nun schickt mir der liebe Gott eine Thekla und Jungfrau von Orleans ins Haus.‹« Tagebuch vom 22. Januar 1831: »Mit Ottilien einiges Ökonomische.« 12. Februar 1831: »Auch Unterhaltung mit Ottilien über den gegenwärtigen Haushaltungszustand.« Der wirtschaftliche Mißstand drang bis nach draußen. So wußte sogar Caroline von Wolzogen die Einzelheiten. Sie meldete ihrem Neffen Ernst von Schiller: »Göthe hat nach dem Tode des Sohnes an einem schönen Tag den Haushalt umgestürzt und dem Schuldenmachen der Schwiegertochter gesteuert ... Er hat den Schlüssel des Holzstalles unter seinem Kopfkissen und läßt das Brot abwiegen. Als Gesellschafterin behandelt er Ottilie sehr artig; aber im Hause muß sie sich fügen.«[222]

Es stellte sich heraus, daß August fünftausend Taler Schulden hinterlassen hatte. Inzwischen war sein Hab und Gut aus Rom eingetroffen. Augusts Kleidung, Wäsche, Andenken und Reiseutensilien in Empfang zu nehmen konnte nicht ohne Wehmut geschehen. Der Kanzler notierte am 6. Februar: »Eröffnungen wegen Inventarisierung des Nachlasses seines Sohnes.« Ottilie erhob Einwendungen. Julie von Egloffstein schickte aus Rom Augusts Porträt, das ihr überraschend gut gelungen war. Die Verhandlungen um Augusts Nachlaß gingen in die nächste Runde. Der Kanzler, der die Angelegenheit juristisch betreute, klagte über Ottilies

Protest. Sie war mit der Aufteilung von Augusts Besitz nicht einverstanden. Bei all diesen belastenden Vorgängen hätte Ottilie Nerven wie Drahtseile haben müssen, doch sie war sensibel und spürte den Ärger, den sie dem Schwiegervater bereitete. Es war alles zuviel.

»Ich lebe wieder, liebe Adele«, damit beginnt der Brief, den Ottilie nach langer Krankheit am 16. Mai 1831 der Freundin schrieb. »Ja, ich habe wieder das Gefühl zu leben, obgleich ich immerwährend an Gesichtsschmerzen leide.« Ihre Seele sei so »von Nacht umgeben« gewesen, daß sie nicht einmal mehr lesen und schreiben konnte. Endlich sei der sehnlich erwartete Brief von Sterling eingetroffen, der sie »von dem Scheintod« erlöste: »... er sagt das Himmlischste, was wohl je ein männlicher Mund ausgesprochen, daß er nur mich auf der Erde geliebt.« Dann eine Eröffnung, die sie bedrückte: Sterling wolle Geistlicher werden. Noch blieb Ottilie gelassen. In ihrer überbordenden Phantasie versetzte sie sich augenblicklich in die Rolle einer Pfarrersfrau, die in Küche und Kammern zu wirtschaften hat – »die Hühner müssen besonders viele Eier legen, die Rosenstöcke besonders viel blühen, die irländischen Armen uns besonders segnen«; sie schwärmte und schwelgte in unrealistischen Vorstellungen. Der achtundzwanzigjährige Sterling lebte noch immer vom Geld seiner Eltern. Doch Ottilie jubelte, sie spüre schon bei dem bloßen Gedanken an Sterlings »Worte des Friedens« ein unsagbares Glücksgefühl. Der Geliebte habe ihr den wunderbaren Vorschlag gemacht, sie auf seiner Heimreise am Rhein zu treffen. Ob er sie nach ihrem Unfall gealtert und häßlich finden werde? Inständig hoffte Ottilie auf die Erfüllung ihres romantischen Traumes: ein Leben an der Seite des geliebten Mannes.

In den oberen Mansarden spielten sich schmerzliche und rührende Szenen ab, wenn Ottilie mit ihren Verehrern Projekte für das

Journal *Chaos* erörterte, Gedichte auf Eignung prüfte oder zur Klavierbegleitung sang, während das schöne Gefühl, umworben zu sein, ihre Ideen beflügelte und ihren Puls beschleunigte. Jenny von Pappenheim erlebte es mit; so bewundernd wie bedauernd hat sie sich über Ottilie geäußert. »Nichts hatte Bestand in diesem Kopfe, in dem die Phantasie Alleinherrscherin war. Da warf sie zwanzig verschiedene Männerbilder, tausend Lebenspläne, Gedanken, momentane Empfindungen durcheinander, bis die Bilder zerbrachen – dann saß sie vor den Trümmern und weinte! Doch, wie bei kindlichen Schmerzen, tröstete sie die Blume, die ein Fremder ihr reichte, sie lächelte … und warf sie schließlich in die allgemeine Unordnung zu Bildern und Gedanken. Und doch waren edle unter ihnen, Gedanken von Pflicht, Barmherzigkeit und Hingebung, aber kein einziger entsprang einem Grundsatz. Der Ursprung war Liebe, das Ziel war Liebe, das Leben war Liebe, trotzdem diese Frau nicht mehr jung und nicht schön war … so weihte sie die Stunden der Nacht ihrem wilden Schmerz, und dennoch entsagte sie nicht diesem Phantom der Liebe, sie begehrte in der ganzen Welt nichts als sie, inmitten brennender Tränen rief sie aus: ›Immer nur Leidenschaft, niemals Liebe‹! … und dann immer dasselbe Trauerspiel: Glück, Seligkeit, Verlust und Reue.«

In einem Gedicht hat Ottilie ihrer Sehnsucht Worte verliehen. Sie klingen wie ein Gebet.

Vater, der du alles hast,
Gib mir Liebe!
Spende andern Ruhm und Gold,
Spende andern Ehrensold,
Gieß auf andrer hellen Wegen
Aus den allervollsten Segen!
Vater, der du alles hast,
Gib mir Liebe!

Im Dezember 1830 las Ottilie Goethe den neuen Roman *Le Rouge et le Noir* von Stendhal vor, dessen »psychologischen Tiefblick« Goethe bewunderte.[223] Sie lasen Miltons *Paradise Lost*, dann Goethes Briefwechsel mit Zelter, der vor dem Druck korrigiert werden mußte. Von Ottilies Korrekturvorschlägen war Goethe beeindruckt. An Zelter schrieb er: »Ottilie sagt: unsre Korrespondenz sei für den Leser noch unterhaltender als die Schillerische. Wie sie das meint und sich's auslegt, womöglich nächstens zur guten Stunde.«[224]

Goethes Tagebücher zeigen die wachsende Gemeinsamkeit. »Wollte man dieses Behaben und Behagen nach der Wirklichkeit schildern, so würde es zwischen die Idylle und das Märchen hineinfallen«, schrieb Goethe im Frühjahr 1831 an Boisserée. »Meine Tochter ist heiter, geistreich und liebenswürdig«, so an den Grafen Sternberg.[225] Goethes Tagebuch: »Ottilie kam aus der physikalischen Vorlesung und erzählte das Vorgetragene.« (9. Februar 1831) »Abends Ottilie. Die Lebensgeschichte der französischen Dame in den *Memoiren* von Constant.« (2. Mai 1831) »Um 12 Uhr spazieren gefahren in den untern Garten mit Ottilie … Sie fing das Werk über die Nordsee zu lesen an.« (16. Mai 1831) »Spazieren gefahren mit Ottilie ums Webicht … Später Ottilie, das nähere Detail der Jahrmarktshändel referierend.« (17. Mai 1831) »Mittag Ottilie. Mancherlei Zustände der Gegenwart und Vergangenheit erzählend und hervorrufend.« (1. September 1831) »Abends Ottilie. Gesellige Zustände, erheiternde Vorlesung von einigen Märchen.« (20. September 1831) »Abends Ottilie. Angekommen waren zwei Bände *Fragments de Géologie* par Alexandre de Humboldt, und ich fing an darin zu lesen.« (2. Oktober 1831) »Ottilie ging zum Ball bei Gersdorffs.« (16. Oktober 1831) »Abends Ottilie, manches aus dem geselligen Leben erzählend.« (17. Oktober 1831) »Später Ottilie; wir lasen des Plutarchs *Philopömen*.« (26. Oktober 1831) »Nachts Ottilie, gesellige Vorfallenheiten.« (7. November

1831) »Abends Ottilie. *Agesilaus* geendigt. *Alexander* angefangen. Die allgemeinen und besondern Tagesbewegungen kamen zur Sprache.« (13. November 1831)

Als Jenny den Vorwurf erhob, Ottilie beschäftige sich zu viel mit ihren Liebhabern, weil sie sonst keine Aufgabe hätte, war Ottilie zutiefst empört. »›Du sagst, ich sei müßig‹«, gab Jenny das Gespräch wieder, »›und weißt doch, daß ich sechs Stunden des Tages dem Vater widme; oft kann ich nicht mehr und glaube ohnmächtig zu werden vor Schwäche, doch der Gedanke, daß ich ihm nützlich, ihm notwendig bin, daß ich seine alten Tage verschönen und in der Welt zu etwas gut sein kann, dieser Gedanke gibt mir die Kräfte wieder. Neulich haben wir den Plutarch zu lesen angefangen, und schließlich las er mir aus dem zweiten Teil des Faust; es war schön und groß; als ich aber nach elf Uhr mein Zimmer betrat, fiel ich meiner ganzen Länge nach zu Boden.‹«[226]

Goethe hatte die Helena-Szene für *Faust II* mit Ottilie besprochen – Helena als Verkörperung der Schönheit, die mit Faust in Arkadien lebt, doch nach dem Tod des gemeinsamen Sohnes Euphorion für immer entschwindet. »Mittag mit dem Vater allein, nach Tisch las er mir die Hellena vor, ein Meisterwerk.« Da Goethe bis zuletzt an der Vollendung seines *Faust* arbeitete, bat er Ottilie um ihre Meinung, wozu er ihr alle noch ungedruckten Teile vorlas. Ottilie war stolz, daß ihr Urteil gewürdigt wurde. Goethe bereitete jede Besprechung sorgfältig vor. Tagebuch vom 2. Januar 1832: »Abends mit Ottilien wegen künftigen Vorlesens.« 8. Januar 1832: »Später Ottilie. Sie hatte das, was vom zweyten Teil des Faust gedruckt ist, gelesen und gut überdacht.« Goethe hatte das schon versiegelte Manuskript von *Faust II* wieder hervorgeholt und geöffnet. »Es wurde nochmals durchgesprochen, und ich las nunmehr im Manuskript weiter.« Ein größeres Maß an Wertschätzung konnte man sich kaum vorstellen. Abend für Abend saßen sie gemeinsam über der Handschrift, studierten den Text von der

Klassischen Walpurgisnacht bis zum Schluß. Goethes Tagebuch vom 15. Januar 1832: »Um 1 Uhr Ottilie zur Vorlesung, Anfang des 4. Akts … Sodann Ottilie. Lasen weiter in Faust.« Dabei bemerkte der Dichter, daß der Schluß tatsächlich nicht vollständig durchdacht war. 24. Januar 1832: »Neue Aufregung zu Faust in Rücksicht größerer Ausführung der Hauptmotive, die ich, um fertig zu werden, allzu lakonisch behandelt hatte.«[227] Am 27. Januar las er ihr den letzten Teil vor. Zwei Tage später heißt es im Tagebuch: »Abends Ottilie. Faust ausgelesen.«

Noch aus Italien hatte August seine Frau gebeten, den zehn- und zwölfjährigen Söhnen mehr hygienische Pflege zukommen zu lassen, das Zähneputzen nicht zu vergessen und sie besser zu unterrichten. »Wolf kann seinen Namen noch nicht schreiben«, monierte er, »er schreibt immer statt Goethe Goehte …«[228] Als der sechsjährige Walther sich den Arm brach, bemerkte Frau von Beaulieu: »Alles andere kann ich ihrem irregeleiteten Kopf verzeihen, doch diese Gleichgültigkeit eines Mutterherzens ist empörend und verächtlich. Arme Kinder! Was wird euer Los einst sein?«[229] Ottilies Tagebuch klingt anders: »Ich … fand den armen Walther mit zerbrochenem Arm. Seit dem Einrichten hat er gar keine Schmerzen mehr, dennoch gibt mir seine Unachtsamkeit und Wildheit täglich tausendfache Angst.« Ottilie war zwar unberechenbar, doch wenn ein Kind krank wurde, Walther unter Asthma litt oder Wolfgang Keuchhusten bekam, war sie zur Stelle. Sie hat den Söhnen viel Zeit geopfert und ihretwegen lange eintönige Wochen an langweiligen Kurorten verbracht.

Die wichtigste Person im Leben der Enkel war aber zweifellos der Großvater. Bei ihm durften sie sich manches erlauben, was er seinem Sohn verboten hätte. Alma pflegte ihm jeden Morgen um acht, wenn sie mit ihrer hübschen Wärterin Josepha herunterkam, einen Besuch abzustatten. »Und der alte Herr küßte und herzte das rosige Kind, wobei er immer noch einen Kuß für die Wärterin übrig behielt.«[230] Die vierjährige Alma sah mit ihren Lok-

Abb. 26: Alma von Goethe, Pastell von Louise Seidler

ken wirklich sehr niedlich aus. »Das Mädchen ist allerliebst, und als ein echt gebornes Frauenzimmerchen schon jetzt inkalkulabel«, berichtete Goethe Zelter (18. Juni 1831). »Walther, dem man ein musikalisches Talent zugestehen muß, ... komponiert Arien. Wer weiß, wohin das führen kann«, schrieb er an Ulrike von Pogwisch.

Auch in Goethes Tagebüchern spielen die Kinder eine feste Rolle. »Die Enkel kamen nach dem 3. Akt (des *Faust*), erzählten und urteilten nach ihrer Art.« (7. November 1829) »Zeichnungen der Enkel, welche gut ausgefallen waren. Abends entsagte Wölfchen auf meinen Rat der Euryanthe, dagegen spielte ich Domino mit ihm.« (6. Februar 1830) »Kamen die drei Kinder und waren nach ihrer Art dienstfertig und egoistisch, auch spaßhaft. Wölfchen speiste mit mir.« (13. März 1831) Jeden Morgen brachte Wolfgang ihm den Kaffee ans Bett, jeden Abend begleitete er ihn ins Schlafzimmer. »Meine drei Enkel, zwei Knaben und ein Mädchen, sind wirklich wie heiteres Wetter, wo sie hintreten, ist es hell. Im Augenblick Freude, er sei wie er wolle!« meldete er Marianne von Willemer (7. Juni 1831). »Fuhr mit Wölfchen in den untern Garten und verweilte daselbst. Der Tag war schön.« (15. Juni 1831) Goethe hatte mit seinem Enkel jenen Teil des Gartens an der Ackerwand besucht, in dem einst die entscheidende Begegnung mit der zwanzigjährigen Ottilie stattfand ...

In den oberen Mansarden herrschte indessen niemals Stillstand. Die interessanten Nachmittage bei Goethes Schwiegertochter waren beliebt. An Ottilies Liebeshimmel erschien ein gewisser Herr Haumann, den sie als Heiratskandidaten ansah, weil der sonst zurückhaltende Mann sie mit Komplimenten überhäufte. Es erschien ein neuer Lord, der von Ottilies Zauber geblendet war, Charles Goff, Herausgeber einer englischen Zeitschrift, der Ottilie ausnehmend gefiel.[231] Das Zusammensein mit Goff bot den Damen Egloffstein wieder brisanten Gesprächsstoff. Längst wurden auch die Besuche des Briten Samuel Naylor vermerkt, der Ottilie mit seiner Leidenschaft verfolgte. Zwischen Januar und März 1831 kam der rothaarige Irländer so oft ins Haus, daß Goethe dem Maler Preller den Auftrag gab, den jungen Mann zu porträtieren. Naylors Anwesenheit ist in Ottilies Stammbuch mit Gedichten und Geständnissen reich vertreten. »I looked not in her eyes for love«, schrieb er einmal: vor lauter Liebe habe er ihr nicht in die Augen sehen können.[232]

Naylor studierte Jura in Göttingen und war nach Weimar gekommen, um seinen Heiratsantrag zu wiederholen. Ottilie schwankte, bat um vier Wochen Bedenkzeit, gab ihm im nächsten Brief ihre Zustimmung, fragte sich im übernächsten, was wohl Sterling dazu sagen werde. »Gott, wie soll ich es ertragen, ihn zu betrüben – verzeihen Sie mir Naylor – ich habe Des Voeux leidenschaftlich geliebt wie Sterling, aber … er hat durch sein Benehmen jeden Anspruch an mich aufgegeben. Noch einmal, verzeihen Sie mir, Sie sind mir teuer, sehr teuer …«

Schließlich bekam sie Zweifel anderer Art. War Naylor nicht in die neunzehnjährige Jenny von Pappenheim verliebt? »Jenny hat sich von Ihnen geliebt gewähnt – Naylor, wie darf ich die Hand des Mannes fassen, der so handeln, so sprechen konnte, daß zu gleicher Zeit zwei Frauen sich geliebt wähnen durften!« Sie fühle sich von beiden hintergangen. »Die Freundschaft hat mich verletzt, die Liebe getäuscht – was soll ich nun noch fürchten?!«[233] Hals über Kopf kündigte sie Jenny die Freundschaft. Jennys Bestürzung war groß. »O Ottilie, sei wieder du selbst, laß das Schicksal keine Bitterkeit in deine Seele bringen, denn nichts Kleinliches und Niedriges kann zu deinem Wesen gehören … vertraue mir, ich heuchle ja wahrhaftig nicht und bin mit ganzer Seele Deine Jenny.« Samuel Naylor zog sich zurück. Wie Jenny voraussah, war für Ottilie noch jede Hoffnung in Enttäuschung umgeschlagen. »Sie wollte entfliehen – ihre Flügel waren gebrochen – das Licht war erloschen; auf ihrer Harfe wollte sie ihre Klagen singen – zerrissen waren die Saiten!«

In der Septemberausgabe ihrer Zeitschrift *Chaos* veröffentlichte Ottilie ein deprimiertes Gedicht. Ihr war, als sei das Leben nichts mehr wert.

Jeder Tag verschmäht sein armes Gestern,
Jede Stunde hadert mit den Schwestern,
Morgen kommt, und böt' er reiche Gaben,
Besseren Empfang wird er nicht haben.
Du hast solchen Zustand uns bereitet
Geist der Zeit, der uns die Zeit vergeudet.

In ihr Tagebuch vom 13. November 1831 trug Ottilie ihr Unglück »mit vielen heißen Tränen« ein. »An Naylor geschrieben und unser Verhältnis auf ewig zerrissen … ich hielt ihn für treu, ebenso glaubte ich, daß Goff mein Freund sein würde für dies Leben! Arme Träumerin, noch immer Glaube!« Doch wie Charles Sterling und Charles Des Voeux verschwand auch Samuel Naylor nie ganz aus Ottilies Leben. Er übersetzte Goethes *Reineke Fuchs* und schickte ihr den Druck. Nach Jahren – er hatte geheiratet, Ottilie lebte längst in Wien – huldigte er ihr im Vorwort zu seinen Gedichten, bat sie, zu ihm zu kommen.[234]

Aus einer Wirrsal ungeordneter Gefühle schickte Ottilie die neue Ausgabe des *Chaos*-Journals an Goethe mit einem scherzhaften Hinweis auf ihren eigenen Zustand. »Ich sende Ihnen hier das *Chaos*, bester Vater; doch wenn es auch in meinem Innern auf vielen Punkten chaotisch sein mag, so ist doch in einem Gefühl und einem Gedanken vollkommen Licht: in dem, Sie zu lieben und Ihnen anzugehören.«[235] Er war es, der ihr durch seine Autorität den nötigen Halt gab. Ihr ganzes Sinnen und Trachten hatte nur ein Ziel: Goethe durfte nicht sterben.

VIII.

Goethes Tod

»Er war meine Zeit, denn er füllte sie ganz aus.«

»Goethe, der in diesen Tagen seinen zweiundachtzigsten Geburtstag feiert, macht noch immer nicht den Eindruck eines Greises«, bemerkte der Schriftsteller Friedrich Förster, »seine Haltung ist fest, seine Unterhaltung lebhaft, sein Humor der beste von der Welt. Außer uns waren nur seine Schwiegertochter und Dr. Eckermann am Tisch. Eckermann war soeben die große Aufgabe zugefallen, die Herausgabe von Goethes Werken, Schriften und Tagebüchern zu übernehmen. Ottilie neckte Goethe wegen seines Patriotismus, was er ihr dann zurückgab …« Er wünsche sich nichts als Frieden, so Goethe. »Revolution und Cholera, das sind schlimme Gäste, wir haben unsern Teil erlebt.« Beim Essen sprach man von den märkischen Rübchen, die Zelter regelmäßig schickte, und von den Forellen, die »aus einem angebornen Geist des Widerspruchs gegen den Strom schwimmen« – mit dieser Bemerkung sah Goethe seine Schwiegertochter an und tat so, »als ob Ottilie ihn ganz unter dem Pantoffel habe …«[236]

»Man irrt sich, wenn man glaubt, sein Alter sei verlassen gewesen«, bemerkte der Medizinstudent Louis Stromeyer. »Es konnte ihm Niemand besseren Ersatz geben als Frau Ottilie.«[237] In Goethes Brief an den schottischen Philosophen Thomas Carlyle erfährt die Schwiegertochter hohes Lob. Ottilie sei ihm nahe, »da wir denn genugsam wechselseitiges Interesse und daraus entspringende Unterhaltung finden« (2. Juni 1831). »Wechselseitiges Interesse«, dies aus Goethes Munde, das war nicht eben wenig!

Am 10. März 1832 stellte sich der Sohn von Achim und Bettina

Abb. 27: Goethe in seinem Sterbejahr 1832.
Kupferstich von Carl August Schwerdtgeburth

von Arnim, Siegmund, im Hause vor. Goethe empfing ihn mit besonderer Freundlichkeit. Sein Vater, der Dichter Achim von Arnim, war vor vierzehn Monaten mit fünfzig Jahren gestorben. Der neunzehnjährige Siegmund blieb fünf Tage lang Goethes Gast. Als seine Mutter Bettina ihn fragte, was Goethe denn über sie gesagt habe, erfuhr sie, er habe ihr Talent gelobt und lasse sie grüßen. »Das scheint Dir wenig«, schrieb der junge Arnim, »mir aber nicht, und wenn Du den Mann gesehen hättest, wie er nicht mehr in der Welt lebt, sondern nur noch wie in einem Buche darin herumblätterte, Du würdest ihm großen Dank wissen, daß er sich mit großer Freundlichkeit nach allen Deinen Verhältnissen und nach unserer ganzen Familie erkundigte.«[238]

Von seinem nahen Ende hatte Goethe keinerlei Vorgefühl. Der letzte Eintrag in seinem Tagebuch stammt vom 16. März 1832. »Den ganzen Tag wegen Unwohlseins im Bette zugebracht.« Zwei Tage zuvor hatte er nach dem Mittagessen – es gab gebratene Krammetsvögel – eine Ausfahrt in der offenen Kutsche unternommen und sich dabei erkältet. Als ihn am 15. März wie an jedem Donnerstag die Großherzogin Maria Pawlowna besuchte, fand sie ihn noch in bester Stimmung. Der Archäologe Zahn hatte Goethe Zeichnungen aus Pompeji geschickt und berichtet, daß man einem dort kürzlich ausgegrabenen Haus den Namen *casa di Goethe* verliehen habe. Überglücklich zeigte Goethe der Fürstin die Durchzeichnung eines pompejanischen Mosaiks, das in jenem Haus gefunden wurde; es stellte die Schlacht Alexanders des Großen gegen den Perserkönig Darius dar. Am Tag darauf verstärkte sich die Erkältung, doch der Zustand schien keinesfalls bedrohlich. Es hatte schon weit schlimmere Symptome gegeben. Goethe war schwach, doch bisher hatte er sich noch immer erholt. Selbst als er nach dem Tod seines Sohnes Blut spuckte, war er danach wieder tätig wie zuvor. Seither hatte er sich, wie der Arzt Dr. Vogel versicherte, »einer vorzüglichen Gesundheit erfreut«.[239] Die Erkältung schien sich zu legen. An seinem Bett wachte Enkel Walther.

Am 17. März aß Goethe Graupensuppe mit Fleischbrühe und schrieb noch einmal an Wilhelm von Humboldt. Es war sein letzter Brief. Am 18. März durfte er keinen Besuch mehr empfangen, um sich nicht aufzuregen. Der Arzt erlaubte ihm etwas Fisch und Braten, dazu Würzburger Tischwein. »Krankheit hielt Goethe für das größte irdische Übel«, so Dr. Vogel, der ihn seit sechs Jahren betreute. »Vor dem Tode hatte er eigentlich keine Furcht, wohl aber vor einem qualvollen Sterben.« Es kam zu einer drastischen Verschlechterung. Mit ungewöhnlicher Dramatik schildert der Arzt den Verlauf der Krankheit. Goethe erlitt einen Herzinfarkt, der aber nicht als solcher diagnostiziert wurde, man sprach von Brustschmerzen, verursacht durch eine Lungenentzündung. Aus der anfänglich unbedeutenden Erkältung wurde eine lebensbedrohliche Krankheit. Ottilie verließ das Haus nicht mehr, um jederzeit zur Stelle zu sein, Arznei, Wasser und Tee zu besorgen, Wünsche zu erfüllen und den ärztlichen Anweisungen zu folgen. Nicht nur die Tage, auch die Nächte verbrachte sie an seinem Bett oder im Nebenzimmer.

Dr. Vogel in seinem Bericht: Dienstag, 20. März 1832: »Fürchterliche Angst und Unruhe trieben den seit langem nur in gemessenster Haltung sich zu bewegen gewohnten, hochbejahrten Greis mit jagender Hast bald ins Bett«, wo er Linderung zu finden hoffte, »bald auf den neben dem Bette stehenden Lehnstuhl. Die Zähne klapperten ihm vor Frost. Der Schmerz, welcher sich mehr und mehr auf der Brust festsetzte, preßte dem Gefolterten bald Stöhnen, bald lautes Geschrei aus. Die Gesichtszüge waren verzerrt, das Antlitz aschgrau, die Augen tief in ihre lividen Höhlen gesunken, matt, trübe; der Blick drückte die gräßlichste Todesangst aus.« Langsam versagte das Herz. Im Sitzen schien das Atmen leichter, die Schmerzen ließen nach. »Den bequemen Lehnstuhl, in welchem sich die große Angst und Unruhe zuerst gelegt hatte, vertauschte der Kranke nicht wieder mit dem Bette. Als die Schmerzen zurückkehrten, frage er: ›Ach Gott! Ach Gott! hat denn mein Sohn in Rom auch so leiden müssen.‹« Über August hatte er seit dessen Tod kaum jemals gesprochen. Jetzt, bei Ottilies fragendem Blick, fiel er ihm wieder ein.

Am Vormittag des 21. März schien er besser. Goethe ließ Walther rufen und sich vorlesen. Gräfin Louise Vaudreuil sandte ihm ihr Porträt, das Goethe mit den Worten kommentierte: »Nun, den Künstler muß man loben, der nicht verdarb, was die Natur so schön geschaffen hat.« Nachmittags verschlechterte sich sein Befinden, er war zeitweise ohne Bewußtsein. Dennoch antwortete er laut und deutlich auf alle an ihn gerichteten Fragen. »Er schien von den Beschwerden der Krankheit kaum noch etwas zu empfinden«, schreibt der Arzt, »spürte nichts vom bevorstehenden Ende, sondern schöpfte sogar noch Hoffnung. Abends um elf forderte er Ottilie auf, sich nun auch zur Ruhe zu begeben.«

Der Kanzler benachrichtigte Zelter in Berlin. »Auch noch in der letzten Stunde trank er Wasser und Wein unter der Frage: ›Es ist doch nicht zu viel Wein im Glase?‹ Kurz nachher, die halb entschlummerten Augen aufschlagend: ›Macht doch den Fensterladen in der Stube auf, damit mehr Licht hereinkomme!‹ Dies waren die letzten Worte, die ich hörte.«

Seinen Sterbetag, den 22. März 1832, begrüßte Goethe mit den Worten: »Also hat der Frühling begonnen, und wir können uns dann umso eher erholen.« Gemeinsam mit seinem Lieblingsenkel Wolfgang trank er um 6 Uhr den Kaffee und erinnerte sich, als er ein am Boden liegendes Papier zu sehen meinte, an seinen Freund Schiller: »Warum hat man Schillers Briefwechsel hier liegenlassen?« Dann wurde seine Sprache undeutlich ... Danach sprach er kaum noch, malte nur mit dem Finger Zeichen in die Luft, zuletzt ein großes *W* auf die Bettdecke. Um halb elf kam Großherzog Carl Friedrich, wurde aber nicht zu ihm gelassen.

»Um halb zwölf mittags drückte sich der Sterbende bequem in die linke Ecke des Lehnstuhls. Ottilie saß neben ihm auf dem Bettrand, die Enkel warteten nebenan im Arbeitszimmer. In der Sterbestunde sagte er zu Ottilie: »Setz Dich zu mir, liebe Tochter, ganz nahe. Gib mir Dein liebes Pfötchen.« »Die Augen waren meist nur halb auf«, er habe sie nur geöffnet, um Ottilie anzublicken, die festblieb und nicht weinte, »ihm die Kissen unterstützte, seine Hand hielt, bis der letzte Atemzug sich verlor«, schrieb Louise Seidler. Noch lange sei Ottilie unbeweglich sitzen geblieben, habe ihm dann die Augen zugedrückt, »ließ die Kinder rufen, ihn noch zu sehen, und ging dann hinauf, wo ihr erst nach einigen Stunden die Natur eine lindernde Träne vergönnte«. Eckermann meldete Marianne von Willemer: »Am letzten Morgen jedoch kam seine Schwiegertochter, die auch in den letzten Nächten, ohne daß er

Abb. 28: Goethe auf dem Totenbett.
Zeichnung von Friedrich Preller, 1832

es wußte, bei ihm gewacht hatte ... Er hielt ihre Hand ...«[240] Frédéric Soret meldete Boisserée: »Am 22. Vormittags ½ 12 Uhr ist er in den Armen seiner Schwiegertochter sanft entschlafen, seine beiden Enkel waren um ihn, und ohne ein Zeichen von Todesangst oder Schmerz ist er nicht wieder aufgewacht.« Natürlich wurde auch Adele Schopenhauer unterrichtet. »Zwei Stunden vor seinem Ende hat er noch seine liebenswürdigen Späße mit Ottilie gemacht und von Büchern und Gott weiß was allem gesprochen«, schrieb Henriette von Pogwisch. »Ottilie ist sehr erschöpft, aber im Ganzen ruhig, der Himmel gebe ihr Kraft, alles Übrige zu ertragen.«[241]

Die Todesanzeige lautete:

Gestern Vormittags halb Zwölf Uhr starb mein geliebter Schwiegervater, der Grossherzogl. Sächsische wirkliche Geheime-Rath und Staatsminister

JOHANN WOLFGANG VON GOETHE,

nach kurzem Krankseyn, am Stickfluss in Folge eines nervös gewordenen Katharrhalfiebers.
Geisteskräftig und liebevoll bis zum letzten Hauche, schied er von uns im drei und achtzigsten Lebensjahre.

Weimar, 23. März 1832

OTTILIE, von GOETHE, geb. von Pogwisch,
zugleich im Namen meiner drei Kinder,
WALTHER, WOLF und ALMA VON GOETHE.

»Es ist mir eine unbeschreiblich traurige Empfindung, das Haus ohne den Vater zu finden«, hatte Ottilie nach einer Reise gesagt. Jetzt war die gefürchtete Leere da. Der Arzt Robert Froriep, der einzige Freund, auf den sie in diesen Stunden Wert legte, bedauerte in seinem ergreifenden Kondolenzbrief nicht Goethes Ableben – er bedauerte sie. Da er Ottilies Lebensunruhe, ihre Suche nach einem festen Pol, ihre Ungeduld mit den Kindern kannte, riet er eindringlich, jedes Wort unterstreichend: »Sorgen Sie für sich, so sorgen Sie am besten für Ihre Kinder, achten Sie recht auf Ihre Gesundheit, es stürmt ohnedem so viel auf Sie ein.« Er muß beobachtet haben, daß sie die Söhne weitgehend anderen überließ. »Erinnern Sie sich nur immer dabei Ihrer Kinder, bedenken Sie, daß diese 3 sich bloß an Sie halten und noch lange einer Stütze bedürfen.« Man spürt den Zweifel, ob sie den Kindern wirklich diese Stütze sein würde. »Es liegt so in Ihrer Hand, ob die Kinder einer heitern Zeit entgegengehen oder einer trüben.« Es klingt, als sehe er schon voraus, daß Ottilie sich nicht an seine Worte halten würde.

Um Goethes Aufbahrung gab es Streit. Der Kanzler war dagegen, da Goethe es bestimmt abgelehnt hätte; Ottilie setzte es durch, um Freunde und Verehrer nicht zu enttäuschen. Goethe wurde am 26. März 1832 im antiken Gewand, das Haupt von einem Lorbeerkranz umwunden, im Haus aufgebahrt. Um ihn zu sehen, stiegen die Menschen über die Mauer an der Ackerwand und drängten durch die Gartenpforte ins Zimmer. Bei der feierlichen Beisetzung Goethes am 26. März 1832 führte Minister von Gersdorff in Vertretung des abwesenden Großherzogs Carl Friedrich den endlosen Trauerzug durch die menschenerfüllten Straßen Weimars.[242] Zu seiner Stieftochter Jenny sagte er: »Was Goethe uns war, uns ist und nach seinem Tode, wenn man ihn voll und ganz zu erkennen imstande sein wird, noch werden kann, weiß niemand höher zu schätzen als ich.«

Bei der Beerdigung war die Menge so zahlreich, daß Soldaten dem Leichenzug Bahn schaffen mußten. An der Überführung zur Fürstengruft nahmen fünftausend Menschen teil. Am 27. März wurde im Hoftheater Goethes *Tasso* aufgeführt. Da aber war Ottilie schon nicht mehr anwesend. Gleich nach dem Begräbnis war sie mit den Kindern und Ulrike nach Jena abgefahren – sie floh, so wie es bei traurigen Ereignissen Goethe immer gemacht hatte.

Als Ottilie zurückkehrte, wartete ein Berg von Beileidsschreiben auf sie: Post von Zelter und seiner Tochter Doris, von Savigny und Holtei, von Bettina von Arnim, die Goethe ihre Lebensliebe nannte und stolz ihren Sohn pries, der den Dichter als letzter gesprochen hatte. Ihrer Urfreundin antwortete Ottilie: »Ich verdamme mich zu der Qual, Dir zu schreiben, liebe Adele, und die Feder ruht schwer wie ein Dolch in meiner Hand… Die Welt hat Goethe verloren, ich meinen Vater und Goethe, die Welt den Schöpfer geistiger Freuden, ich den Schöpfer und den einzigen Erheiterer meiner Lebensstunden und den Zusammenhang mit Literatur und Kunst; er war meine Zeit, denn er füllte sie ganz aus, und mit der endlosen, die ich jetzt habe, weiß ich nichts anzufangen.« Sie habe das Glück gekannt, fügte sie hinzu, auch wenn kein Mensch wisse, daß sie dieses Glück ausgerechnet an seinem Totenbett fand, »indem er so heiter und liebend mit mir sprach ...« Zu ihrer Verzweiflung wolle man die Sammlungen verkaufen. Sie versuche, »den Kindern doch einiges unter dem Namen Mobiliar zu retten; überhaupt kommt es wirklich zum Verkauf, so setze ich noch Himmel und Erde in Bewegung, damit einiges zurückbehalten wird.« Sie fürchte, »die Grundfesten des Hauses werden wanken, wenn die alten Hausgötter auswandern«.[243]

Die Liebenden am Rhein

»Ewige Trennung oder innige Verkettung.«

Hätte Goethe ihr wenigstens ein eigenes Kapital hinterlassen, so hätte sie zur Erholung in ein italienisches Seebad reisen und sich von den Strapazen erholen können, dachte Ottilie. Vielleicht hätte sie ein Wiedersehen mit Charles Sterling in Genua arrangiert. Sterling meldete sich im Mai. Er wolle in Oxford sein Theologiestudium beginnen. Auf dem Wege dorthin könne man sich vielleicht treffen.

Nun hielt Ottilie nichts mehr. Nach acht Jahren ein Rendezvous am Rhein: eine beseligende Vorstellung! Trotz miserabler Gesundheit und ihrem »gräßlichen Nervenkopfweh« übergab sie die Kinder an Mutter und Großmutter und bestieg mit dem Kammermädchen die Kutsche nach Mainz. Die Aussicht auf ein Wiedersehen mit dem Geliebten versetzte sie in einen Glückstaumel ohnegleichen. Offizieller Vorwand der Reise war ein Besuch bei Adele Schopenhauer, die aus Kostengründen mit ihrer Mutter nach Unkel am Rhein gezogen war. Aufgeregt erteilte Ottilie ihre Instruktionen. Adele solle sich nicht melden. »Ich möchte erst einige Zeit mit ihm ganz allein sein, wir stehen auf einem zu wichtigen Scheidepunkt, und Gott allein weiß, ob dies Wiedersehen ewige Trennung oder innigere Verkettung heißen wird.« Die ersten Reisebriefe bezeugen ihre anfänglich gute Laune. »Das Bett in Gotha war so schmal, daß höchstens mein kleiner Finger bequem darin würde Platz gehabt haben«, schrieb sie ihrer Mutter. Am anderen Tag: »Man führte uns ¾ auf 12 Uhr zwei Treppen hoch, schlechte Treppe, schlechte Stube – kurz alles schlecht. Doch ich kann in diesem Augenblick nicht weiter schreiben, denn 4 bärtige Männer, die eben hereintraten, bereden einen 5. Schnurrbart, ein Lied auf Polen zu singen.«

In Mainz wartete Ottilie mit größter Ungeduld auf Sterlings Ankunft; bei jedem ankommenden Dampfschiff lief sie zur Anlegestelle. Ihre Geldreserven schmolzen, schnell schwand die gute Laune dahin, sie bekam Leber-, Hals- und Augenschmerzen. Am 10. Mai war sie nach Mainz gereist, eine Woche später rief sie unglücklich: »Und er kam wieder nicht! und heute bin ich durch das schlechte Wetter und mein Unwohlsein in meine Stube ganz gefesselt …« Endlich, nach zehn Tagen in einem mittelmäßigen Hotel, erschien der Erwartete – sie lagen sich beglückt in den Armen. »Liebe Mutter, Sterling kam gestern Abend an«, jubelte Ottilie am 20. Mai. »Du wirst uns also in corpore finden. Weit davon entfernt, daß die Kinder Sterling nicht sehen sollen, ist es mir sogar sehr lieb. Komme, beste Mutter, und genieße mein frohes Gesicht.«[244]

»Liebe Ulle«, meldete sie ihrer Schwester am Tag darauf, »ich weiß, es freut Dich, daß ich so glücklich bin, wie auf der Erde es wohl nur möglich ist zu sein. Charles ist vorgestern hier angekommen, und gestern um 8 Uhr sah ich ihn. Wir sind wie ein paar Kinder die glauben, daß ihnen die Welt gehört und nicht wissen, daß die Sonne je untergeht, sondern an einen ewigen Tag glauben. Er läßt mich plaudern wie ein kleines Mädchen, und so bin ich auch, denn etwas Gescheites oder Interessantes habe ich gewiß noch nicht gesagt – er findet mich in all meinen Äußerungen so ganz die alte, daß er immerwährend darüber lacht. Und er – wirst Du sagen – er kann mich nicht veränderter finden als ich ihn. Ich finde keine Spur von Schönheit und Jugend mehr in seinen Zügen – er sieht viel älter aus wie er ist, hat aber eine Art von Freundlichkeit und Milde, eine Geduld, wie ich nie bei einem Mann gesehen … Wie danke ich Euch Allen für die große Geduld, die Ihr in den langen Reihen von Jahren mit mir und meinem zerrissenen Gemüt gehabt habt, verzeiht – jetzt finde ich Frieden.«[245]

Die Liebenden genossen das Zusammensein. Sterling war von Ottilie noch ebenso fasziniert wie vor acht Jahren, als sie sich in Berlin zum letzten Mal trafen. Endlich hatte Ottilie Gelegenheit, den Mann, der vor ihr stand, mit dem Bild, das sie von ihm im Herzen trug, zu vergleichen. Er war das Ideal gewesen, an dem jeder neue Besucher sich messen lassen mußte, war der Favorit, der in all den verflossenen Jahren als »Götterjüngling« ihre Sehnsucht beflügelt und als »Byrons Apostel« jeden anderen Bewerber überdauert hatte. Sterling gehörte auch zu den wenigen, die August in Italien noch lebend gesehen und gesprochen hatten. Bei ihm lag es jetzt zu bestimmen, wie sich ihr Schicksal weiter gestalten sollte. Würde es »Trennung« oder »innige Verkettung« heißen? Noch war alles möglich.

In Weimar erfuhr Ottilies Großmutter, die Reichsgräfin, von der Zusammenkunft der Liebenden, die auf der Insel Nonnenwerth ein unbeschwertes Liebesglück genossen. Die alte Dame war empört und weigerte sich, auch nur ein Wort von Heiratsplänen anzuhören. »… es tut einem weh, jemanden, dem man wohl will, sich so ins Unglück stürzen zu sehen«, schimpfte sie. »Denn von was wollen die Menschen leben? Die Liebe erhält keinen. Ottilie wird noch betteln gehen. Gottlob, daß ich so alt bin.« Die Tochter werde die Mutter ins Grab bringen. »Was werden die Kinder sagen? welche Achtung können sie haben vor einem jungen Laffen, der 8 Jahre jünger wie sie?«[246]

Ottilie war nicht die Frau, sich durch kleinliche Bedenken von einer großen Zukunft abhalten zu lassen. Doch wie sah die materielle Seite tatsächlich aus? Sie würde Sterling heiraten und mit ihm nach England ziehen. Wovon sollten sie leben? Sterling war noch immer von seinen Eltern abhängig. Er wollte mit dem Studium beginnen, konnte aber von zu Hause kein Geld erwarten, da der Vater durch Spekulationen die Hälfte seines Vermögens verloren hatte. Wie würde unter diesen Umständen die Zukunft aussehen? Ottilie war eine fünfunddreißigjährige Mutter, deren Kinder vor den Augen der Welt immer auch die Enkel und Erben Goethes waren. Wie sollte sie dieser Verantwortung gerecht werden?

Die Liebenden trennten sich in Köln. Sterling reiste nach England weiter, Ottilie fuhr zu Adele, deren Mutter Johanna Schopenhauer mit einem Seufzer an Holtei schrieb, Ottilie sei wie immer »liebenswürdig, unerträglich, verrückt, geistreich«.[247] Auf der Fahrt dorthin hatte sie in Mainz Station gemacht und noch einmal jenes Hotel aufgesucht, in dem sie und Charles sich geliebt hatten. »Ich betrat es, um zu fühlen, wie glücklich ich war …«, schrieb sie an Sterling. Vorsichtig sei sie in das Zimmer geschlichen und an das Bett getreten, habe die Polster gestreichelt, auf denen sie sich umarmten – »nichts konnte ich empfinden, als daß ich Dich verloren, und die Tränen, die ich in Köln beim Abschied nicht weinte, stürzten mir aus den Augen«.[248]

Dann die Katastrophe. Ottilie war niedergeschmettert. Der feinsinnige, vornehme Sterling hatte ihr aus Rotterdam einen überaus enttäuschenden, geradezu entsetzlichen Brief geschrieben. Wie anders hatte sich Ottilie seine Gefühle, sein Wesen vorgestellt! Ein glühendes Liebesgeständnis hatte sie erwartet – und was teilte er ihr mit? Stolz legte er dar, daß es ihm gelungen sei, nicht in den Abgründen des Lasters und der Sittenverderbnis zu versinken, die einem Mann in einer Hafenstadt geboten würden, sondern den Verlockungen käuflicher Frauen in den Bordellen und öffentlichen Häusern standhaft zu widerstehen. »Mein lieber Charles – wie durch einen wüsten Traum arbeite ich mich zu Dir durch …« Ottilie fand seinen Bericht geschmacklos und widerwärtig. Er habe »eine Scheidewand« zwischen ihnen errichtet, antwortete sie aufgebracht. Die unzumutbare Schilderung sei das Gegenteil von dem, was eine liebende Frau erwarte. Vermutlich hatte Sterling nur seine Tugendhaftigkeit beweisen und ein Lob erhalten wollen, weil er ihr zuliebe auf die Reize anderer Frauen verzichtete. »Du preist mit schönen Worten meine Vorzüge«, rief Ottilie, »aber Charles, es klingt, als wenn der Katholik die Perlen seines Rosenkranzes abbetet.« Erstmals überkam sie der Verdacht, daß ihr Idealbild nicht mit ihrer Vorstellung übereinstimmte, daß sie sich vielleicht in ihm geirrt hatte.

Sie spürte den feinen Riß, ging plötzlich zum »Sie« über, erklärte ihm, wie sie sich ihre eigene Glückseligkeit vorstelle – nicht wie das »limonadengleiche Gefühl« der anderen, »denn das Glück ist nicht kosmopolitisch«. Ihr an idyllischen Entwürfen reicher Brief endet zweifelnd: »Charles, ich habe oft den Mann beneidet, der mich lieben und mir ein neues Dasein geben könnte, denn muß er nicht die Empfindung eines Schöpfers haben?« Bisher habe ihr Leben einer Wüste geglichen, nun solle er es wie durch Zauberhand neu und lebendig gestalten. Aber ob er dieser Zauberer sei?[249] Unfaßbar schnell war alles fraglich geworden. Statt des Traumbildes von einem schönen Jüngling, der wie ein Erzengel vor ihr stand, hatte sie einen durchschnittlichen und wenig einfühlsamen Mann erlebt. Ihre so mühsam verteidigte Treue hatte sich nicht gelohnt. Die Verse, die sie für ihn reimte, klingen bereits nach Abschied.[250]

An Charles Sterling

Was rauschest du Flut wie am Rhein so süß,
Als wir uns fanden, eh' er mich verließ!
Laß schlafen, laß schlafen den alten Sang,
Mein Herz war versteint, mein Tagwerk war lang …
So sargte ich denn uns beide ein
In einen gemeinsamen Totenschrein …
Weh mir, weh mir, mein Schiff brach entzwei –
Dein Sang wars, du männliche Loreley.

Die Heimreise nach Weimar führte über Frankfurt. Hier wütete eine Pandemie: die Cholera. Ottilie und ihre Schwester, die beiden Söhne und Hauslehrer Rothe, die an den Rhein gekommen waren, mußten wochenlang in Frankfurt ausharren, bis sie weiterfahren durften. Bei diesem Zwangsaufenthalt lernte Ottilie, vermutlich durch Marianne von Willemer, einen neuen Mann kennen, der sie interessierte – es war wieder ein Engländer. Sein Name: Captain Arthur Story. Noch waren die Folgen der neuen Bekanntschaft nicht abzusehen. Ottilie und Story verstanden sich. Sie vertraute ihm ihr bisheriges Leben an, sie gefielen sich, lachten, waren sorglos miteinander. Es gab keine Forderungen und keine Versprechungen. Story war ungebunden, hatte keine Ansprüche, bedrängte sie nicht, sondern gab Ottilie vielmehr nach dem Gefühlssturm am Rhein und der Enttäuschung durch Sterlings Brief die ersehnte Ruhe.

Man würde sich wiedersehen.

Die Bettlerin von Weimar

»Ich hab' einst bessere Tage gekannt...«

Ein Vorhängeschloß blinkte ihnen an Goethes Räumen entgegen. Ottilie, die mit Walther und Wolfgang Anfang August 1832 vom Rhein zurückkam, prallte bestürzt zurück. Eine Vorsichtsmaßnahme des argwöhnischen und unwilligen Kanzlers! Es sagte ihnen deutlich, daß sie in des Großvaters Räumen nichts mehr zu suchen hatten. Schmerzlicher als zuvor wurde den Enkeln in diesem Augenblick die Abwesenheit des mächtigen Großvaters bewußt; für den psychisch labilen Walther buchstäblich ein Schlüssel-Erlebnis. Ein anderer hatte hier jetzt das Sagen: der Testamentsvollstrecker und Kanzler Friedrich von Müller, zugleich Präsident der Obervormundschaftsbehörde – man war seinem Willen ausgeliefert. Obwohl Ottilie testamentarisch »eine standesgemäße Wohnung« zugesichert worden war, hielt der allmächtige Mann die repräsentativen Räume, den Saal, das Büsten-, Majolika-, Decken-, Juno-, Urbino- und Gartenzimmer, den Alkoven, im Hinterhaus auch Goethes Arbeitszimmer, Schlafzimmer mit Vorraum und die Bibliothek unter Verschluß. Diese Räume sollten als Museum Besuchern und Fremden zugänglich sein, nicht aber der Familie. Empört teilte Ottilie dem Kanzler mit: »Der Mann, der wie es scheint allein wußte, daß ich seine Tochter war, ist tot, und ich sehne mich herzlich aus einer Stadt, wo alle es scheinen vergessen zu haben.«[251] Erstmals bekamen Ottilies Söhne, zwölf und vierzehn Jahre alt, ihre Machtlosigkeit zu spüren. Ihre später auftretenden Hemmungen, ihre Verstörtheit, ihre Mutlosigkeit können auch durch diese frühe Erfahrung ihren Anfang genommen haben.

Ottilie zog wieder in ihre Mansardenwohnung ein. Goethes Diener Friedrich Krause blieb vorläufig in ihren Diensten. Um über die Einsamkeit hinwegzukommen, veranstaltete sie gesellige Abende mit Lesungen aus Schillers *Wallenstein* und Goethes *Tasso*. Wie einsam sie sich trotzdem fühlte, zeigt eine kleine Notiz. Der Journalist Henry Reeve, ein Neffe der Schriftstellerin Sarah Austin, war bei ihr. Abends notierte Ottilie: »Sie gingen alle, und ich hielt Reeve noch zurück, weil es mich wie den Kindern graute vor den trüben Gespenstern in meiner Brust, die mir in der Einsamkeit erscheinen …«[252] Ende des Jahres war Ottilie ermattet vor innerer Verlassenheit. Dabei hatte sie viel unternommen, um gesellig zu wirken. Für Caroline von Egloffstein veranstaltete sie ein Fest mit achtzig geladenen Gästen, einen Abend mit Scharaden und Szenen, die sie dafür erfand. Alle amüsierten sich, nur Ottilie nicht. Sie erfuhr, daß Heinkes Frau Charlotte, Mutter von sieben Kindern, sich zusätzlich um sechs Waisenkinder kümmere, und wünschte sich ins Grab. »Was soll aus mir werden – hier muß ich untergehen.« So steht es in ihrem Tagebuch. Der alte Gesichtsschmerz quälte sie. »Es ist zum Verzweifeln.«[253] Ihren trostlosen Zustand schildert das Gedicht »Die Bettlerin von Weimar«:[254]

Ihr Herrn und Damen, hört mein Wort:
Die Bettlerin bin ich hier vom Ort.
Ich hab' einst bessere Tage gekannt,
Sie haben mich unter den Ersten genannt!
Nun bin ich ein armes Weib,
und klage Euch mein tiefes Leid …
Ich verlange nicht Liebe, ich verlange nicht Lob:
Schlagt nur mit Worten die Gedanken tot,
Laßt mich nimmer mit ihnen allein,
Es heißt auf der Erde in der Hölle schon sein! …
Erbarmt Euch meiner tiefen Not,
Schlagt mir die Erinnerung tot!

6. Oktober 1832

Warum sie lieber an jedem anderen Ort als ausgerechnet in Weimar leben wollte, ist leicht zu erklären. Nach Goethes Willen hätte sie in der Betreuung des Hauses zwar eine lebenslange Aufgabe finden können. Doch die Maßnahmen und Unterstellungen des dominanten Kanzlers und die gegenseitigen Vorwürfe trugen zu einer feindseligen Atmosphäre bei, die Ottilie die Tage verdüsterte. Caroline von Egloffstein berichtete ihrer Schwester: »Leider hat Goethe weit weniger Vermögen hinterlassen, als man glauben sollte, und Ottilie ist sehr ärmlich gestellt, denn sie wird nicht mehr als 600 Taler Einnahme in allem behalten …«[255]

Das erste Jahr ohne Goethe. Die leeren Räume. Die fehlende Stimme. Ottilie lag wochenlang mit »Halsschwindsucht« und »Brustfieber« im Bett. Es kam ein Brief von Sterling, der sie wieder über die Maßen enttäuschte. »Liebe Adele … Er spricht ewig von den Hindernissen unserer Verheiratung, während ich nicht mehr daran dachte … Er scheint zu glauben, daß ich seine Hand beklage, während ich sein Herz beweine.« Und wieder: »Versteht er denn nicht was Liebe ist – bin ich denn zu beurteilen wie eine jede Krämerstochter? Warum spricht er ewig vom Heiraten, warum konnten wir uns nicht fortschreiben und manchmal wiedersehen? Ach Gott, es war das letzte Glück …« Einst ihr Ideal, hieß es jetzt: »Das Nebelland England tut Sterling nicht wohl; er, der ein Götterjüngling sein könnte, schrumpft nach und nach zu einem gewöhnlichen Menschen ein …«[256] Traurig klingt auch ihre Antwort an Doris Zelter, die den Briefwechsel ihres Vaters mit Goethe zum Druck vorbereitete. Hier war eine Tochter, die eine Aufgabe hatte! Von ihr habe man zwar »das Betragen einer Tochter« verlangt, so Ottilie, »nun läßt man mich täglich empfinden, daß ich doch eine Fremde bin.«[257]

Eine Fremde in Goethes Haus.

Mehr und mehr wanderten ihre Gedanken zu jenem Captain Story, mit dem sie sich in Frankfurt so gut verstanden hatte. Etwas wie eine Sucht, ihr selbst nicht geheuer, trieb sie, den Mann wieder aufzusuchen, der ein paar heitere, anspruchslose Tage mit ihr verplaudert hatte. *Der Wurm im Herzen will nicht schlafen* – sie kannte den Dämon, der sie beherrschte. »Jetzt zieht nur ein Gedanke mich wie ein Vampir am Herzen, es ist Frankfurt – das Gefühl steigert sich bis zur Krankheit, es könnte bis zur fixen Idee kommen, ich sehe das mit Schaudern.« Allerdings besaß sie weder Storys Adresse, noch wußte sie, ob er überhaupt in Frankfurt geblieben war. Daß er sich nie gemeldet hatte, hielt sie nicht davon ab, bei ihren Nachforschungen die gutmütige Marianne von Willemer einzuschalten.

In dieser Zeit trat eine Frau in Ottilies Leben, die in Zukunft als Helferin, kluge Beraterin und treue Freundin unentbehrlich werden sollte: Anna Jameson. In Dublin geboren, Älteste von fünf Schwestern, hatte sie sich schon durch ihr erstes Buch einen Namen gemacht und mit weiteren Werken wie der Studie *Shakespeares Heldinnen in moralischer, poetischer und historischer Sicht* in England die Schwelle zur Berühmtheit erlangt. Das nächste Buch sollte ihre Reise durch Deutschland schildern, weshalb sie gekommen war, das Haus des größten deutschen Dichters zu besichtigen.

Ottilie, die Mrs. Jameson so freundlich durch die Räume führte wie alle Gäste, war überwältigt zu erfahren, daß ihre Besucherin Byrons Ehefrau kannte. Anna Jameson war ihrerseits entzückt, auf eine gebildete und herzliche Frau zu treffen, die überdies Goethes Schwiegertochter war. Das gegenseitige Interesse wuchs. Als ein Jahr später Jamesons Buch *Visits and Sketches at Home and Abroad* erschien, fand Ottilie sich darin als eine Lady geschildert, die fünfzehn Jahre lang mit dem »gigantischen Genie« in einem Haus gelebt hatte, eine Dame »von edler Gesinnung, impulsiv, anmutig und so liebenswürdig«, wie die Autorin es noch nie erlebt habe.[258]

Die Wahrheit war: Anna Jameson hatte sich während ihres Weimar-Aufenthalts in Ottilie verliebt. Kinderlos, mit einem wohl-

Abb. 29: Ottilies Freundin, die irische Schriftstellerin Anna Jameson. Zeichnung von Richard James Lane, 1836

habenden Anwalt und Politiker im kanadischen Toronto unglücklich verheiratet, lebte Mrs. Jameson schon seit Jahren von ihrem Gatten getrennt. Als Ottilie die Reise nach Frankfurt beschloß, wo Wolfgang in ein Internat gehen sollte, kündigte Anna Jameson spontan ihre Mitfahrt an. Sie wollte sich nicht mehr von Ottilie trennen und sprach ganz offen von ihrer Liebe, was Ottilie in einige Verlegenheit brachte. Zärtlichkeit zwischen zwei Frauen war ihr mehr als suspekt – sie war in Frankfurt mit Charles Sterling verabredet! Tag für Tag erwartete sie den Geliebten mit größter Ungeduld – doch wieder wurde es eine Enttäuschung. Sterling kam nicht. Sein Vater hatte ihm das Reisegeld nicht bewilligt, zumal der Sohn im Begriff stand, ein vierjähriges Theologiestudium zu beginnen. Ottilie saß im Gasthof und war verzweifelt. Die Enttäuschung verursachte ihr derart unerträgliche Gesichts- und Kopfschmerzen, daß sie glaubte, verrückt zu werden und zu sterben.

Solange sie noch bei Verstand sei, erklärte Ottilie ihrer Kammerfrau, müsse sie ihren Letzten Willen niederlegen und ihre Kinder der Obhut von Mutter und Schwester anvertrauen. Sie begann, ihr Testament zu verfassen und die Einzelheiten ihrer Beerdigung festzulegen. Sie wolle keinen Grabstein: »Es hat das Leben so manchen schweren Stein auf mein Herz gewälzt, möge der Tod mich wenigstens davon befreien.« Sie war so krank, so schwach, daß sie nicht einmal mehr selbst schreiben konnte, sondern ihr Testament diktieren mußte. An ihrem Grab nichts als eine Tanne »und eine Ruhebank für den müden Wanderer«, denn ihr sei die Seele vom Wandern müde. Ausdrücklich wurde vermerkt, daß Goethes Sammlungen nicht verkauft werden dürften, bis Walther selber darüber verfügen könne. Sie sterbe »mit der Überzeugung, daß ich der Aufgabe des Lebens nicht gewachsen war«.[259]

Ottilie starb nicht. Anna Jameson war inzwischen nach Bonn zu Adele Schopenhauer und Sibylle Mertens gereist, um die Freundinnen kennenzulernen, von denen sie schon einiges gehört hatte und die sie als sonderbar unterschiedlich erlebte. »Anna liebt dich s e h r«, schrieb Adele. Anna Jameson selbst machte kein Geheimnis aus ihrer Herzensneigung. »Wie sehr mein Glück von dir abhängt, wie vollständig meine Existenz mit deiner verwoben ist – liebe mich wie ich dich liebe«, bat sie Ottilie,[260] die diese Gefühle eher freundschaftlich erwiderte. Sobald sie sich erholt hatte, trat auf dem weiten Feld ihrer Sehnsuchts- und Ehehoffnungen dagegen der unvergessene Captain Story wieder in den Vordergrund. »Das erste Mal, daß ich Story wiedersah, welches ihm unerwartet geschah, waren wir allein, und er gefiel mir sehr«, meldete sie ihrer

Mutter, die bereits in alles eingeweiht war. Drei Monate lang, von Juli bis September 1833, war sie fast täglich mit dem neuen Freund zusammen.[261] Story werde ihr zuliebe sogar nach Weimar kommen, um die ganze Familie kennenzulernen, gab Ottilie bekannt. Der Ankündigungsbrief klingt allerdings nicht sehr glücklich. So, als wolle sie ihrer Mutter einen vorsichtigen Wink geben, schrieb sie, die Zuneigung sei gewissermaßen auf beiden Seiten rätselhaft! Sie schilderte Vorbehalte, Kritik und Ängste, die darauf schließen lassen, daß dieser neue Liebhaber überhaupt nicht zu ihr passte. Captain Story war ein freundlicher, bescheidener und einfacher Mann, gemütlich und häuslich, konnte Ottilie jedoch in intellektueller und geistiger Hinsicht nicht das Wasser reichen.

An ihre Kinder dachte Ottilie bei ihren wirren Planungen kaum. Walther könne ein Internat in Dresden besuchen, Wolfgang bei den verwandten Schlossers in Heidelberg oder bei Marianne von Willemer bleiben, lautete die vage Auskunft. Die fünfjährige Alma lebte ohnehin schon die meiste Zeit sehr glücklich bei ihrer Großmutter. Zurück in Weimar, überlegte Ottilie, für immer nach Frankfurt zu ziehen: »Ich bedarf der Unabhängigkeit und des Freiatmens …« (11. Oktober 1833) An Adele schrieb sie ziemlich kopflos: »Du hast geglaubt, ich sei im Begriff, Captain Story zu heiraten, und ich war wohl nicht weit davon entfernt.«[262] Aus jeder Zeile spricht der Leichtsinn. Sie und der Freund hatten miteinander geschlafen, hatten sich gezankt und wieder versöhnt. Glück und Unglück lagen dicht beieinander, aber eine Hochstimmung der Gefühle wie bei Sterling wollte nicht aufkommen. Außerdem fehlte für die vielen Extras das Geld. Die finanzielle Misere war so groß, daß Ottilie sich sogar vom armen Eckermann eine größere Summe borgen mußte.

Auf der Suche nach einer Einnahmequelle schrieb sie an Eckermann: »Erstens, lieber Doktor, sagen Sie mir: wann brauchen Sie Ihr Geld? … Ich muß Geld haben …1. um meine Schulden alle bald zu bezahlen; 2. um die unerwartete Ausgabe von dem Druck des *Tasso* zu bezahlen.« Sie suche eine einträgliche Arbeit und denke daran, ihre Erzählungen in einem kleinen Band zu veröffentlichen, darunter auch den Essay *Drei Sterne*, der die drei großen Dichter Schiller, Byron und Goethe behandelte. »Sie wissen es wohl, lieber Eckermann, wie ich mich stets gewehrt, eine Schriftstellerin zu werden – doch mich dünkt, die Pflicht einer Frau (und so betrachte ich mich ja) ist nicht nur, das Angenehme zu tun …«[263] Bei Adele Schopenhauer klagte sie: »Ich habe mir die ungeheuerste Mühe gegeben, für die Mutter und mich Etwas zum Übersetzen zu finden – es gelingt nicht.« (11.10.1833)

Freund Story hatte versprochen, Ottilie nach Weimar zu folgen – er ließ nichts von sich hören. »Diesen Zustand von Herzensleere und Geistesleere« könne sie nicht länger aushalten, nur eine Heirat könne ihr noch helfen. Sie sehe immer größerer Einsamkeit entgegen und fürchte, am Hof nicht mehr erscheinen zu können, weil sie nichts anzuziehen habe. »Was aus mir und meinem Leben werden soll, begreife ich nicht.« Es fehle das Geld. »So geht es von Stufe zu Stufe fort, und Alma wird wohl auf dem Lande aufwachsen.« Wie schön war es früher! Adele wird der Freundin zugestimmt haben. »Nimm einen Menschen, der sich wirklich der Lebensexistenz eines anderen aufopfert – so war ich glücklich mit dem Vater, nicht bloß durch alles, was er mir gab, sondern auch daß ich sah, daß die Aufopferung meiner ganzen Zeit ihm wirklich sein Leben angenehm machte – doch wie anders ist es mit meiner Mutter und Schwester. Geistig und körperlich erschöpft, schleppe ich mich die Woche ein paarmal, morgens oder mittags, zur Mutter, um hier nichts zu sehen als Unzufriedenheit und gereiztes Wesen gegen mich.«[264] Goethe war ihr in solchen Situationen ein Halt gewesen. Er fehlte ihr in jeder Hinsicht.

Am 17. Mai 1834 reiste Ottilie zum dritten Mal nach Frankfurt. In ihrer Begleitung waren außer Anna Jameson der vierzehnjährige Wolfgang, der dort in ein Internat sollte, und die siebenjährige Alma, die zu Marianne von Willemer gebracht wurde. Ottilies eigentliches Ziel war ihr Liebhaber Captain Arthur Story. Um den teuren Aufenthalt im Hotel und die noch teureren Arztkosten zu bestreiten – man hatte ihr heiße und kalte Bäder verschrieben –, schickte Ottilie dem Testamentsvollstrecker Kanzler von Müller einen Vertragsentwurf, wonach Kunstgegenstände und Schriften aus Goethes Besitz, zusätzlich mit Werken aus ihrem eigenen Bestand, verkauft werden sollten, insgesamt 150 wertvolle Bücher der deutschen und englischen Literatur aus beiden Bibliotheken.[265]

Es ist erstaunlich, wie es Ottilie stets von neuem gelang, die unterschiedlichsten Menschen in ihren Bann zu ziehen. Anna Jameson gehörte dazu. »Sie liebt mich mehr als sie sollte!«[266] erfuhr Adele Schopenhauer, die in Frankfurt auf Ottilie wartete. Sie hatte ihre Freundin mitgebracht: die erwähnte Sibylle Mertens. Mit ihr lebte Adele seit geraumer Zeit in vertrauter Gemeinschaft zusammen. Ottilie hatte schon viel von der bedeutenden Archäologin gehört, die durch ihr Fachwissen über die Grenzen Deutschlands hinaus bekannt war.

Sibylle Mertens war siebenunddreißig und damit ein Jahr jünger als Ottilie, groß und mager, eine strenge Erscheinung, im Benehmen nicht gerade zuvorkommend. Aber der erste Eindruck täuschte. Sibylle Mertens würde sich gerade Ottilie gegenüber als äußerst hilfsbereit erweisen. Das also war die Frau, von der Adele schrieb: »Sie verschönt mein verkümmertes Dasein, sie erleichtert die Kette, die mich drückt, darum liebe ich sie dankbar, denn sie ist meine Wohltäterin: sie hat die Eisrinde meines Herzens gelöst.«[267] Sibylle Mertens gab Ottilie später selbst eine Erklärung für ihr schroffes Verhalten. Sie sei ohne Mutter aufgewachsen, die kurz nach ihrer Geburt starb. Ihr Vater, der reiche Bankier Joseph Schaaffhausen, heiratete eine zweite Frau, die eigene Kinder be-

Abb. 30: Sibylle Mertens-Schaaffhausen, die Lebensgefährtin von Adele Schopenhauer, im Alter von 36 Jahren. Zeichnung von Ludwig Krevel

kam und Sibylle schlecht behandelte. Das einzige Glück der Heranwachsenden war der Privatunterricht bei dem Kunstenthusiasten Ferdinand Franz Wallraf. Dieser Sammler und Liebhaber schöner Dinge, Herr über reiche Schätze an Bildern, Büchern, Herbarien und Raritäten, schenkte der Zehnjährigen eine alte römische Münze und weckte damit ihr Interesse an der Kunst der Antike. Als Sibylle Schaaffhausen neunzehn Jahre alt wurde, verordnete ihr der Vater als Ehemann den sehr viel älteren Bankier Louis Mertens, den sie weder liebte noch mochte. Aus der Ehe gingen sechs Kinder hervor – dann trennte man sich. Sibylle studierte Kunstgeschichte und Archäologie, nahm an Ausgrabungen teil, sammelte Gemmen und Münzen und war in der Fachwelt geschätzt. Der Ehemann blieb in Köln, Sibylle, durch das Vermögen des väterlichen Bankhauses finanziell unabhängig, zog auf den vom Vater ererbten Auerhof bei Bonn, wo Adele Schopenhauer das Leben mit ihr teilte.

In ihrer engen Beziehung zu Sibylle Mertens, die stolz, reich, klug und sensibel war und ihre Liebe erwiderte, fand die bis dahin einsame Adele Schopenhauer ihr Lebensglück. »Ich erinnere mich keiner so vertraulichen Freundschaft in meinem Leben«, bekannte sie Ottilie. »Du hast mir immer zu schön in die Seele gestrahlt ... Sibylle ist in manchem Punkt gewöhnlicher, daher tue ich manches für sie, das ich für Dich nie getan ... am besten vergleichst Du uns ein paar Leuten, die sich spät finden und dann einander heiraten.«[268] Und gleichsam als Liebesgeständnis und Entschuldigung: »Sie erinnert mich unaufhörlich an Dich, obschon sie mich nicht entzückt wie Du früher oft es getan durch das, was nur Du bist und ich nicht nennen kann und was kein Mensch je mir sein wird – nur Dich liebte ich schöner.«[269]

Für Ottilie war die Liebe zwischen den beiden intelligenten und kunstbegeisterten, im Charakter aber sehr unterschiedlichen Frauen unbegreiflich. »Glaube mir«, bemerkte sie abweisend zu Adele, »ihr Hauptunglück bestand darin, keinen Mann geliebt zu haben, das gab ihr diese Wunderbarkeit der Empfindung in Freundschaft, denn diese Art zwischen Frauen ist nicht natürlich.« (3.2.1834) Sibylle Mertens wiederum war von Ottilies offenem und künstlerischem Wesen fasziniert. Es entstand eine Freundschaft, in die auch die Schriftstellerin Anna Jameson einbezogen wurde, ein Verbund von vier intelligenten, alleinstehenden, tätigen Frauen, die sich zusammenfanden, um gemeinsam zu reisen, zu lernen und sich gegenseitig zu unterstützen. Vermutlich konnte Ottilie die Katastrophe, die ihr bevorstand, nur mit Hilfe dieser tatkräftigen und energischen Frauen meistern. Vor allem die großzügigen Zuwendungen und Kredite von Sibylle Mertens waren eine unverzichtbare Hilfe. Ohne ihre Freundinnen hätte Ottilie die Zeit der Angst, des Versteckens, der Verschwiegenheit und der Scham wohl kaum überstanden.

Im Mai 1834 war Ottilie in Frankfurt eingetroffen. Im Juli erfuhr ihre Mutter, sie habe sich mit Captain Story gestritten und »eine sehr unangenehme Erklärung« hinter sich, »kein Wort des Vertrauens, kein Wort der Neigung wird je gewechselt«. Seit vierzehn Tagen sei sie unwohl und habe keine Kräfte mehr. Die Wahrheit lautete: Ottilie von Goethe, verwitwet und unverheiratet, Mutter von drei Kindern, wußte, daß sie von Captain Arthur Story schwanger war.

Mit Alma und Wolf, der nun doch nicht in Frankfurt bleiben, sondern in Weimar das Gymnasium besuchen sollte, kehrte Ottilie Ende Juli nach Hause zurück. Mitte September meldete sie Adele, sie sei krank, habe Hals- und Brustschmerzen, dürfe nicht sprechen, wolle »ein paar Wochen einsam sein« und deshalb für längere Zeit nach Wien gehen, »das Wie erzählt Dir Sibylle«. Anna Jameson werde sie begleiten. Zweideutig fügte sie an: »Du hast sehr recht, nicht die Liebe macht mich momentan unglücklich, wohl aber das Gefühl des Betruges …« Adele sollte zwischen den Zeilen lesen, was geschehen war: daß Captain Story seine Zusage brach und sich jeder Verantwortung für das werdende Kind entzog.

Ottilie reiste aus Weimar ab, an ihrer Seite die unermüdlich um sie besorgte Anna Jameson. Es war vereinbart worden, unterzutauchen und die Geburt in einer großen Stadt ungestört abzuwarten. Die Wahl war auf Wien gefallen. Versehen mit einem Wechsel über 280 Taler, den Sibylle Mertens ausgestellt hatte, damit sie die ersten drei Monate in der fremden Stadt überstehen konnten,[270] bezogen die Freundinnen ein Zimmer im Hotel »Zum römischen Kaiser«. Sie gingen in Museen und Galerien, um eine Kunstreise vorzutäuschen, und besuchten Bekannte wie die Schriftstellerin Karoline Pichler, die Ottilie scharf beobachtete und sie in ihren *Denkwürdigkeiten* ebenso ausführlich wie rücksichtslos beschrieb. Frau von Goethe »suchte sich geltend zu machen, um von Männern bemerkt zu werden, was ihr auch ziemlich gelang«, schrieb sie. Was niemand wußte: Die achtunddreißigjährige Ottilie befand sich am Tiefpunkt ihres Lebens. Ohne Anna Jameson wäre sie am liebsten gestorben. In einem Brief, in dem sie Sibylle Mertens für eine weitere großzügige Geldzuwendung dankt, heißt es: »Alle geben mir mehr Liebe, als mir gebührt – und wo ich sie erwarten darf, bin ich verlassen, verstoßen und mag untergehen, ohne daß mir Beistand geboten wird.« (16. Januar 1835) Immerhin gelang es Ottilie, die Freunde zu Hause zu täuschen. Sie schickte Reiseprospekte, Bücher und dickleibige Gemäldekataloge nach Weimar, um eine Bildungsreise zu simulieren. Doch sie litt sehr darunter, die Mutter um ihre Ruhe gebracht zu haben. »Wären Sie nicht«, schrieb sie deprimiert ihrer Gönnerin Sibylle, »ich könnte sagen, ich gehe aus der Welt, ohne eine Schuld rückständig zu haben. Alles, alles bezahlte ich ja, was das Leben mir bot, jedes Glück, jeden Augenblick der Täuschung, ja nicht ein Verhältnis löste sich für mich, bis ich den letzten bitteren Tropfen geleert …«[271]

Ottilie von Goethe war im achten Monat, als die Portiersfrau des Hotels, nachts einen Arzt herbeirief. Er wohnte in der Nachbarschaft und erschien sofort. Am 20. Februar 1835 kam das Kind zur Welt. Dankbar gab Ottilie der Tochter die Namen ihrer beiden Freundinnen: *Anna Sibylle.* Der Arzt, der ihr bei der Geburt beistand, war ihr auch in der Zeit danach eine große Hilfe. Sein Name: Dr. Romeo Seligmann.

Ottilie blieb fünf Monate in Wien und versorgte ihr Kind. Da sie schlechterdings nicht mit einem Säugling auf dem Arm nach Hause kommen konnte, ließ sie die Kleine bei Wiener Pflegeeltern zurück. Anna Jameson blieb die ganze Zeit über bei ihr. Zum Dank für ein solches Übermaß an Herzlichkeit und Beistand schenkte Ottilie ihr eine Kostbarkeit: Goethes in einen Karneol geschnittenes Porträt, das sie selbst einst als Geschenk von ihm erhalten hatte.

Sibylle Mertens befand sich zu Ausgrabungen in Genua, als dort die Cholera ausbrach. Da sie sich intensiv um die italienischen Waisenkinder kümmerte, denen die Seuche die Eltern genommen hatte, kam sie auf den Gedanken, auch Ottilies Tochter Anna unter ihre Fittiche zu nehmen; die Kleine sollte ihr übergeben und nach einer gewissen Zeit unter dem italienisch klingenden Namen *Annietta* nach Weimar zu Ottilie gebracht werden. Sterlings Vater, der englische Konsul in Genua, sollte das Manöver decken. Doch Mister Sterling war unglücklicherweise abwesend, der abenteuerliche Plan zerschlug sich. In Weimar wurde bereits über die neunmonatige Abwesenheit der Witwe gemunkelt; niemand glaubte an das Märchen von der ausgedehnten Kunstreise. Kanzler von Müller machte Andeutungen, Johanna Schopenhauer befragte Carl von Holtei, der aus Wien kam. Noch war das Geheimnis nicht gelüftet. »Leben Sie so ruhig, wie es Ihnen die Stunden erlauben«, schrieb Sibylle Mertens, als das Vorhaben gescheitert war. »Wäre es möglich, Ottilie, so liebte ich Sie inniger wie je!«[272]

Es wurde Zeit, an die Ausbildung der Söhne zu denken. Für Walther und Wolfgang war die monatelange Abwesenheit der Mutter, die ängstlich verschwiegene Geburt einer Schwester, das indiskrete Getuschel der Leute eine unerträgliche Erfahrung, ja, ein traumatischer Schock. Während Ottilie nach Wien fuhr, waren sie bei Tante Bertha von Schmeling auf Gut Nassenheide untergebracht worden. Eine Besucherin sah dort die Brüder und schrieb, sie seien »die sinnigsten und bescheidensten und, nebenher, ziemlich häßlichsten Jünglinge, die man sehen kann ... Allein ohne männliche

Verwandte – mit einer geistreichen, aber tollen, aus allen Maßen und Bahnen divergierenden Mutter – fühlen sie sich unglücklich …«[273] Der Tod des Kindes, das ihre Halbschwester war, und die Lügen der Mutter lösten bei Walther eine psychische Krise aus. In seiner Erzählung *In der Wiege und im Grab* wird er ein vaterloses Mädchen sterben lassen. Das Kind heißt Anna.

Zu Beginn des Jahres 1836 betrat der sechsundsechzigjährige Alexander von Humboldt das Goethehaus. Der Besuch des weltbekannten Naturforschers, den Ottilie später um seine Vermittlung beim König bat, würde sich für die Karriere ihres Sohnes Wolfgang als lebensentscheidend erweisen. Das konnte Ottilie nicht ahnen, als sie den berühmten Mann durch Goethes Räume führte. Die ebenfalls anwesende Anna Jameson berichtete einem Freund, Humboldt, der gefeierte Gelehrte, habe die meiste Zeit mit Ottilie verbracht. »Er kennt alles und jeden, hat alle Länder und alle Klimazonen von Pol zu Pol gesehen. Er spricht alle modernen Sprachen, ist mit jeder Literatur vertraut, und nichts gab mir eine solche Vorstellung von der Universalität seiner Kenntnisse als die Entdeckung, daß er meinen Namen und meine Bücher kannte.«[274]

Ostern 1836 wurde der sechzehnjährige Wolfgang im Weimarer Gymnasium aufgenommen. Er war bis dahin ausschließlich privat von Hauslehrer Rothe unterrichtet worden und hatte nie eine öffentliche Schule besucht. Wolf benahm sich im Gymnasium merkwürdig, siezte die Kameraden, erntete Spott und Häme, war aber ein ausgezeichneter Schüler. Pfingsten brachte er einen Freund mit nach Hause, den Theologiestudenten Otto Mejer, der auch Wolfgangs Mutter, die vierzigjährige Ottilie von Goethe, kennenlernte. »Eine zarte Gestalt, an beiden Seiten des feinen energischen Gesichts, dessen Züge bisweilen streng erscheinen konnten, reiche, im Gespräche viel geschüttelte Locken, damals noch dunkelblond, dann früh weiß, die Hände überaus schmal und fein«,[275] schrieb er später. Sie habe trotz ihrer adligen Erziehung »eine solche Energie des Herzens« besessen, daß Konvention für sie nicht galt. Die Beschreibung würde Ottilie gefallen haben.

Johann Peter Eckermann hatte zur Ostermesse 1836 bei Brockhaus sein sorgfältig und lange geplantes Buch veröffentlicht: *Gespräche mit Goethe in den letzten Jahren seines Lebens.* Ottilie, überrascht und beglückt über Eckermanns kluge Einsichten, verfaßte eine ausführliche Besprechung. Sie wußte, daß die Aufzeichnungen noch von Goethe selbst genehmigt worden waren.[276] »In einem Zeitalter, wo mehr und mehr jedes Gefühl von Pietät verschwindet«, begann Ottilie, »tut es einem wohl, das rein menschliche Buch von Eckermann in die Hand zu nehmen, ein Buch, welches zeigt, daß es noch möglich ist, in unserem engherzigen, zusammengeschrumpften Gefühlszeitalter Verehrung und kindliche Hingebung zu empfinden ... Unser Zeitalter ist das Zeitalter des Egoismus ...«, beklagenswert daher die Menschen, die keine »Erweiterung des Herzens« mehr erfahren könnten und einen Zuwachs an Lebensreichtum entbehren müßten. In Eckermanns Aufzeichnungen sehe sie Goethe unmittelbar vor sich, erkenne seinen Blick, seine Stimme, seine Worte. Für sie sei Eckermanns Buch ein Werk der Wahrheit und Liebe, »und ich begreife, wie es den Menschen wohltut, unter all dem Gemachten, Gekünstelten einmal den inneren Pulsschlag eines Herzens zu hören.« Eckermann selbst hatte in seiner Bescheidenheit die *Gespräche* mit den Worten eingeführt: »Weit entfernt bin ich auch zu glauben, daß hiermit nun der ganze innere Goethe gezeichnet sei. Man kann diesen außerordentlichen Geist und Menschen mit Recht einem vielseitigen Diamanten vergleichen, der nach jeder Richtung hin eine andere Farbe spiegelt. So kann ich auch in meinem Falle nur in ganz bescheidenem Sinne sagen: dies ist m e i n Goethe.«[277] Eckermanns Buch sei staunenswert, betonte Ottilie. »Bisher fand ich es unmöglich, daß eine Seele ein so treues, unverfälschtes Spiegelbild eines Anderen wieder zu strahlen vermöchte«, selbst wer nie etwas von Goethe las, würde wie bei einem gut gemachten Bilde sagen: »›Wir kannten den Mann nicht, aber man sieht, es muß ähnlich sein‹.«[278]

Ganz anders urteilte Ottilie über das Buch von Bettina von Arnim, das ungefähr zur selben Zeit erschien: *Goethes Briefwechsel mit einem Kinde.* Darin hatte die Verfasserin teils echte, teils erfundene Briefe zu einem Mosaik zusammengefügt. Ottilie hätte ihr die fiktiven – in ihren Augen gefälschten – Szenen vielleicht verziehen. Was sie aber in Harnisch brachte, waren die zahlreichen erotisch aufgeladenen »Erlebnisse, mit denen Bettina ihre innige Nähe zu Goethe bescheinigen wollte. ›Da drückte er viele und heftige Küsse auf meinen Hals ... Jetzt schließe ich meinen Brief, überhäuf dich aber vorher noch mit Liebkosungen, umschlinge Deinen Hals, küsse Deine Augen bis du ganz blind bist ...‹« Ottilie las mit Widerwillen die Schilderungen und Dialoge, wonach Bettina sich Goethe auf den Schoß schwang und der Dichter ihr an den Busen griff, intime Szenarien, die nicht nur Ottilie den Atem verschlugen. Bettina sei diejenige, schrieb Ottilie in ihrer Kritik, die »mit allen Flammen ihres Herzens Goethe wie einen Jupiter schmückt und sich anbetend vor ihm niederbeugt, die wie ein Phönix sich stets in die Flamme ihrer eigenen fantastischen Leidenschaft stürzt ...« Die überbordende Phantasie erklärte Ottilie mit Bettinas Herkunft: Sie sei die Tochter eines Italieners und Enkelin der sentimentalen Schriftstellerin Sophie La Roche. »Ist es Exaltation, Poesie, Schwärmerei, Fanatismus? Alles, nur nicht Liebe.« Schon der Titel *Briefwechsel mit einem Kinde* sei der Beweis, »daß sie nicht an Liebe glaubte«. Bei der deutlichen Ablehnung mag auch Eifersucht mitgespielt haben – Ottilie wollte sich ihre einzigartige Liebe zu Goethe nicht nehmen lassen. Die Konkurrentin war zu weit gegangen. »Bettina, du fabelhaftes Phantasiebild, du armer, eingesperrter Salamander«, endete ihre Betrachtung, »was willst du hier, arme nordische Nachtigall, du gehörst in ein Sonnenland – flieg heim!«[279]

Die kleine Anna Sibylle wurde nur eineinhalb Jahre alt. Dr. Seligmann meldete im Juni 1836 aus Wien die Erkrankung des Kindes. »Gnädige Frau, Anna ist heute um ein Weniges besser ... noch nicht zur Genesung, sondern bloß zur längeren Dauer ihrer Existenz. Sie ist ungemein verelendet und abgemagert ...«[280] Ottilie brach sofort nach Wien auf, doch sie kam zu spät, ihr Kind war am 4. Juli 1836 an »Auszehrung« gestorben und auf dem Währinger Friedhof begraben worden. In ihrer Trauer stand Romeo Seligmann der unglücklichen Mutter bei. Wie sollte die Todesanzeige lauten? Im Totenbuch der Stadt Wien ist vermerkt: »Stori, Ottilia, Hausinhaberswitwe ihr Kind Anna Poiwisch No. 54 am Breitenfeld an Auszehrung alt 1 Jahr.«[281] Der Berufsstand »Hausinhaberswitwe« entbehrt bei aller Tragik nicht der Ironie. Die Kindesmutter sah sich gleichsam als doppelte Witwe: Ehemann August lebte nicht mehr, und das Haus in Weimar gehörte ihr nicht.

Ottilie war über den Tod des Kindes verzweifelt und wochenlang wie betäubt. Sibylle Mertens hatte Angst um sie. »Nehmen Sie all die Kraft, mit welcher die Natur Sie begabte, zusammen und reißen Sie sich gewaltsam von der Erstarrung los!« schrieb sie beschwörend, »wenn Sie den Mut nicht haben, so frißt eine innere Eiterung immer tiefer unter sich.« Sie wolle nicht mahnen – »nein, ich empfinde bloß, daß ich Sie liebe, mit einer Stärke, einer Treue wie jemals, mehr als jemals ... Daß Sie mich lieben, weiß ich und bin so innig dankbar –«[282] Inzwischen war das sorgfältig gehütete Geheimnis in Weimar doch bekanntgeworden. Die Söhne der Frau von Stein wußten ebenso Bescheid wie die Schwestern Egloffstein. Karl von Stein meldete seinem Bruder Fritz: »Ihr Kind ist wieder gestorben, was sie in Wien hatte, und die Großmutter Gräfin Henckel hat wieder 600 Rth. Schulden für sie bezahlt.« Man kann vermuten, daß der Vater von Anna Sibylle,

Captain Story, nie etwas von der Existenz einer Tochter erfuhr. Er hatte, wie Arthur Schopenhauer im November 1835 seiner Schwester Adele mitteilte, »ein schönes Englisches Mädchen mit 6000 Pfund geheiratet«.[283] Ottilie und Story sahen sich nie wieder.

IX.

Das junge Deutschland

Der Schriftsteller Gustav Kühne

Der achtzehnjährige Walther von Goethe war als Schüler des berühmten Komponisten Felix Mendelssohn angenommen worden; allerdings hatte weniger sein Können als der Name und die Nähe zu Goethe dabei die entscheidende Rolle gespielt. Mendelssohn bewertete die musikalischen Vorkenntnisse des angehenden Musikers im Gegenteil als höchst unzureichend. Walther hatte Angst. Seine Mutter schrieb ihm: »Nimm auf Deiner neuen Lebensbahn den Trost mit, lieber Walther, daß Du mir ein guter Sohn gewesen bist und viel zur Erheiterung meines Lebens beigetragen hast.«[284] Um den sensiblen Jungen nicht allein zu lassen, zog Ottilie mit der neunjährigen Alma nach Leipzig. Der Schritt fiel ihr nicht leicht. Sie kam nie mit dem Geld aus und schrieb ihrer Mutter: »Verkaufe ja alles, was Du nur irgend willst, von meinen Möbeln, meinen Eßtisch, kurz alles ist mir recht, nur will ich bei allen moralischen Schmerzen nicht noch immer auch diese Geldnot fühlen, und muß S. bezahlen!« S. war Sibylle Mertens, die ihr mit Anleihen und Krediten unter die Arme griff. Ihren Diener Friedrich Krause hatte Ottilie auszahlen müssen. Krause hatte Wertgegenstände aus dem Goethehaus entwendet, sich ein »Erinnerungsmuseum« zusammengestohlen und Briefe aus Goethes Papierkorb verkauft.[285] Im Dezember 1836 war in Kurland Ottilies Vater Julius von Pogwisch gestorben, doch außer einem alten Wagen und einem noch älteren Schlitten hinterließ er nichts, womit die Tochter ihre Schulden hätte begleichen können.[286]

In Leipzig führte das Schicksal Ottilie mit einem Mann zusammen, der sie von neuem aus dem Gleichgewicht brachte. Er schrieb, er dichtete, er veröffentlichte, er war begabt und wirkte aufregend männlich, das zog sie magisch an. Dr. Gustav Kühne, dreißig Jahre alt und damit zehn Jahre jünger als Ottilie, war Herausgeber der *Zeitung für die elegante Welt.* Als revolutionärer Schriftsteller zur Gruppe der sogenannten »Jungdeutschen« gehörend, hatte er durch seine *Klosternovelle,* die verboten wurde, bereits Erfahrungen mit der Zensur gemacht.

Adele Schopenhauer war die erste, die von der neuen Bekanntschaft erfuhr.

Sie brauche Ruhe und finde sie in Leipzig, meldete Ottilie, habe aber nicht genug Geld. »Ich ... wohne nicht nur schlecht, sondern kann mich auch kaum satt essen.« Sie harre aber in Leipzig aus, fuhr Ottilie fort – und dann rückte sie mit der Wahrheit heraus. »Am regelmäßigsten sehe ich hier Dr. Kühne, Herausgeber der eleganten Zeitung, er pflegt alle 3, 4 Tage einen Abend bei mir zuzubringen und ist mir sehr angenehm.«[287]

Ottilie suchte Anschluß in der Leipziger Gesellschaft. Die Art, wie sie ihrer Mutter die ersten Versuche dazu schilderte, spricht für ihren Humor. »Ein Abend bei Hofrat Keil war neulich ziemlich langweilig. Da Originalität usw. hier nicht Mode ist, wenn man sich das erste Mal sieht und vornehm ist, und Frau Keil und ich entschlossen waren, vornehm zu sein, so waren wir beide unendlich langweilig, schweigsam und zurückhaltend, sagten nur hin und wieder ein paar Worte, die bezeichneten, daß wir nicht aus Mangel schwiegen, sondern weil wir es wollten und vornehm waren.«[288]

Durch Gustav Kühne geriet Ottilie aus der konventionellen Umgebung Goethes überraschend in einen Kreis von radikalen Schriftstellern, die trotz Androhung, Verbot und Gefängnis mit Worten und Werken für die Idee eines geeinten Deutschland eintraten. Die »Jungdeutschen« wie Börne, Gutzkow und Mundt kämpften mit der Zensurbehörde. Für Ottilie eröffnete sich unversehens eine völlig neue Sicht auf die Welt, und sie machte sie sich bereitwillig zu eigen. Die neuen Freunde waren für sie »Welt-Reformatoren«, die sie in einem Brief an den allzu konservativen Staatsrat Heinrich Nicolovius heftig verteidigte. Christus würde heute als Demagoge angezeigt, entgegnete sie ihm, Luther würde vermutlich nach Amerika auswandern! »Man spricht immer vom Vater und von Schiller, die Nation ist jetzt stolz auf ihren Ruhm, ich bitte Dich aber, ob sie nicht ebenso gut in ihrer Jugend *Junges Deutschland* waren mit Werken wie *Götz* und *Die Räuber, Egmont, Wilhelm Tell* und *Don Carlos.*«[289]

Das waren erstaunliche Einsichten. Der Urheber dieser neuen Weltsicht war Gustav Kühne, der Ottilie halbe Bibliotheken in die Wohnung schleppte, wie sie ihrer Mutter mitteilte. Eines Tages eröffnete ihr Kühne sein neues Projekt: Er plane einen aufrührerischen Roman über den irischen Freiheitskampf, gedacht als Vorbild für die Freiheits- und Einheitsbestrebungen in Deutschland. Ottilie war sofort elektrisiert. Irland war ihr ureigenes Gebiet – es war die Heimat von Sterling. Schon sah sie eine große und interessante Aufgabe vor sich. Sie bestellte Bücher, fertigte Übersetzungen an, machte Exzerpte und bemühte sich, ihr Wissen über Irland, seine Geschichte, Religion und Kultur an Kühne weiterzugeben. Ihre gemeinsame Arbeit gipfelte in einem »Treuebündnis« – mit einem Austausch von Ringen wurde die Freundschaft besiegelt.

Unter dem Einfluß der »Jungdeutschen« änderte sich Ottilies Weltsicht radikal. Sie wurde forscher und auch fordernder als Frau. Plötzlich machte sie sich Gedanken zur Gleichberechtigung und zur weiblichen Emanzipation. Als sie für Anna Jameson einen Artikel über deutsche Schriftstellerinnen der Gegenwart verfasste, nahm Ottilie die Gelegenheit wahr, ihre neu gewonnenen Ideen zu entfalten. Es war das erste Mal, daß sie sich ausdrücklich mit den Rechten von Frauen beschäftigte. »Die eigentliche Achtung für weiblichen Genius gewannen die Deutschen erst durch Rahel und Bettina«, schrieb sie. »Diese beiden Frauen haben eigentlich die geistige Emanzipation der Frau zustande gebracht, und wenn Rahel uns die Welt der Reflexion eroberte, band Bettina der Phantasie die Flügel los.« Man werde in Zukunft Rahel nicht mehr »wie eine Sphinx anstarren und in Bettina nur ein lächerliches Luftspringerkind sehen.« Ottilie hatte Bettinas Selbständigkeit wohl erkannt. Der Einfluß, den Frauen früher unbemerkt auf die Ansichten der Männer ausübten, werde jetzt allgemein respektiert. Ottilie erinnerte auch an die unglückliche Schriftstellerin Charlotte Stieglitz, die sich das Leben nahm, um ihrem Mann Stoff für einen Roman zu liefern, und bedauerte die Gefährtinnen von Dichtern, deren Anteil am Erfolg ihrer Männer nie genug gewürdigt werde. Auch diese Sicht war neu.

Wie sehr sich Ottilies Weltsicht gewandelt hatte, zeigte sich auch bei ihrer Besprechung eines Dramas von Gutzkow. Zu Kühnes Überraschung befaßte sie sich darin nicht etwa mit dem verkorksten Inhalt, sondern mit männlichem und weiblichem Urteilsvermögen. »Es ist wunderlich, daß man uns Frauen so gänzlich das Recht zu einer Kritik entziehen, das heißt, die Fähigkeit zu einem Urteil absprechen will«, mahnte sie. Immer werde der gute Instinkt für Kunst und Literatur bei einer Frau gelobt, »dennoch erhebt sich jedesmal ein Geschrei gegen uns, als wären wir blind, taub und stumm geboren«. Ottilie verteidigte weibliches Wissen und Können. »Nein, Herr Redakteur – mit der bloßen Phrase, daß uns der kritische Kopf fehle, lasse ich mich nicht abweisen.«[290] Es war paradox: Ottilie lebte und dachte bewußt eigenständig, blieb aber weiblich-konventionell, wenn es um Liebe ging. »Mit einem wilden, angeborenen Freiheitstrieb war ich doch immer vollkommen Sklavin, wo ich liebte«, erklärte sie selbst. Mit anderen Worten, solange sie sich aus eigenem Antrieb band, sah sie sich nicht in ihrer Freiheit beschränkt. Freiheit und Liebe gehörten zusammen: In der selbstbestimmten Liebe war sie frei.

Das tägliche Zusammensein mit Gustav Kühne brachte Ottilies Gefühlswelt gehörig durcheinander. Es dauerte nicht lange, und sie war leidenschaftlich in ihn verliebt. Kühne sei nicht ihr Ideal, aber »ein edler, tiefer Mensch«, erklärte sie einer Freundin, »ich aber liebe ihn, weil er über der gewöhnlichen Männerwelt steht«. Natürlich erfuhr bald auch Anna Jameson von diesem Wandel der Ereignisse. Sie war in Kanada gewesen, um sich von ihrem Mann scheiden zu lassen, und hoffte, als sie zurückkehrte, auf ein Leben mit Ottilie. Adele, die sich wie gewöhnlich in alles einmischte, mahnte Ottilie. »Du bist die Poesie ihres Daseyns, ich bitte Dich, bleibe es, wolle nicht Wirklichkeit werden, denn Du könntest sie auf die Länge sehr elend machen.« Davon war Ottilie weit entfernt. Aber andererseits machte es sie traurig, den Brief von Anna Jameson zu lesen, die tief enttäuscht war. »Ich vermute«, schrieb Anna, »du kannst nichts für diese Verrücktheiten (fancies), die aus Leidenschaft, Gefühl, Temperament, Langeweile oder was weiß ich entstehen. Alles, was Du mir von diesem Kühne erzählst, hast Du mir schon von Story erzählt, und es wird genauso enden. Aber ach! Gott behüte! Du machst mich so elend, Ottilie!«[291] Trotz aller Zurückweisung würde Anna Jameson bis zur letzten Stunde mit Liebe an Ottilie hängen.

Für Gustav Kühne lagen die Dinge völlig anders. Ottilie war zwar eine ungemein gewinnende und begabte Frau, die er gern für sein Werk einspannte. In seinem Tagebuch heißt es: »Freilich bleibt Ottilie unter Allen die unerschöpflichste Gestalt, die an der Seite des großen klassischen Mannes ihre romantisch abenteuerliche Natur zu einer seltenen Höhe des Herzens und Geistes erziehen konnte.« Er selbst verstand es nur zu gut, von dieser »Herzens- und Geistesbildung« zu profitieren. Doch daß diese Frau, die überdies zehn Jahre älter war als er, ihn bedrängte, ihn womöglich heiraten wollte, war ihm unangenehm. Kühne erwog seit langem andere Pläne. Er bewarb sich um Henriette Harkort, die fünfzehnjährige Tochter eines vermögenden Industriellen. Ottilie hatte er seine Absichten bislang verschwiegen. Als sie davon erfuhr, war sie entsetzlich gekränkt und einem Zusammenbruch nahe. Kühne dagegen spottete in einem Brief an Varnhagen hochmütig: »Sie ist ein flackerndes Licht, dessen Auf- und Niederflammen man mit Sorge beobachtet, ohne zu wissen, welches Öl hier noch das taugliche sein möchte.«[292] Als Schriftsteller war er hingegen von Ottilies eigenständiger und geradliniger Persönlichkeit beeindruckt. Ottilie hatte ihre Irlandstudien für sein Buch erstaunlich erweitert und sich so zügig in sein Thema eingearbeitet, daß Kühne sie bat, ihn weiterhin in seiner Arbeit zu unterstützen. Später würde er sie vermissen, wie sich noch zeigen wird, und sich zu ihrer großen Überraschung intensiv um sie bemühen.

Während Kühnes Dankbarkeit Ottilie noch zu der Überzeugung verleitete, sie könne »als Schwester, Freundin oder Geliebte« sein Leben teilen,[293] befand er sich schon als Heiratskandidat auf dem Weg zu den zögernden Eltern Harkort, um ihre Zustimmung zur Ehe mit ihrer sehr jungen Tochter zu erbitten. An Ottilie schickte er eine reichlich geschmacklose, auf jeden Fall indiskrete Schilderung seines Erfolges als Bräutigam – für sie vermutlich die Bestätigung männlichen Besitzanspruchs und männlicher Dominanz. »Seit vorgestern ist Henriette die Meinige«, jubelte der dreiunddreißigjährige Kühne, »der ganze Himmel ihrer Frühlingsliebe, die ganze Wonne ihrer heiligen Unschuld ist über mein Herz hereingebrochen … Ich fühle das Schicksalvolle, das sechzehnjährige Herz an dem meinen zittern zu sehen; allen Übermut der ersten Jugend, alle Widerspenstigkeit der kleinen Mädchenseele hat nun eine Gewalt der Leidenschaft gebrochen, und mein langersehntes Glück steht so plötzlich wie eine Wunderblume voll ungeahnten neuen Lebens vor mir.«[294] Ottilie notierte, dieser Brief sei eine Qual für sie gewesen.[295]

Eine weitere Enttäuschung zeichnete sich ab, die Ottilie noch weit kränkender fand. Kühne überreichte ihr stolz das erste Exemplar seines Romans *Die Rebellen von Irland.* Ottilie las – und fand Seite um Seite ihr eigenes Material darin wieder. Von ihr hatte der Autor die Geschichte und Religion Irlands, von ihr die Kenntnisse über die irische Freiheitsbewegung, von ihr die alten irischen Volkslieder – doch ihre Mitarbeit wurde mit keiner Silbe erwähnt. Ottilie wußte, daß das Buch ohne sie nicht hätte entstehen können. Es mußte ihr absurd, ja gehässig erscheinen, daß Kühne nicht sie, sondern seine blutjunge Verlobte zur weiblichen Romanfigur gewählt hatte. Nur Varnhagen erfuhr die Wahrheit, ihm gestand der Verfasser: »Ein Jahr lang schrieb ich an dem Buch. Ohne Ottilie v. Goethe und der Mrs. Jameson ruhmvolle Hilfe hätte ich das Thema nie bewältigt.«[296] Erst zwanzig Jahre später ließ Kühne in die Neuauflage des Romans den Satz einfügen, er verdanke Quellen, Keim und Wachstum des Buches einer Freundin, »Frau Ottilie v. Goethe, deren ansehnliche Bibliothek in Sachen Irlands fortwährend sich vergrößerte«.[297] Doch da war sie an seiner Huldigung nicht mehr interessiert.

Nur ein Jahr hatte es gedauert, bis der unglückliche Walther sein Studium bei Mendelssohn abbrach. Er hatte sich harsche Kritik gefallen lassen müssen, hatte sich gedemütigt gefühlt – es ging nicht länger. Mit viel Glück geriet er an den in Stettin lehrenden Komponisten Carl Loewe, der viele Balladen Goethes vertont hatte und den Adepten freundlich zu unterrichten begann. Unter Loewes Anleitung blühte Walther auf. Als er ihn verließ, hatte der junge Komponist viele neue Lieder und zwei begonnene Opern in der Tasche. Anschließend fand er in Wien wieder den idealen Lehrer. Es war der vierundsechzigjährige Ritter Ignaz von Seyfried, ein Schüler Mozarts, Komponist von über hundert Bühnenwerken und Symphonien. Unter seiner Anleitung vollendete Walther die Opern *Alessandro Stradella* und *König Enzio,* komponiert nach einem Libretto von Adele Schopenhauer, die mit

Walther in ständigem Kontakt stand. Seine dritte Oper *Anselmo Lancia,* nach einem Text von Theodor Körner, wurde in Weimar angenommen. Die Uraufführung fand im Oktober 1839 statt. Für Ottilie war die Aufführung ein Triumph. »Wir waren in der ehemaligen Loge des Vaters. Es schien allgemein zu gefallen; wir fanden es sehr gut. Abends bei mir großes Souper von 40 Personen.«[298] Doch die Fachwelt beurteilte die erste Oper eines Goethe-Enkels so ungünstig, daß Walther verzweifelt war. Es lag nur an Ottilies Energie und Überredungskunst, daß er sein Musikstudium überhaupt fortsetzte.

Im April 1840 wurde Walther mit zwanzig Jahren volljährig. Als Erbe des großväterlichen Besitzes bestimmte er, daß von nun an Haus und Sammlungen Goethes nicht mehr öffentlich zugänglich waren. Sein Bruder Wolfgang unterstützte die Anweisung. Beide forderten vom Kanzler als Testamentsvollstrecker den Schlüssel zurück, der die Räume sieben Jahre lang verschlossen hatte. Damals hatte Ottilie voller Empörung ausgerufen: »... wahrlich es hätte nicht dieses schmerzlichen Zeichens bedurft, daß dort alles für mich geendet sei ...«[299] Bei ihrem Aufenthalt vermißte sie alles, was Weimar zuvor zu einem geistigen Zentrum gemacht hatte. Sie wollte fort aus der Stadt, in der sie jedes Gebäude, jeder schmale Weg an ihr verlorenes Glück erinnerte. Ein Zufall hatte sie vor fünf Jahren nach Wien gebracht, um weitab von Klatsch und Intrigen heimlich ihr Kind zur Welt zu bringen. Der Zufall hatte ihr dabei auch die Bekanntschaft mit jenem Arzt verschafft, dem sie sich anvertrauen konnte: Dr. Romeo Seligmann. Ottilie zog es nach Wien.

Romeo Seligmann

»In keinem Verhältnis kann man von einem Mann Glück erwarten.«

Mit ihrer zwölfjährigen Tochter Alma und deren Erzieherin Constanze Scheibe traf Ottilie zu Beginn des Jahres 1840 in Wien ein, Walther folgte ihnen. Ottilie war voll guter Vorsätze, den Sohn bei seinem musikalischen Einstieg zu helfen. Am 31. Januar vermerkte sie im Tagebuch: »Die neue Lebensepoche wird hauptsächlich in dem Zusammenleben mit Walther bestehen.«[300] Tatsächlich würde sie Bittbriefe an Intendanten schreiben und um Aufführungen seiner Opern bitten, würde Walthers Kompositionen spielen und Texte zu Vertonungen verfassen. Ihr eigentliches Interesse aber, der Fix- und Angelpunkt ihrer Zukunftshoffnungen, war der Arzt Dr. Romeo Seligmann.

Seligmann freute sich über das Wiedersehen. Er hatte Ottilie von Anfang an gemocht. Sie bezog eine Wohnung in seiner Nähe, und der Arzt kam trotz seiner Beanspruchung im Krankenhaus jeden Tag zu ihr, berichtete von seiner Arbeit, seinen Vorhaben und Plänen. Ottilie gab ihm wichtige Ratschläge: »... und ich ihm vorgepredigt, wie er nun durchaus sein Buch jetzt beginnen müsse.« (21. März 1840) Neben der Arztausbildung hatte Seligmann sich dem Studium der persischen Literatur zugewandt; seine Doktorarbeit behandelte eine alte medizinisch-persische Handschrift. Den Orientalisten Joseph von Hammer, dem Goethe die Anregung zum *West-östlichen Divan* verdankte, kannte er persönlich. Seit langem gehörte er zum Schubert-Verein und ebenso lange zu einem Kreis von Goetheverehrern. Seine Vielseitigkeit und seine Bestrebungen wirkten auf Goethes Schwiegertochter ungemein anziehend. Er wiederum staunte über ihre Kenntnisse und nahm dank-

Abb. 31: Der Arzt Dr. Romeo Seligmann,
Ottilies Wiener Freund und Lebensgefährte

bar den Zuspruch an, mit dem sie ihn zu seinem ersten öffentlichen Vortrag ermutigte – es war der Beginn seiner erfolgreichen Karriere als Hochschulprofessor für die Geschichte der Medizin an der Wiener Universität.

In schweren Tagen hatte sich Seligmann als Freund erwiesen, ein Freund wollte er auch bleiben. Doch Ottilies Naturell konnte sich damit nicht zufriedengeben – sie verlangte nach Liebe. Seligmann war zweiunddreißig Jahre alt – zwölf Jahre jünger als Ottilie – und bestand resolut auf Distanz. Nicht einmal das persönliche Du wurde genehmigt. Er genoß die angenehme Zweisamkeit mit einer interessanten Frau, wollte sich aber nicht vereinnahmen lassen. Das schwierige Freundschaftsverhältnis, das damals seinen

Anfang nahm, hatte dennoch, trotz aller Klagen und Anklagen von beiden Seiten, trotz Entfernungen und Enttäuschungen, mehr als dreißig Jahre lang ununterbrochen Bestand.

Seligmann scheint sich mit der Zeit an die Aufgaben eines Ersatzmannes gewöhnt zu haben. Mit den Kindern verstand er sich gut. »Seligmann aß mit uns, und Walther spielte ihm zum erstenmal einige Lieder und etwas aus *Anselmo* vor.« »Mit Alma in der Straße herumgewandelt. Nach Tisch kam Seligmann, erzählte mir viel über Schober ... Seligmann hatte mir *Sophonisbe* mitgebracht.« (6. März 1840) Der Arzt stand Ottilie bei Erkältungen und Fieberphasen bei, heilte Gesichtsneuralgien und die furchtbaren Kopfschmerzen, unter denen auch die zwölfjährige Alma zu leiden hatte. Ottilies Tagebuch vom 30. März 1840: »Sehr schlechte Nacht zugebracht, da die arme Alma sehr leidend war, ich hatte also Seligmann bitten lassen zu kommen, ehe er ausgehe. Fußbad, Senfpflaster etc. wurden von ihm für Alma verordnet.«

Schon bei ihrem ersten Aufenthalt mit Anna Jameson hatte Ottilie in Wien interessante Bekanntschaften geschlossen. Sie erneuerte die Freundschaft mit einer der reichsten Frauen Wiens, Henriette von Pereira-Arnstein, Tochter der berühmten Salonnière Fanny von Arnstein, die ihr die Türen zu Häusern der österreichischen Aristokratie öffnete. Ottilie lernte die bedeutenden Schriftsteller und Künstler der Stadt, Mitglieder des Hofs und Schauspieler des Burgtheaters kennen und war erfreut, in ihren Kreisen akzeptiert zu werden. Sie traf die Schriftstellerin Karoline Pichler und den Komponisten Joseph Dessauer, Freund von Rossini und Berlioz. Zu den Salongästen gehörte Graf Auersperg aus Schloß Thurn, der seine Gedichte unter dem Pseudonym Anastasius Grün veröffentlichte, der Lyriker Franz von Schober, Ernst von Feuchtersleben, dessen Lebenshilfebuch *Zur Diätetik der Seele* in vierzig Auflagen erschien, Eduard von Bauernfeld, der erfolgreichste Lustspieldichter Österreichs, und Franz Grillparzer, den Ottilie einst selbst bei Goethe eingeführt hatte. Der preußische Legationsrat Baron von Bockelberg machte ihr den Hof – Ottilie ließ es sich gern gefallen. Nicht nur ihr Name und die Nähe zum berühmten Schwiegervater waren der Grund ihrer Beliebtheit; die Anerkennung, die man ihr entgegenbrachte, verdankte Ottilie sich selbst. Sie war eine gute Erzählerin, eine ideenreiche Gastgeberin, ihre Anwesenheit war begehrt. Johanna Gräfin von Acerenza und Pauline Fürstin von Hohenzollern, zwei der vier skandalumwitterten Töchter der Herzogin Dorothea von Kurland, boten ihre Theaterlogen an und luden »Madame la Baronesse de Goethe« auf ihre Schlösser in Sagan und Löbichau ein. Ein reicher Bestand an Briefen und zarten Billetts mit den Wappensiegeln der Damen hat sich bis heute erhalten. Mit Visiten, Besuchen, Einladungen und der passenden Garderobe war Ottilie vollauf beschäftigt.

Wenn er Zeit hatte, begleitete Seligmann seine Freundin zu den geselligen Abenden, bei denen sie oft der Mittelpunkt war. Ihr Tagebuch vom 9. März 1840: »Mit Frau von Pereira geriet ich in einen heftigen Streit über die neue deutsche Literatur. Die Frau verschanzte sich hinter ihrer Gelehrsamkeit. Seligmann fuhr mit mir nach Hause und blieb noch lange bei uns.« Nach jedem Gesellschaftsabend notierte Ottilie auch ihre Kleidung: »Braunrotes Samtbarett mit Perlblume ohne Federn und eine wunderschöne Samtmantille, die mir Walther geschenkt.« »Dunkelgrünseidenes Kleid mit langen Ärmeln von Beer, Mütze mit dunkelroter Rose und Tautropfen.« »Braunseidenes Kleid mit Musselinkragen, Mütze mit grünlichem Band.« Seligmann ging mit Ottilie zur musikalischen Akademie, in Kunstausstellungen und zum botanischen Garten, in die Oper und ins Ballett. Abends wurde zu Hause vorgelesen. Seligmann muß die Lesestunden geliebt haben, denn er kam fast jeden Abend zu ihr. Was Ottilie aber niemals einsehen würde, war die Erkenntnis, dem geliebten Freund nicht alles sein zu können. 7. März 1840: »... ich kann ja weder ihm noch Schober etwas dauernd geben, durch Kühne weiß ich ja, daß nur Schönheit und

Jugend etwas ist.« Gern hätte sie mit dem Freund in ständiger »häuslicher Gemeinschaft« gelebt, und je liebenswürdiger er sich zeigte, desto verzweifelter war Ottilie, daß er sie nicht so liebte, wie sie es sich wünschte. »Seligmann kam 11 Uhr, wie natürlich nur kurz und todmüde. Er wird wohl keine Zeit mehr für uns haben, und Gedanken noch weniger – – darüber darf man sich nicht beklagen.« Mit der Einsicht befiel sie zugleich das Gefühl tiefer Resignation, eine Melancholie, die beide Söhne von ihr geerbt hatten. 30. Juli 1840: »Seligmann kam wie jetzt gewöhnlich halb elf Uhr ... Ich war so unterhaltend wie möglich – aber seine Seele ist nicht mehr freundlich!«

Wie bei ihren englischen Liebhabern war Ottilie auch bei Seligmann besitzergreifend. Trotz der Fülle von Einladungen zählte sie die Stunden, bis er zu ihr kam, weinte oder machte Vorwürfe, wenn er nicht kam. Eines Tages äußerte er zu ihrem Entsetzen den Wunsch, sich ein anderes Quartier zu suchen, weil sie ihn von seinen Pflichten abhalte. Nach einer Aufführung von Grillparzers *Der Traum ein Leben* notierte Ottilie: »Die Nacht mehr geweint als geschlafen! Mein Gott, warum lebe ich denn.« (29. Mai 1840) Seligmann war nicht liebenswürdig gewesen, »... ihm liegt mehr an einer Konversationsmaschine wie einem teilnehmenden Herzen, ist denn das ein Zusammenleben?« (27. Juli 1840) Bei ihren hohen Erwartungen blieben Spannungen nicht aus. Seligmann wurde gelegentlich schroff und entschuldigte sich dafür. »Sollte ich in meinem letzten Brief hart gegen Sie gewesen sein, so bitte ich noch einmal um Verzeihung. Ich fühle es recht gut, daß mir ein zeitweiliges Zusammensein mit Ihnen geistig vorteilhaft ist ... Aber die Wichtigkeit der Bedeutung, die Sie für sich daraus schufen, schreckte mich von jeher ...«[301] In ihrem Tagebuch vermerkte Ottilie bitter: »Also in keinem Verhältnis kann man mit einem Mann Glück erwarten, es sei nun Liebe oder Freundschaft.«[302]

Ungeachtet aller Vorwürfe blieb Seligmann ihr herzlich zugetan, ein immer hilfsbereiter Freund, dankbar für die Gegenwart dieser inspirierenden und geistsprühenden Frau. Er überreichte ihr seine Abhandlung *Osmanische Geschichte der Dichtkunst*, erläuterte ihr orientalische Verse, sprach an einem Abend über *Tristan und Isolde*, an einem anderen »über die Bildung oder die Wahrnehmung des Gedankens« und genoß den Austausch mit einer Freundin, die ihn verstand (8. Januar 1841).

Ottilie war in Wien aber nicht nur mit Einladungen beschäftigt. Oft besuchte sie das Grab der kleinen Tochter Anna Sibylle. »Den Morgen mit Alma und Bockelberg im Paradiesgarten gefrühstückt, dann herausgegangen, wo mein Leben ruht; sind Tränen Tau für Blumen, so muß es keimen und blühen.«[303] Außerdem übernahm sie literarische Arbeiten. »Ich schrieb an der Übersetzung für Seligmann und las über die Indianer. Ich vollendete die Arbeit für Bockelberg«, heißt es am 21. Dezember 1840. Sie selber verfaßte ein *Indianisches Märchen*: *Der Jüngling und das Feuer,* das sie zuerst Seligmann, dann auch ihrer Gästerunde vorlas. »Ein Blitzstrahl spaltete einen Baum im Urwald, daß er helllodernd in Flammen stand.« Ein junger Jäger, der sich verirrt hatte, »sah erhellt, was er nie zuvor sah«. Er dankte dem Feuer für Licht und Wärme. »›O welche wohltätige Glut ergreift mich‹, rief er aus, ›das erstarrte Dasein in mir gewinnt wieder Leben. O beglückende Wärme, die ich so lang schmerzlich entbehrte, Feuer, mein Lebensretter‹ ... Das Feuer warnte, es besitze eine zweiseitige Natur, sei ›Strahl des Himmels‹, aber auch irdischen Bedingungen unterworfen. Was ihm jetzt als Segen erscheine, könne sich in Schmerz verwandeln.« Der Jüngling wurde allmählich des Feuers überdrüssig. »Da erfaßte er ein Gefäß mit Wasser und schleuderte es in die Glut. Die Flamme beleuchtete noch einmal das Antlitz des undankbaren Knaben und erlosch.«[304] Vielleicht war die Erzählung unbewußt ein Spiegel ihres eigenen Wesens – rasches Entflammen, trauriges Verlöschen.

Die »Baronin von Goethe«, wie man sie in Wien nannte, war in geselligen Zirkeln begehrt. Im Salon von Henriette von Pereira verlas sie am 10. Januar 1841 ihr Poem »Die Brillenverkäuferin«:

In dieser Welt voll Haß und Liebe
Sieht niemand unverfälscht und klar;
Denn bald zu hell und bald zu trübe
Stellt Leidenschaft die Dinge dar.

Ich habe Brillen, wo die Jugend
In rosenrotem Lichte sieht,
Fernrohre, deren große Tugend
Was fern ist, nah heran uns zieht;

Kaleidoskope, wo uns Sterne
Und Blumen wechselnd stets entzückt,
Es braucht die Phantasie sie gerne,
Wenn kahle Wirklichkeit uns drückt.

So kauft denn meine schönen Brillen
Für Hoffnung, Jugend, Wert und Schein,
Ihr tragt sie doch schon längst im Stillen –
So kauft getrost sie jetzo ein

Lorgnetten sind für die zu haben,
Die Alles nur einseitig sehn;
Jedoch die Beste meiner Gaben,
Die muß ich Euch denn doch gestehn,

Die habe ich mir vorbehalten,
Ein Augenglas für mich allein,
Das schaut in jedes Herzens Falten,
Und nichts kann ihm verborgen sein.

Abb. 32: Ottilie von Goethe im Alter von 40 Jahren in Wien. Pastell von Louise Seidler

Für zwei Wochen kam der Weimarer Freund und Minister Ernst Christian von Gersdorff nach Wien. Ottilie war glücklich, ihn mit ihren Freunden bekannt machen zu können; das Tagebuch nennt die Familie Ephraim, Gräfin Tichy, Palastdame Gräfin Palffy, den Fürsten von Windischgrätz, die kurländischen Prinzessinnen und die Fürstin Kaunitz. Mehrmals gingen sie ins Theater und ins »Elysium«, wo getafelt und Eis gegessen wurde. Gersdorff wollte den Staatskanzler Fürst Metternich sprechen – Ottilie brachte auch dieses Kunststück fertig. Gersdorffs Dankbrief zeigt einen beglückten Besucher. »Es tritt jetzt nur mehr hervor, wie durch Sie allein Wien für mich doch einen sehr dauernden Werth erhalten hat. Aber noch ein anderes Werk haben Sie in meiner

Phantasie angerichtet …« Davon werde er ihr in Weimar berichten.

Ottilies Mutter kam mit der Malerin Louise Seidler für drei volle Monate und nahm die Gelegenheit wahr, Ottilies »Hausfreund« kennenzulernen. Frau von Pogwisch und Seligmann verstanden sich auf Anhieb. Wenn Seligmann später nach Weimar kam, war er als Arzt immer für sie da. Die Anwesenheit ihrer robusten Großmutter war für Walther und Alma das schönste Geschenk. Aus der kleinen Alma, beim Tod ihres Vaters drei Jahre alt, war eine dreizehnjährige Tochter geworden. Ottilie schenkte Alma Weihnachten ein italienisches Halsband, das August noch in Italien für sie erworben hatte. Sein Geburtstag fiel auf den ersten Weihnachtstag. Ottilie vermerkte im Tagebuch: »Alma war ganz still, als ich es ihr sagte.« (25.12.1840)

Aus der Vergangenheit tauchte plötzlich Gustav Kühne wieder auf. Er wollte aus dem Irland-Material, das Ottilie ihm geliefert hatte, ein Drama gestalten: *Die Verschwörung von Dublin.* »Helfen, raten, retten Sie!« flehte er. »Ich habe es teuer bezahlt, ihn gekannt zu haben«, notierte Ottilie. Beim letzten Treffen in Leipzig hatte er taktlos ihr graues Haar erwähnt. Sein Brief war diesmal mit jenem irischen Ring gesiegelt, den Ottilie ihm zum »Treuebündnis« geschenkt hatte. »Es hat mich alles wieder bewegt … *Doch der Wurm im Herzen will nicht schlafen.*« Wehmütig dachte sie an Charles Des Voeux, der nicht mehr lebte, an Sterling, der nicht mehr schrieb. Es kam ein Brief von Samuel Naylor, sie müsse ihn besuchen, worauf Ottilie mit ungewohnter Einsicht reagierte. »Er verliert sich in Träumen der Rückerinnerungen seiner romantischen Liebeszeit, wie man ein Gläschen Liqueur nach reichlich genossener Mahlzeit trinkt …« (11. März 1841) Die Jahre, in denen sie seine Briefe mit gleicher Glut beantwortet hatte, waren vorbei.

Die Erben

»Ich habe an meinem berühmten Namen zu schleppen.«

Walther hatte mit seinen Kompositionen keinen Erfolg. Längst bedauerte die Familie, ihn zum Musikstudium gedrängt zu haben – keine Stadt nahm seine Opern an. Walthers körperlich schwache Konstitution und seine gereizten Nerven erlaubten keine seelische Belastung. Er wurde von der Angst gepeinigt, nicht jene Begabung zu besitzen, die Goethe und seine Mutter bei ihm vermutet hatten. »Ich habe an meinem berühmten Namen zu schleppen und wollte lieber Herr von Kümmeltürk als Herr von Göthe heißen!« fluchte er. »Da verlangen die Leute, ich soll reden wie der Großvater und komponieren wie Mozart, und weil ich beides nicht kann, so halten sie mich für einen dummen, talentlosen Menschen.«[305] Erholung war dringend nötig, am besten auf Gut Nassenheide bei Stettin, das Walther als einzigen Aufenthaltsort akzeptierte. Unter der Obhut von Tante Bertha von Schmeling sollte er zu neuem Selbstbewußtsein finden. Ottilie beschloß die Heimreise; Seligmann, auf dem Weg nach Paris, begleitete sie.

Während der Fahrt kam es zu einem dramatischen Zwischenfall. Walther erlitt einen körperlichen und seelischen Zusammenbruch. Die Ursache war sein Versagen als Künstler. Seiner entgeisterten Mutter gab er die angedeutete Erklärung: »Seligmann und ich sind voneinander geschieden wie zwei Menschen, deren Lebenswege für immer auseinandergehen … zerbrich Dir nicht den Kopf über eine Sache, die D u doch nie erraten kannst, über die Seligmann nicht sprechen darf und über die i c h nicht sprechen werde…« (22. Juni 1841)[306] Das klingt geheimnisvoll. Walthers Verzweiflung könnte auch mit einer homoerotischen Veran-

Abb. 33: Walther von Goethe mit 44 Jahren.
Gouache von Luise Kugler, 1846

lagung zusammenhängen, die sich bereits bei seiner Zusammenarbeit mit dem Komponisten Robert Schumann gezeigt hatte.[307] Erst auf dem Landgut in Nassenheide fand Walther wieder zu seiner Arbeit zurück, doch er blieb lebenslang skeptisch, gehemmt und menschenscheu.

Ottilie machte Station in Leipzig, um den dänischen Dichter Hans Christian Andersen kennenzulernen, den Walther verehrte und der sich gerade im Hause Mendelssohn aufhielt. In *Eines Dichters Basar* schildet Andersen das Zusammentreffen. »Ein kleines Morgenkonzert … wurde in Mendelssohns Zimmer gegeben; die geistreiche Frau von Goethe aus Weimar und ich waren die glücklichen Gäste.« In seiner Autobiographie *Das Märchen meines Lebens* wird Ottilie ebenfalls erwähnt: »… sie war, wie sie mir erzählte, meinetwegen mit der Eisenbahn hierhergefahren, und mit großer Herzlichkeit kam diese geistvolle, allgemein hochgeehrte Dame mir entgegen.« Die Begegnung hatte die lebenslange Freundschaft Andersens mit Walther und dem Großherzog Carl Alexander von Sachsen-Weimar zur Folge.

In Weimar traf Ottilie ihre alten Freunde wieder, Johann Peter Eckermann und Hofrat Kräuter, Robert und Emma Froriep, Dr. Vogel und Dr. Stark, die Schauspielerin Caroline von Heigendorff und den Grafen Edling, der sie hatte heiraten wollen, schließlich auch Adele Schopenhauer. Auf dem Dachboden des Goethehauses entdeckte Ottilie längst vermißte Bücher, darunter Byrons *Don Juan*, den Goethe ihr vorenthalten hatte. Kanzler von Müller schrieb den Schwestern Egloffstein: »Frau von Goethe war lange in Wien, ist erst seit drei Wochen wieder in Weimar, kränkelnd ohne Gefahr, launisch und bizarr, aber auch geistreich und anmutig wie immer. Walther hat sich ganz der Musik gewidmet, war anderthalb Jahre in Wien, komponiert fleißig Opern und ist jetzt in Stettin. Wolf studiert in Heidelberg, kommt Michaelis nach Jena, ist sehr solid und gescheit, aber ebenfalls etwas Sonderling. Alma ist ein holdes reines Mädchen von nur zwölf Jahren und scheint trotz der Abenteuerlichkeiten der Mutter ganz schlicht und häuslich zu werden.«[308]

In Weimar war Ottilie nicht glücklich. Ihr Tagebuch vom 14. Juli 1841: »Mit Alma allein zu Mittag gegessen. Gekramt und gelesen. Dennoch übermannte mich die Verzweiflung, ich löste mich in Tränen auf. Gott wie soll das hier werden, seitdem ich hier bin, ist noch kein Strahl der Freude in meine Seele gefallen, nichts, was meine Gedanken beschäftigt …« Sie litt darunter, nicht produktiv sein zu können. »Für die Aktivität meiner Natur bietet sich mir kein Stoff. Kann man mit Handeln nicht aktiv sein, muß man es wenigstens mit Gedanken sein, aber mir wird hier nichts geboten.«[309]

Der letzte Tag, an dem Ottilie in Weimar ihr Tagebuch hervorholte, war der 30. Oktober 1841. Sie wurde fünfundvierzig Jahre alt. Im Theater sah sie das Schauspiel *Richard Löwenherz.* »So schließt sich das Jahr für mich; der Himmel gebe mir im neuen Jahr ein Löwenherz, zu kämpfen und zu ertragen.« Dann führte sie zehn Jahre lang kein Tagebuch mehr. Wollte sie die traurige Entwicklung ihrer Söhne nicht in den eigenen Aufzeichnungen dokumentieren?

Walther, der sich noch bei Bertha von Schmeling aufhielt, schickte deprimierte Briefe. Die Menschen seien kaum liebenswert, verkündete er seiner Mutter, und die, die man schätze, müssten ein wahres Märtyrertum erdulden, »davon weißt Du ja leider am besten zu erzählen«.[310] Die Bemerkung spricht Bände. Es waren die Fehlschläge und Klagen seiner Mutter, die ihn zusätzlich zermürbten. Dann erfuhr Walther vom Tod seines Wiener Lehrers Ignaz von Seyfried. Die Nachricht war der Beginn einer schweren Depression. An seine Mutter schrieb er: »Du begreifst und mußt begreifen, welch' grenzenloses Gefühl der Verödung mich erfaßt hat, daß sich nun niemand auf der weiten Welt mehr für meine Musik interessiert … daß ich mir bei niemand mehr Rat holen kann, daß ich ganz verlassen bin!« Er habe den Glauben an die Menschheit verloren, »und wenn Du nicht wärst, stände ich recht innerlich allein« (7. September 1841). Walther hatte Angst vor der Zukunft, »und so eine Existenz à la Eckermann ist doch mit 23 Jahren sehr traurig!« Bisher war Walthers Oper nur in Weimar aufgeführt worden. Ottilie wandte sich an den berühmten Virtuosen Franz Liszt, doch Walthers Oper fiel auch bei Liszt durch. Beim Generalintendanten der königlichen Schauspiele in Berlin, Theodor von Küstner, verwies sie auf Goethe. »Ich darf wohl in diesem Fall die Erinnerung an meinen Schwiegervater in Anspruch nehmen … wenn ich von den deutschen Bühnen erwarte, daß sie meinem Sohn wenigstens die Möglichkeit geben, ein allgemeines Urteil über seine Fähigkeiten zu hören.« Küstner verlangte nach der *Enzio*-Partitur, die Ottilie ihm sogleich schickte. Die Antwort lautete, der junge Komponist habe zwar Talent und beweise eine »gute, solide Schule«, doch die Partitur wirke rückwärtsgewandt und habe Mängel, man wolle abwarten. Auch hier konnte Ottilie nichts erreichen. Mit vierundzwanzig Jahren beendete Walther von Goethe endgültig seine Karriere als Komponist.

Wolfgang, der ein glänzendes Abitur absolvierte, hatte immerhin mit dem Jura- und Philologiestudium begonnen, Fächer, die schon Großvater Goethe gewählt hatte. Die Brüder galten als Sonderlinge. Eine Besucherin in Goethes Garten hat sie geschildert. »Die Herren Barone kamen durch den Garten zu uns gegangen, um Jeder von uns ein seidenes Tuch zu schenken. Deutlich sehe ich die Beiden noch vor mir: Baron Wolf groß, schlank, ernst und zurückhaltend, Baron Walther klein, beweglich, lebhaft und liebenswürdig.«

Trotz ihrer Niedergeschlagenheit blieb Ottilie länger als vorgesehen in Weimar. In ihrem Leben begann ein neues Kapitel: das Tauziehen um Goethes Erbe. Da beide Enkel volljährig waren und über den Nachlaß verfügen konnten, hatte der Deutsche Bund das Angebot unterbreitet, von ihnen Goethes Wohnhaus nebst Garten sowie die Kunst- und Naturaliensammlungen für eine Summe von insgesamt 40 000 Reichstalern zu erwerben. Vorgesehen war die Gründung einer Nationalstiftung. Der Kanzler als Bevollmächtigter war sofort einverstanden. Allerdings war auch ihm klar, daß Ottilie und ihre Kinder dann keinen Wohnort mehr hätten, weshalb man ihnen einen Baugrund »an der Ackerwand« anbieten wollte.

Walther, der Geld brauchte, bekundete großes Interesse. Wolfgang fand die Summe zu niedrig und stemmte sich auch aus Anhänglichkeit an den Großvater so vehement gegen den Verkauf, daß sein Bruder schließlich nachgab. »Der Sperling in der Hand ist besser wie eine Taube auf dem Dache«, ließ er Wolf wissen. Zwar habe er kaum Aussicht, »mir meinen vollständigen Unterhalt zu erwerben, wie es Dir wohl in 3-4 Jahren möglich sein wird. Doch: Etwas gegen Dein Gefühl zu tun, lieber Wolf, würde mir immer sehr schmerzlich sein.« Man fragte neuerlich nach ihren Forderungen. Walther befand, bei 60-70 000 Reichstalern würde man mit sich reden lassen. Seinem Bruder schrieb er aus Wien, es wäre natürlich schöner und angenehmer, das Ganze zu behalten, »aber wir sind dazu doch nicht reich genug«. Außerdem hätte man mit den ausgestellten Sammlungen zwar viele Kunstzimmer, »aber kein Wohnhaus«. Wolfgang reagierte sofort. Unter 80 000 Reichstalern werde man nicht verkaufen, es sei schließlich nicht irgendein Haus, sondern das Wohnhaus Goethes. »Wenn Deine Seufzer daran kleben«, echote Walther, nütze ihm auch die größte Summe nichts. Sie lehnten das Angebot zum zweiten Mal ab. Verärgert informierte der Kanzler die Vertreter des Bundestags, Frau von Goethe hintertreibe den Verkauf, zumal auch ihre Söhne, aus knabenhaftem Hochmut und sentimentaler Anhänglichkeit an den Großvater, den Verkauf ablehnten. Nun traten Almas Vormünder auf den Plan. In einem solchen Fall würde ihr Mündel leer ausgehen. Ottilie antwortete: »Das Opfer, das man von uns fordert, ist für uns zu groß – denn Sie wissen recht gut: es ist eine Art Verbannungsurteil für die ganze Familie.«[311] Am großherzoglichen Hof war man anders informiert, wie Riemer notierte. »Abends an Hof. Über Frau von Goethe und ihre unverschämte Forderung von 80 000 Talern. Die Hoheit empört.«

Ottilie wollte nach Wien zurück. »Sind meine Verhältnisse dort unverändert geblieben, so daß ich das alte Glück dort zu finden glaube, so verlasse ich Weimar in 14 Tagen«, meldete sie der hilfsbereiten Freundin Sibylle Mertens (Juni 1842). »Das alte Glück« bestand in der Person von Romeo Seligmann. Er hatte die Freundin rechtzeitig vor übergroßen Erwartungen warnen wollen. »Es wäre ein großes Unglück für Sie, wenn ich zu den Dingen gehörte, die für Sie unentbehrlich sind … Seit einiger Zeit stecke ich den Kopf in Arbeit, und das hat angefangen, mich zu erheitern. Vor den anderen rettet man sich nur durch sich selbst; vor sich selbst rettet man sich nur durch Arbeit. Merken Sie sich das!«[312], hatte er ihr unfreundlich mitgeteilt.

Doch Ottilie reiste nach Wien und nahm eine Wohnung im »Römischen Kaiser« auf der Freyung, bis das Quartier sich als zu teuer erwies und sie sich eine dürftig eingerichtete Wohnung im dritten Stock des Hauses Hohe Brücke No. 144 mietete. Wieder gab sie zuviel Geld aus, um sich einigermaßen mit Möbeln und Geschirr zu versehen. Der Wiedereinzug in Wien erwies sich dennoch als richtig. Ottilie fand sich von allen Freunden mit offen Armen empfangen. Eine Frau, mit der Goethe Tischgespräche geführt, der er Gedichte gewidmet und den *Faust* vorgetragen hatte, war einzig auf der Welt! Musiker und Schriftsteller kamen in ihre keineswegs prachtvolle Mietwohnung, Friedrich Hebbel und Adalbert Stifter, Künstler, die Ottilies unkonventionelle Art anderen Salons vorzogen. Einige Besucher erschienen schon vor dem Frühstück und mußten warten, bis die Gastgeberin angezogen war und sie empfing. Zuweilen erstiegen die Gäste auch ohne Einladung die sechs Treppen. Es waren Freunde aus Diplomatenkreisen, um in der politisch aufgewühlten Zeit, die in der Revolution von 1848 kulminieren würde, unbelauscht brisante Themen zu erörtern. Auf ihre Diskretion konnte man bauen, Ottilie galt als absolut verschwiegen, bei ihr gab es keine Intrigen und keinen Klatsch. Durch ihr Leben an Goethes Seite war sie den Umgang mit Menschen aller Berufe, Stände und Klassen gewöhnt, kannte keinen Standesdünkel und respektierte jeden, vom Kammermädchen und Kutscher bis zum Staatsminister und Gesandten. Sie hatte gelernt, fremde Menschen wie Könige zu empfangen, ob sie nun Rehbein oder Schinkel, Eckermann oder Humboldt hießen. Wenn man in Weimar über ihre Allüren gespottet hatte – in Wien wurden ihre Gastlichkeit, geistige Beweglichkeit und gleichbleibende Liebenswürdigkeit nie in Frage gestellt.

Bei allem war Seligmann der zuverlässige Freund, Arzt, Helfer und Psychologe, Ersatzvater für Alma, Geldgeber und Berater in einer Person. Nur in Herzensdingen wahrte er weiter Distanz. Das quälte sie. Was, wenn Seligmann heiratete? Was, wenn er stürbe? Sibylle Mertens reagierte auf Ottilies Klagen mit kopfschüttelndem Unverständnis. »Daß Seligmann jeden Tag eine Stunde findet, um zu Dir zu kommen, ist eminent! Daß der Freund Dich ganz als Freundin behandelt, ist Dir das Peinliche, er soll auch der attentive, immer geistvolle, immer impressionierte Freund sein: das kann er nur in den ersten Jahren der Freundschaft; denn jede Freundschaft sowie jede Liebe wird zuletzt eine Art von Ehe, in welcher man di tempo a tempo sich in der moralischen Nachtmütze sieht!«[313]

Was Ottilie tatsächlich an diesem Vertrauten hatte, wie dankbar sie ihm war, zeigte sie durch das Geschenk, das sie ihm machte. Sie überreichte dem Freund einen Siegelring mit einer altrömischen Gemme aus blauschwarzem Achat mit Doppelmaske, einzigartige Kostbarkeit aus Goethes Besitz. Sie wünsche, schrieb sie dazu, »… daß Sie dann beiliegendes Andenken, das ich Ihnen gerade heute gebe, erinnern möge, wieviel Sie für mich getan, wie ich durch Sie wieder zuerst den Blick tränenlos auf das Leben gerichtet. Ihre dankbare Ottilie.« Es war der 20. Februar, Geburtstag ihres in Wien begrabenen Töchterchens. Ottilie konnte nicht ahnen, daß ihr in diesem so glücklich begonnenen Jahr ein noch schwererer Schicksalsschlag, das größte Unglück ihres Lebens, bevorstand.

Alma stirbt

»Mein Zimmer wird von Tränen getränkt.«

Aufgeregt nahm die vierzehnjährige Alma teil am Schicksal des Goethehauses, in dem sie geboren war. Die Briefe, die sie aus Wien an die heißgeliebte Großmutter schrieb, geben die Streitereien zwischen den Erwachsenen auf witzige Weise wieder. Zum Thema Hausverkauf meldete sie: »Die Herren Brüder und die Herren Vormünder setzen jetzt das Lustspiel ›Ein Haus ist zu verkaufen‹ neu in Szene ... Wenn meine Herren Brüder denn durchaus Geld haben wollen, so sollen sie die Sammlungen verkaufen, da habe ich nichts dagegen, aber das Haus? Nein! Nein! und abermals Nein! Das ist meine Meinung!«[314]

Keines der Geschwister wollte das Goethehaus veräußern, es sei denn, der Bund mache für alle Räume einschließlich des Hinterhauses und der Sammlungen ein Angebot von 80000 Talern. Die Verhandlungen zogen sich in die Länge. Inzwischen hatten sich die Rollen der Brüder verkehrt. Jetzt war es Walther, der den Verkauf ablehnte, weil er wußte, daß es für Wolfgang ein unzumutbares Opfer bedeuten würde. Daraufhin wurden Almas Vormünder hellhörig. Auf dem Höhepunkt des Konfliktes verlangten sie für ihr Mündel eine Entschädigung für den Fall, daß der Verkauf scheiterte. Die Brüder sahen sich gezwungen, Alma dann ihren Anteil von 20000 Reichstalern auszuzahlen.

Zum dritten Mal wurde der Verkauf abgelehnt. Für Ottilie war dieser Entschluß nicht die beste Entscheidung. Keiner aus der Familie hatte ein eigenes Einkommen, und der Besitz brachte nichts ein, im Gegenteil, er mußte unterhalten werden und verursachte Kosten. Man diskutierte die Möglichkeit, Goethes Sammlungen zu versteigern. Es waren mehr als 26000 Kunstgegenstände, Gemälde, Bronzen, Uhren, Marmorwerke, Porzellane und Terrakotten in eigens dafür gebauten Kommoden, Kästen und Schränken. Dazu kamen die einzigartige Majolikasammlung, die Mappen mit Hunderten von Handzeichnungen, Aquarellen und Kupferstichen, Medaillen und 1700 Münzen sowie ein Konvolut von zehntausend Briefen. Ottilie, die sich strikt gegen den Verkauf dieser Reichtümer wehrte, nahm schweren Herzens den Verzicht in Kauf. Doch woher sollte das Geld für ihren nicht gerade bescheidenen Lebenszuschnitt kommen? Das erklärt, warum Ottilie sich später die nötigen Summen vom Vermögensverwalter, den Vormündern, von Freundin Sibylle Mertens, Seligmann oder ihrer Mutter leihen mußte – die Dankbriefe und Schuldscheine sind noch erhalten.

Der Arzt und Maler Carl Gustav Carus hatte erfahren, es sei »von einer Auction« die Rede, »zu welcher es indeß glücklicherweise nicht gekommen ist«.[315] »Glücklicherweise« bedeutete, daß Goethes Wohnhaus einschließlich Bibliothek, Archiv und Sammlungen im Besitz der Enkel blieb. Es war der größte Schatz, der jemals von einem Dichter im Laufe von Jahrzehnten zusammengetragen worden war. In der Bibliothek Goethes befanden sich Erstausgaben und Widmungsbände, Bücher zur Kunst aller Epochen, Journale und Almanache. Die Handschrift des *Götz von Berlichingen* und die Reinschrift der *Römischen Elegien* wie andere Kostbarkeiten befanden sich in seinem Archiv. »Glücklicherweise« bedeutete für Carus auch, daß das Goethehaus, solange die Enkel lebten, für die Öffentlichkeit verschlossen und – im Gegensatz zu Schillers Wohnhaus – unverändert erhalten blieb.

Bei den Problemen, die Walther und Wolfgang bedrängten, gab es zu ihrer Freude die Schwester. Alma vergötterte ihre Brüder, besonders den musikalischen Walther, und die Brüder liebten Alma. Student Wolfgang schenkte ihr das Kindertheater, mit dem er früher gespielt hatte. Alma glich auffallend ihrem Vater, hatte wie August eine stark gewölbte Stirn und ein hervorstehendes Kinn. Eine Schönheit scheint sie nicht gewesen zu sein, aber ihr wundervolles

Abb. 34: Alma von Goethe als Achtjährige.
Porträt von Louise Seidler, 1835

Haar wird von allen gelobt. Als man Almas Gebeine später zu den Gräbern von Mutter und Brüdern nach Weimar überführte, fand man noch immer den Schmuck ihrer reichen dunkelblonden Haare.[316]

Während die Verhandlungen um Goethes Besitz im vollen Gange waren, starb im Februar 1843 Ottilies Großmutter Eleonore Henckel von Donnersmarck krank und pflegebedürftig mit siebenundachtzig Jahren. Oft hatte Alma die alte Dame in ihrer Wohnung *An der Ackerwand* besucht, jenem Haus, das früher Charlotte von Stein gehörte. Almas Freundin Therese Thon hat sie dort getroffen. »Wie Alma da vor mir steht auf den Stufen des lieben Hauses, vor dem die Orangenbäume in großen Kübeln gereiht prangten … Sie trug damals ein feines, hellbräunliches Kleid; ein sehr farbiger, römischer Longshawl umhüllte ihre Schultern, und ein weißer Battisthut vollendete den sommerlichen Anzug, der eine zierliche Gestalt von Mittelgröße umschloß. Alma wird damals knapp zwölf Jahre alt gewesen sein. Ihre Haare, ein kräftiges goldschimmerndes Blond, umgab in reicher Fülle eine breite, sehr gewölbte Stirn … Ein energischer, frischer, voller Mund über einem kräftig entwickelten Kinn ist mir in lebhafter Erinnerung.«[317] Im Haus der Frau von Stein *An der Ackerwand,* wo Goethe einst Ottilie traf und sie durch seinen Garten führte, war Alma ein und aus gegangen.

Alma schämte sich. An dem Tag, an dem ihre Urgroßmutter starb, hatte sie wieder reichlich viel getanzt. Ohnehin habe die Fünfzehnjährige nichts anderes im Kopf als Tanzen, meldete Henriette von Pogwisch, »von Geist keine Spur, der ist nur in den Füßen«. Ihre Schilderung der Enkelin ist ernüchternd. Almas Klavierstunden (die sie ihr selber gab) seien erfolglos, sie spiele einfach »gräulich«. »Übrigens liebt Alma wenig, und von Deiner Herzenswärme hat und wird sie nie etwas haben, wie sie überhaupt der Himmel unter ihren Geschwistern am wenigsten mit Kopf und Gemüt begabt. Sie wird aber eine rechtliche brave Frau sein können, nur fehlt ihrem Gemüt und ihrem Kopf für mich das Bestechende, was der Frauen bester Schmuck ist. Leidenschaftlich wird sie leider sehr werden«, setzte die Großmutter hinzu, es gebe auch schon Verehrer, unglücklicherweise bevorzuge Alma ausgerechnet Engländer – ein deutlicher Hieb gegen Ottilie, deren Leben durch die englischen Jünglinge aus der Bahn geraten war.[318]

»Alma war die Gesundheit und Jugend selbst«, schrieb Freundin Therese. Wolfgang fand das auch: Alma sei so robust wie eine Römerin. Doch trotz des blühenden Aussehens scheint sie oft krank gewesen zu sein. »Was Alma gefehlt hat, weiß ich nicht, so viel ist aber gewiß, daß ich mich immerzu ängstige«, schrieb

Frau von Pogwisch am 21. März 1843 nach Wien; es sei merkwürdig, daß die Fünfzehnjährige sich nach Durchfall und Erbrechen so matt fühle, »indem sie hier nach gleichen Explosionen den Tag nachher immer wieder herumlief!«[319] Ottilie berichtete zwei Monate später, daß Alma erkrankte, »und zwar so plötzlich, so heftig«, daß man ein »Nervenfieber« fürchtete, »dann warf es sich auf das Auge, und so war ich in finsterer Stube gesperrt, dazu kam, daß Walther gleichfalls krank war«.[320]

Zu Almas Konfirmation im Juni 1843 wollte Großmutter von Pogwisch auf jeden Fall anreisen, und es störte sie nicht im geringsten, daß Walther mit seiner schlechten Laune nicht einverstanden war. Die Art, in der Henriette von Pogwisch seine »Ausladung« resolut kommentierte, ist bezeichnend für ihren Weitblick und ihr Stehvermögen. »Liebe Ottilie! Da ich bis jetzt noch von keinem Gesetz gehört habe, daß im Österreichischen einer Großmutter verbietet, nach Wien zu kommen, wenn sie das Unglück hat, einen Enkel zu haben, der melancholisch ist«, komme sie auf jeden Fall. Sie ließe sich nicht von Walther in die Schranken weisen. »Daß er uns nicht gern sieht, tut mir leid, hauptsächlich für Ulrike, allein wie wenig liebenswürdig er in Wien ist, hat er mir schon vor 2 Jahren gezeigt ... wo du, geliebte Ottilie, wenn Dr. Seligmann nicht dabei war, auch nicht der besten Laune warst.« Zum Besuch der Wiener Museen benötige sie »weder Herrn von Goethe noch den Dr. Seligmann. Ist Walther unsere Ankunft zu unangenehm, so kann er ja fortgehen – er hat noch beinah 3 Monate Zeit sich darüber zu besinnen.«[321]

Damit nicht genug, stellte sie ihre Forderungen. »Den Vorschlag, Almas Stube zu teilen, nehme ich an, insofern es kein Käfterchen ist, sondern eine wirkliche Stube, in der ich Raum habe zu frühstücken, zu lesen, nachmittags nachzudenken u. s. w.« Sonst möchte sie lieber »ein apartes Quartier« außerhalb, »mit 2 Stuben könnten wir wohl genug haben, dann bitte ich aber nur 2 Treppen hoch und nicht in einer so abscheulichen Straße wie die Art, wo

Walther mal neben der Milchanstalt gewohnt!« Sie sei mit ihren sechsundsechzig Jahren alt genug, um es bequem haben zu wollen, »da ich kein Glück, keine Freude mehr in der Welt zu erwarten habe, muß ich meinen materiellen Zustand so erträglich als möglich machen, sonst hielte ich es gar nicht aus«. Dabei hatte die geplagte Mutter eine Menge Humor. »Ich bin nicht mehr in Schreibstimmung, aber immer in der, Dich zu lieben und Dir alles mögliche Glück und Wohlsein zu wünschen.«

Selbstverständlich reiste Frau von Pogwisch mit Ulrike zu Almas Konfirmation nach Wien. Im Jahr zuvor hatte sie Ottilies »Hausfreund« Seligmann kennengelernt und war zu der Überzeugung gelangt, daß Ottilie unter den Wiener Schriftstellern, Künstlern und Aristokraten weit besser aufgehoben sei als in Weimar, wo seit Goethes Tod Stillstand herrsche.

Alma liebte Weimar. Sie hatte zwar auch in Wien gute Freundinnen und wurde zu vielen Ereignissen eingeladen. Weimar aber war ihre Heimat und die Stadt, in der sie in Ballkleidern aus Moirée, Schuhen aus Seide und mit Rosen im Haar ihre ersten Eroberungen gemacht hatte. Sie war überglücklich, daß die Großmutter sie nach der Konfirmation auf der Rückfahrt mit nach Weimar nahm. Alma war vom Hofleben fasziniert und wollte, wie sie nach Wien schrieb, »Hoffräulein« werden. Darüber erregte sich Ottilie mehr als nötig und überschüttete ihre Tochter mit Vorwürfen. Frau von Pogwisch war empört. Alma war »in Tränen gebadet – Du hast sie sehr betrübt und ihr ihre Unbefangenheit geraubt.« Ob Ottilie nicht wisse, »daß das alles eine Faseley Deiner 16jährigen Tochter war«. Alma sei so verheult, daß die Klavierstunde ausfallen mußte. »Nein, liebe Ottilie, klüger bist Du seit meiner Abwesenheit nicht geworden, denn auch all das, was Du über den Vormund schreibst, kömmt mir von einer klugen Frau äußerst dumm vor.« (8./12. September 1843) Walther sei bei ihr, »er sieht recht gut aus und ist bis jetzt auch menschlich, denn er hat zwei Stück Kuchen bei mir eingepackt ...« Zu Walthers Entwicklung bemerkte sie vorwurfsvoll, »anders wie es jetzt ist, wirst Du ihn nun nicht mehr machen, wenn Du auch früher manches hättest an ihm ändern können« (27. November 1843).[322]

Im Oktober 1843 wurde Alma sechzehn Jahre alt. Sie feierte in Weimar einen reich beschenkten Geburtstag mit ihren Freundinnen Ottilie von Häsler, Herders beiden Enkelinnen und Therese Thon. Alma bekam von ihren Vormündern »ein wundervolles Armband von Gold mit Granaten«, ferner einen Ring, Atlasschuhe und ein Crêpekleid mit weißen Rosen«, worin die Malerin Louise Seidler sie porträtierte.

Die Verhandlungen um den Verkauf von Goethes Wohnhaus gingen währenddessen in die vierte Runde. Almas Vormünder, Herr von Waldungen und Hofadvokat Brenner, verlangten jetzt energisch von ihren Brüdern Almas Anteil von 20000 Talern. Anstatt endlich Geld in der Tasche zu haben und in Wien gemütlich zu leben, mußte Walther sich in Schulden stürzen und eine Hypothek aufnehmen. Im März 1844 stand es in der Zeitung: »Vor kurzem ist der Ankauf des Anteils des Fräuleins Alma von Goethe an dem Goetheschen Hause und dessen Sammlungen zu Stande gekommen und die Bezahlung der Kaufsumme von 25000 Talern von den Gebrüdern Wolf und Walther von Goethe erfolgt, wodurch also nun diese alleinige Eigentümer geworden sind. Welche Plane sie über die Veräußerung sowohl des Hauses als der Sammlungen gefaßt haben, ist hier nicht bekannt.«[323]

Ottilie wünschte sich ihre Tochter zurück. Sie habe Alma den Weimar-Aufenthalt von Herzen gegönnt, jetzt aber sei es gut, »Du kehrst zu deiner alten Mama zurück«.

Die Sechzehnjährige hatte in Weimar glückliche Herbstwochen verlebt, am Hof eine Taufe gefeiert und in ihrem roséfarbenen Moiréekleid mit Erbgroßherzog Carl Alexander den ersten Tanz getanzt. »Alle Leute sind außer sich, daß ich weggehe«, behauptete sie, »der Erbgroßherzog sagte neulich: Nein Alma, Sie müssen bleiben, Sie gehören einmal zu Weimar, wir dürfen Sie nicht fortlassen!« Trotzdem reiste sie folgsam mit einem alten Freund der Pogwischs, dem Oberjägermeister von Fritsch, bis Linz, wo Ottilie ihr Kind in Empfang nahm. Bereits während der Fahrt mit dem Dampfschiff nach Wien klagte Alma über Mattigkeit. Dann wieder war sie so gesund, daß sie an einem Gartenfest teilnehmen konnte, das Wiener Freunde ihr zu Ehren veranstalteten. Zu Hause klagte sie über Kopfschmerzen, am Tag darauf zeigten sich die ersten Anzeichen einer schweren Erkrankung. Die Anwendungen der beiden befreundeten Ärzte Dr. Ernst Feuchtersleben und Dr. Romeo Seligmann brachten keine Besserung. Alma stöhnte, litt unter heftigen Koliken, dann fiel sie ins Delirium. Die Ärzte sprachen von einem »typhösen Fieber«. Typhus war eine Krankheit, die noch kaum behandelt werden konnte. Am 28. September erhob sich Alma plötzlich, umarmte ihre Mutter und rief: Mein Mutterchen – mein Mamachen! und fiel in die Kissen zurück. Am Tag darauf meldete Walther seiner Großmutter Almas Zustand. Am gleichen Tag gab die verzweifelte Ottilie in einer Nachschrift ihrer Mutter den Tod des Kindes bekannt.

Alma von Goethe starb am 29. September 1844. Einen Monat später wäre sie siebzehn Jahre alt geworden.

Der Pfarrer, der Alma im Mai konfirmiert hatte, geleitete sie nun zum Währinger Friedhof. Hier war schon die kleine Tochter Anna Sibylle beerdigt worden. In der Nähe von Almas Grab waren Ludwig van Beethoven und Franz Schubert bestattet. »Was soll ich Dir nur von unserem Jammer sagen, liebe Mutter, wohin wir uns wenden, sehen wir nur über der ganzen Zukunft einen Trauerschleier liegen«, klagte die unglückliche Ottilie. »Ich bin durch alle Qualen durchgegangen, meine Tränen scheinen nun versiegt und ich bin auf dem Punkt, wo man es nicht faßt und immer wieder verzweifelt. So einsam werde ich übrig bleiben, so leer wird alles um mich her werden!« Ihrer Schwester Ulrike schrieb sie klagend:

Abb. 35: Alma von Goethe. Die Sechzehnjährige auf dem Totenbett

»Was für ein Glück kann es denn für uns im Leben noch geben? Ich weiß auch, daß wir ruhiger in einigen Jahren sein werden … aber für uns ist doch der eigentliche Lebensschmuck verloren … Mein Zimmer wird von Tränen getränkt.«[324]

Ottilie sehnte sich nach Hause. Sie wollte Mutter und Schwester wiedersehen, wollte das furchtbare Ereignis schildern und getröstet werden. In ihr Tagebuch schrieb Ottilie: »Einen Augenblick gibt es, in dem Gott nicht allwissend ist – wenn er einer Mutter ihr Kind nimmt, denn kennte er den Schmerz – er würde ihn keiner Seele zu tragen geben.«[325]

X.

Abschiede

»Die letzten Sonnenblicke …«

In desolatem Zustand und unvorstellbarer Traurigkeit kam Ottilie in Weimar an. Goethes Sekretär Kräuter berichtete Eckermann, sie sei »sehr angegriffen und gealtert, aber immer die geistreiche und interessante Frau. Almas plötzliches Ableben ist ein ungeheurer Schlag für sie gewesen.« Großherzog Carl Alexander war erschüttert. Er müsse Ottilie einem entwurzelten Stamm vergleichen, der auf dem Wasser schwimmt, »so ohne Ziel, ohne feste Absichten, ohne Plan, ohne Zukunft ist sie«, berichtete er. Ottilie habe weinend gesagt, der Kummer liege ihr so schwer auf dem Nacken, daß sie den Himmel nicht sehe.[326]

Zu allem Unglück brach der Streit zwischen Ottilie und dem anmaßenden Kanzler erneut aus. Sie mußte einen Prozeß anstrengen, um mit Hilfe von Amtsadvokat Dr. Vogt ihren Söhnen endlich wieder das Verfügungsrecht über Goethes Archiv zu verschaffen. Sekretär Kräuter besorgte die Rückholung der verstreuten, vom Kanzler verliehenen oder unrechtmäßig verschenkten Handschriften. Die Papiere wurden in eine Mansarde des Goethehauses gebracht, um sie vor Nässe und Feuer zu schützen.[327]

Bei Mutter und Schwester fühlte Ottilie sich wie eine Fremde. Hier konnte sie nicht bleiben. Wieder stand sie vor der Frage: Wohin sich wenden? Was tun? Offenbar sah sie die Sorge für ihre Söhne nicht als vordringlich an – eine Nachlässigkeit, die sich als Fehler erweisen würde. Zum bloßen Hausfrauendasein war Ottilie nicht geboren. Konnte sie einen Beruf ergreifen, sich als Sprachlehrerin, Gouvernante, Erzieherin betätigen wie ihre Mutter? Sie war achtundvierzig Jahre alt. Eine herausragende Begabung wie andere Frauen ihrer Umgebung besaß sie nicht. Die Schwestern Egloffstein waren professionelle Künstlerinnen, Sibylle Mertens eine anerkannte Archäologin, Anna Jameson erfolgreiche Schriftstellerin. Auch Adele Schopenhauer hatte ihre phantasievollen *Haus-, Wald- und Feldmärchen* bei Brockhaus veröffentlicht und arbeitete an einem Roman, in dem Freundin Ottilie eine Rolle spielen würde. Noch war es ein Geheimnis.

Vermutlich hat Ottilie nie erfahren, mit welcher Bosheit einige Menschen sich anmaßten, Almas Tod zu kommentieren. Die übelste Nachrede stammt von Annette von Droste-Hülshoff. Die westfälische Dichterin, selber unverheiratet und kinderlos, hatte Ottilie bei Adele Schopenhauer kennengelernt und von ihren Liebschaften wie von ihrem »Fehltritt« erfahren. Almas Tod gab die Gelegenheit, ihrer literarischen Freundin Elise Rüdiger darzulegen, »wie weit Eitelkeit und eine liebessieche Natur eine Frau herunterbringen können«. Früher habe Ottilie »als Goethes Schwiegertochter beständig einen Kreis von Bewunderern« um sich geschart. Nach Goethes Tod habe sie ihr Alleinsein nicht verkraften können, bis ein »Engländer-Student« sie »in Schande gebracht«. »Nun hören Sie die Fortsetzung«, schrieb die Droste. »In Adeles letztem Brief stand, Ottilie sei nach (ich meine Paris) gereist, ohne ihre Tochter mitzunehmen ... Jetzt weiß ich aber, daß sie dahin einem Juden gefolgt ist mit Namen Selig, einem höchst widrigen, innerlich gemeinen Kerl, Spieler, Verschwender, ... der sie so in einem Jahr bis aufs Hemd ausgezogen und dann beredet hat, Alma kommen zu lassen. Alma hat nicht hin wollen, hat gesagt, es sei ihr, als wenn sie in den Tod ginge; acht Tage in Paris angekommen, war sie wirklich tot, die Mutter Erbin ihrer sechzigtausend Taler, und in Weimar zweifelt niemand, daß sie zu diesem Zweck vergiftet worden ist. Das Publikum hält die Goethe dieser Tat fähig ... Die Söhne sollen noch immer außer sich sein,

Wolf fast wahnsinnig geworden; Ottiliens Vermögen schon zum Teil hin ... Welche Horreurs! Aber, um Adeles willen, sprechen Sie doch nicht davon ...«[328] Die Droste wird nicht die einzige gewesen sein, die der Meinung war, Almas Vermögen sei der Mutter sehr willkommen gewesen.

Der fünfundzwanzigjährige Wolfgang hatte sein Jurastudium in Heidelberg beendet und das Doktorexamen mit *summa cum laude* bestanden. Mit seinen schwarzen Augen und dunklen Haaren glich Wolf seinem Vater August, mit der bräunlichen Haut und der feingliedrigen Statur seiner Mutter Ottilie. »Sehen Sie meinem Wolf in die Augen«, hatte Goethe einmal gesagt, »es spricht so etwas heraus, daß ich meinen sollte, er werde ein Dichter.« Tatsächlich hatte Wolfgang noch vor der Abreise sein erstes Buch veröffentlicht, die Märchenerzählung »Erlinde«, die mit zwei beigefügten Abhandlungen bei Cotta erschienen war.[329] Goethes Prophezeiung ging jedoch nicht in Erfüllung, Wolfs Buch fand keinen Anklang. Nur Alexander von Humboldt war angetan, vor allem von der Abhandlung *Der Mensch und die elementarische Natur.* Darin belegte Wolf die Vorstellung von einer ursprünglichen Einheit des Menschen mit der ihn umgebenden Natur. Das entsprach ganz Humboldts Gedankenwelt.

Die Anstrengungen der Dissertation hatten Wolf überfordert. Er wurde schwer krank. Der Arzt riet zu einer Kur im Süden. Auf Capri, wo Wolfgang die heißen Bäder gebrauchte, wurde er so elend, daß er zu sterben meinte. Er rief um Hilfe. Ottilie reiste sofort von Wien nach Neapel, holte den Schwerkranken im September 1845 auf Capri ab und brachte ihn nach Rom.

Vier große Reisen haben Ottilie nach Italien geführt. Dabei konnte sie sich immer auf ihre Freundinnen verlassen. Sibylle Mertens, Anna Jameson und Adele Schopenhauer standen bereit, wenn sie rief. Vor allem die Hilfsbereitschaft und Großzügigkeit von Sibylle

Mertens waren es, die ihre langen Reisen überhaupt erst ermöglichten. Mit Krediten, Wertpapieren und Zahlungen durch ihre Kölner Hausbank griff sie Ottilie unter die Arme. Das einmal geknüpfte Netzwerk der vier Frauen bewährte sich in fast jeder Situation und über jede Entfernung hinweg. Es waren nicht nur die jüngeren Männer, zu denen Ottilie sich hingezogen fühlte. Wie schon seit ihrer Jugend in Weimar verstand sie es, durch Aufmerksamkeit und freundliches Entgegenkommen die Liebe von Frauen zu gewinnen und zu erhalten. Adele Schopenhauer war dabei diejenige, die die Situation von ledigen Frauen kritisch reflektierte. Gebildet, aber wenig ansehnlich, hatte sie die frauenverachtende Tendenz von Männern erfahren und eine Zeit quälender Einsamkeit erleben müssen. »Frauen stehen in Deutschland wie auf einer Oase, wenn sie sehr gebildet sind«, hatte sie geschrieben, »sie bilden eine Nation für sich.«[330] Darum war für die unverheiratete Adele der weibliche Zusammenhalt besonders wichtig. Die Begegnungen und Briefe, Gespräche und gemeinsamen Reisen wie auch der gegenseitige Austausch bildeten das Fundament einer bis zum Ende währenden, nie unterbrochenen Gemeinsamkeit der vier unzertrennlichen Freundinnen.

Ottilies erster Aufenthalt in Italien, von Seligmann dringend empfohlen, galt der Rettung des kranken Sohnes. Als Ottilie mit Wolfgang in Rom eintraf, hatten Sibylle Mertens und Adele Schopenhauer sich bereits im Palazzo Poli an der Fontana di Trevi für den Winter eingemietet und empfingen an bestimmten Tagen ihre Gäste. Ottilie lernte dort den Bildhauer Jerichau kennen, einen Schüler Thorwaldsens, mit dem sie das Denkmal für Almas Grab besprach. Er schuf nach Almas Totenmaske ihr jugendliches Bildnis aus Marmor, Alma im Schlaf ruhend, mit einem Kranz von Rosen im Haar.[331] In den römischen Salon der zwei Freundinnen kam auch Fanny Lewald, die sich in Deutschland mit ihren Büchern für die Gleichstellung der Frau einen Namen gemacht hatte.[332] Sie schildert Ottilie in ihrem *Römischen Tagebuch* als warmherzig »und gänzlich uneitel«. Zwar sehe die noch nicht Fünfzigjährige mit ihren Gesichtsnarben nicht eben vorteilhaft aus, aber immer noch besser als Adele Schopenhauer: Diese war »sehr groß, mager, ungewöhnlich starkknochig und hatte dünnes, gelbliches Haar ... Die großen, wasserblauen Augen waren übermäßig gewölbt und traten weit vor den Lidern heraus, und ein breiter, äußerst häßlicher Mund wurde durch die langen Zähne nicht verschönt.«[333] Überhaupt gebe es keine größeren Gegensätze als diese beiden Frauen. Es sei ihr ein Rätsel, schrieb die vierunddreißigjährige Schriftstellerin, wie sich Ottilies geistvolle und leichte Art mit der »feierlichen, auf eigene Gelehrsamkeit gebauten Pedanterie von Fräulein Adele« vertrage. Fanny Lewald konnte nicht wissen, daß die Freundinnen seit Kindertagen unzertrennlich waren.

Weihnachten in Rom wurde für Wolfgang ein Martyrium. Seine Gesichtsschmerzen waren so unerträglich, daß er nicht einmal mehr sprechen konnte. Eine Dampfbadekur auf Ischia half zwar nichts, hatte aber für seine Mutter, die ihn überallhin begleitete, eine bleibende Bekanntschaft zur Folge: Ottilie lernte Anna Gargallo kennen, die Tochter einer neapolitanischen Adelsfamilie, die ihr, wie der Briefwechsel bezeugt, für ein Vierteljahrhundert zu einer treuen, hilfreichen Freundin wurde. Bei Wolfgang wurden Bäder und Kuren erprobt – sie blieben erfolglos. Nach einem Jahr war er sogar zu schwach für die Heimreise. Ottilie stand mit Adele Schopenhauer allein vor Augusts Grab an der Cestius-Pyramide. Als sie ihre Blumen niederlegte, weinte sie. Was war aus ihr und den Kindern geworden? Walther ohne Erfolg, Wolfgang ohne Stellung, Alma im blühenden Alter gestorben, sie selber umgetrieben und zu Tode traurig. »Ich fühle mich sterbend, ich kann nichts mehr ohne die größte Anstrengung tun«, schrieb sie an Seligmann. Immer habe sie geglaubt, die Liebe heile alles, »die ganze

Abb. 36: Ottilies Mutter Freifrau Henriette von Pogwisch. Porträtskizze mit der Beschriftung ihrer Tochter Ulrike: »Schreckliches Bild! meiner theuren Mutter.«

Natur, die ganze Welt scheint mir im Dienste der Liebe zu stehen« (23. März 1846). Doch jetzt helfe nichts mehr.

Mutter und Sohn fuhren im Mai 1847 zu einer Wasserkur nach Meran, wo es Wolf jedoch so schlecht ging, daß Ottilie schon »die Flügel des Todes« um ihn rauschen hörte. In ihrer Verzweiflung rief sie die Mutter herbei.[334] Die einundsiebzigjährige Henriette von Pogwisch machte sich im Oktober 1847 mit ihrer Tochter Ulrike notgedrungen auf den Weg nach Südtirol. Ihre Anwesenheit scheint dem Enkel neuen Auftrieb gegeben zu haben. Wolfs Zustand besserte sich, und er fuhr nach Rom, während Ottilie die Heimreise antrat.

Adele Schopenhauer hatte den Winter in Florenz verbracht. Zuvor hatte sie einen Roman veröffentlicht, an dem sie lange gearbeitet hatte: *Anna. Ein Roman der nächsten Vergangenheit,* in 2 Bänden bei Brockhaus in Leipzig erschienen. Der Text ist weitgehend autobiographisch. In *Anna* schildert Adele sich selbst. Bei ihrer Jugendfreundin namens Leontine, die aus einem adligen Haus stammt, handelt es sich offensichtlich um Ottilie. *Vergangen* ist die Kindheit, doch die handelnden Personen leben in der *nächsten* Gegenwart. Im Roman wie in der Realität lernen sich die Freundinnen im Jahre 1806 kennen, wachsen beide ohne Vater bei ihren Müttern auf, sind beide unzertrennlich. Adele hatte dem Roman die Worte vorangestellt: »Meiner Freundin Ottilie von Goethe geb. Freiin von Pogwisch gewidmet.«

Florenz war die Stadt, die Adele der Kunstschätze wegen am meisten liebte. Diesmal hatte sie die Absicht, einer Idee von Ottilie folgend, einen Reiseführer speziell für Frauen zu schreiben. Ottilie hatte sich nämlich beschwert, »daß Niemand für die Frauen schrieb, die etwas lernen möchten, die aber keine Vorkenntnisse über Italien« hätten.[335] Mitten bei der Arbeit wurde Adele von schrecklichen Schmerzen überfallen. Die Ärzte diagnostizierten eine bösartige Geschwulst im Unterleib. Adele sandte einen Hilferuf nach Bonn an Sibylle Mertens, sie müsse dringend nach Hause geholt werden. Doch Österreich hatte Italien den Krieg erklärt, an Reisen war nicht zu denken. Erst nach Monaten furchtbarer Leiden konnte sich die halb gelähmte Kranke in Tagesreisen in einer Kutsche über die Alpen schleppen. In unsäglichem Zustand, abgemagert bis auf die Knochen, völlig erschöpft, kam Adele in Bonn an.[336] Unter der Pflege von Freundin Sibylle schien sie sich zu erholen, doch bei einem Besuch in Weimar brach sie zusammen.

Ottilie wollte ihre älteste und beste Freundin noch sehen, noch sprechen. Sie reiste aus Wien ab. Ihre Mutter hatte sie vorher gewarnt. »Eine so schreckliche Veränderung, wie mit Adeles Äußerem vorgegangen, kannst Du Dir gar nicht denken … sie sieht wie die komplette Auszehrung aus, ist von erschreckender Magerkeit, und die Augen stehen weit hervor«, hatte Frau von Pogwisch geschrieben. »Daß ihr Übel ein Polyp ist, weißt Du, so hat sie dort wieder Abgänge gehabt … so kann man die Ermattung und Abzehrung wohl begreifen. Übrigens ist sie im Gespräch aber doch munter und angenehm.«[337]

Ottilie fand die Freundin in einem erbarmungswürdigen Zustand. Sie blieb zehn Tage bei ihr. Es waren, wie Adele sagte, »die letzten Sonnenblicke«. Als der Arzt erklärte, es gebe noch Hoffnung, reiste Ottilie ab. Zu unruhig, um zu bleiben, zu unglücklich, um das Leiden mitanzusehen, fuhr sie nach Frankfurt zu Adeles Bruder, dem Philosophen Arthur Schopenhauer. Die Geschwister hatten sich jahrelang nicht gesehen. Sie teilte ihm mit, Adele sei auf den Tod krank, es bestehe keine Hoffnung »auf Erhaltung dieses von den entsetzlichsten Schmerzen gemarterten Daseins …«[338] Adele Schopenhauer starb am 25. August 1849 mit zweiundfünfzig Jahren. Drei Tage später wurde sie auf dem Alten Friedhof in Bonn beerdigt. Freundin Sibylle Mertens legte sie selbst in den Sarg.

Drei Tage später, am 28. August 1849, war ganz Weimar auf den Beinen. Man feierte Goethes 100. Geburtstag. Walther und Wolfgang öffneten Haus und Sammlungen für das Publikum. In Ottilies Wohnung waren Bilder und Büsten mit Kränzen geschmückt, im Theater gab man *Torquato Tasso* mit der Ouvertüre von Franz Liszt, Honoratioren legten Kränze an Goethes Grab nieder, sein Gartenhaus war durch Fackeln erleuchtet. Traurig schrieb Ottilie an Sibylle Mertens: »Während man heute in Deutschland jubelt, schreibe ich Dir mit einem Herzen, zerrissen von Weh … Mir ist, als könnte ich an meine Jugend und Kindheit nicht mehr denken, als hätte ich sie mit Adeles Tod verloren, mir ist, als käme ich in ein altes Haus zurück, wo ich früher heimisch war, der Flügel aber, wo ich meine Zimmer hatte, wo ich Glück und Unglück erfahren, wäre abgebrochen ...«[339]

Die Unruhe und Eile, mit der Ottilie Adeles Krankenbett verließ, hatte einen Grund. Sie wollte nach dreiunddreißig Jahren Ferdinand Heinke wiedersehen. Sein Name war ihr Symbol für jene glückliche Zeit, da sie als Siebzehnjährige ungebunden war und wählen konnte in einer jugendlichen Zuversicht, die sie nie wieder erlebt hatte. Sie habe in Breslau »einen Tag des Glückes erlebt, wie Gott mir selten gab«, schrieb Ottilie an Sibylle Mertens.[340] Heinkes Geständnis bewirkte, daß sie Adeles Tod besser ertrug. »Und er hat mich geliebt«, sagte Ottilie.

Wie Wolfgang hatte nun auch Walther ein Buch veröffentlicht. Es trug den anspielungsreichen Titel *Fährmann hol' über.* Man denkt dabei an den Fährmann der griechischen Mythologie, der die Menschen in die Unterwelt geleitet – in den Tod. In drei Erzählungen prangerte Walther die sozialen Mißstände der Gegenwart an. Bei der Schilderung eines kleinen Mädchens, das sterben muß, wird Walther an seine Halbschwester Anna Sibylle gedacht haben – er nannte das Kind *Anna.* Da das Buch anonym erschien, wußte jahrzehntelang niemand, daß der Verfasser Goethes Enkel war.

Als Walthers Buch 1848 erschien, war es in mehreren europäischen Ländern zu Revolutionen gekommen; in Wien wurde randaliert, demoliert, geplündert und geschossen. Walther von Goethe wurde zur Nationalgarde eingezogen. Durch die Bewaffnung ihres Sohnes alarmiert, erklärte Ottilie den Freunden ihren politischen Standpunkt. Die Regierung habe versäumt, die Pressefreiheit einzuführen und Metternich zu entlassen. Im Dezember 1848 wurde der neunzehnjährige Franz Joseph Kaiser von Österreich. Ein Jahr danach faßte Ottilie ihr politisches Credo in Briefen an Vetter Nicolovius und den Theologen Otto Mejer zusammen. »Dann hasse ich die Anarchie, weil sie die größte Feindin der Freiheit ist; ich will aber von gar niemand tyrannisiert werden, weder von den Königen noch vom Volk. An Republik glaube ich nicht, denn in Deutschland ist niemand dazu befähigt. Ich will also monarchisch sein, wenn man mir vernünftige Freiheit gibt und meiner Entwicklung nichts in den Weg legt. Hauptsächlich aber verlange ich: Ehrlichkeit des Gouvernements. Ich will mich immer als Deutsche fühlen; und komme es wie es wolle, und wäre es nach einem Jahrhundert, wird doch noch ein einiges Deutschland sich bilden.«[341]

Die Söhne

»Zwei in Nachtvögel verwandelte Prinzen.«

Wolfgang ging es nur zeitweilig besser; er litt beständig unter Kopfschmerzen, deren Ursachen Seligmann als psychosomatisch betrachtete. Die Äußerungen seiner Mutter lassen erahnen, wie sie vom Unglück ihrer Söhne gemartert wurde. Bei Anna Gargallo hatte sie geklagt: »Es ist der tiefe Schmerz um meine Beiden, ihre wahrhaft edlen Charaktere, die von einem Ring voll Bitterkeit umschlossen sind, erworben durch Erfahrungen, die ihrer Jugend hätten fernbleiben sollen … dazu der Schrecken vor meinem einsamen Alter, all das brach wieder in der gleichen schrecklichen Krankheit aus, die ich am Totenbett Almas überwunden zu haben geglaubt hatte.«[342] Ihre begabten, aber erfolglosen Söhne waren traumatisiert durch die hohen Ansprüche, die die Welt an sie stellte. Eine traurige Nachricht lähmte Ottilie zusätzlich: Ihre Mutter war gestorben. Von Tochter Ulrike gepflegt, erlag Henriette von Pogwisch 1851 mit fünfundsiebzig Jahren einem »Lungenschlag«. In Ottilies Tagebuch die Klage: »Gestern erwachte ich mit dem Gefühl, zum erstenmal diesen Tag zu erleben, ohne die Liebe meiner Mutter.«

Abb. 37: Ottilies Sohn Wolfgang im Alter von 34 Jahren als Diplomat

Was man angesichts von Wolfgangs labilem Zustand kaum mehr hoffen konnte, trat unerwartet ein: Der zweiunddreißigjährige Jurist und Schriftsteller Wolfgang von Goethe wurde in den diplomatischen Dienst Preußens übernommen. Seine Anstellung verdankte er auch seiner Mutter. Ottilie war eigens nach Berlin gereist, um Alexander von Humboldt, Kammerherr bei Friedrich Wilhelm IV., um Fürsprache zu bitten. Der berühmte Weltreisende, den sie einst durch Goethes Räume führte, erschien ihr lebhaft und jugendlich. »Er sieht ganz unverändert aus«, steht in ihrem Tagebuch, »und seine Unterhaltung fließt so ineinander wie Ringelblumenketten«, man könne ihn kaum unterbrechen. Wolfgang wurde als Attaché bei der preußischen Gesandtschaft in Rom angestellt – für ihn der ideale Posten. Ein Bekannter sah in ihm sogar den typischen Südländer, »einen Herrn mit einer mehr italienischen als deutschen Physiognomie, mittelgroß, schlank, etwas blaß, mit sehr lebhaften schwarzen Augen und schwarzem Backenbart.«[343] Wolfgang erwog den Plan, seinen Besitz in Deutschland aufzulösen und für immer in Rom zu leben, »wo Wohnung, Kunstwerke, Sammlungen, eine Bibliothek das ausdrücken sollen, was in mir lag …« Zehnmal lieber hätte er das Leben eines Privatgelehrten geführt.

Ihrem Sohn zuliebe startete Ottilie ihre zweite längere Reise nach Italien. In Rom wohnte sie monatelang in Wolfgangs Nähe. Abgesehen von ihren wiederkehrenden Erkrankungen und einer lang andauernden Zahnoperation wurde es eine gute, erfüllte Zeit. Bislang war Ottilie in Fragen der Kunstgeschichte Dilettantin gewesen, nun eroberte sie sich einen großen Wissensschatz. Nicht nur in Rom, auch in Pisa und Florenz besuchte sie die Museen und Galerien und gewann durch das Betrachten und Vergleichen der Originale, die sie in ihren Tagebüchern minutiös verzeichnete, Kenntnisse, die ihr die größte Freude machten und sie zu einem eigenständigen Urteil befähigten.

Wolfgang hatte den Posten vier Jahre bis 1856 inne. Allein war Ottilie in Rom nie. Fast immer wurde sie von einer Freundin begleitet, oft kam Walther mit, manchmal war auch Romeo Seligmann mit von der Partie. Sechsundzwanzig Tagebücher dokumentieren detailliert ihre römischen Begegnungen, beschreiben den wachsenden Freundeskreis und schildern ihre Begeisterung für die Kunstwerke, von denen sie Kopien anfertigen ließ.

Zu Ehren von Goethes Geburtstag erhielt auch der vierunddreißigjährige Walther ein offizielles Amt. Carl Alexander von Sachsen-Weimar, mit dem gleichaltrigen Goethe-Enkel aufgewachsen und gerade Großherzog geworden, ernannte ihn am 28. August

1852 zu seinem Kammerherrn. Walther sollte kraft seiner Kenntnisse auf allen Gebieten der Musik, Kunst und Literatur dazu beitragen, als »Kulturattaché« aus Weimar wieder ein geistiges Zentrum Deutschlands zu machen. Walther brachte Grillparzers *Sappho* auf die Bühne und lud Gustav Kühne als Vertreter des »Jungen Deutschland« zu Vorträgen ein. Durch ihn kamen die Künstler Cornelius, Böcklin und Lenbach in die Residenzstadt. Ohnehin beständig mit der Erhaltung und Renovierung des Goethehauses befaßt, verlegte Walther seinen Wohnsitz 1854 endgültig nach Weimar und fuhr nur noch zu längeren Besuchen nach Wien.

Im Mai 1854 reiste Ottilie in Begleitung ihrer Schwester nach Genua. Es gab dafür einen bestimmten Grund: Hier war jener Mann zu Hause gewesen, den sie wie keinen anderen geliebt hatte: Charles Sterling. Ulrike würde verstehen, warum sie sich nach ihm erkundigen wollte. Das Verhältnis zu Sterling war für Ottilie eine offene Wunde, die geschlossen werden mußte. Er hatte sie heiraten wollen, sie war es gewesen, die ihn zurückwies. »Welch Unrecht ward mir zugefügt, gerade von dem Augenblick an, wo Sterling kirchlich fromm wurde«, so steht es in ihrem Tagebuch. Sterlings Entschluß, der katholischen Kirche zu dienen, hatte das Ende ihrer Liebe bedeutet. Zuletzt war Ottilie zu Ohren gekommen, Sterling sei als Missionar nach Indien gegangen. Lebte er überhaupt noch? In Genua mußte sie es in Erfahrung bringen.

Nach tagelangem Herumlaufen meldete sich Ottilie mit klopfendem Herzen beim englischen Konsulat und erhielt freundliche Auskunft. »Daß Charles noch lebte, wußten sie gewiß, aber nicht wo, er möchte wohl noch in Indien sein ...« Wie hatte sie seinerzeit davon geträumt, dem Geliebten als Pfarrersfrau zur Seite zu stehen. Sogar nach Indien hatte sie ihn begleiten wollen – aber nur in Gedanken. Seine Schwester wohne ganz in der Nähe, hieß es. Ottilie klingelte. Es erschien ein Junge, hinter ihm eine kleine rundliche Frau. Ihr Bruder Charles sei schon lange aus Indien zurück, berichtete sie, »lebe in England auf einer kleinen Pfarre, sei sehr unzufrieden, sehr arm, sehr unruhig wie immer. Die Frau sehr kränklich.« Seine kleine Tochter mache ihm Sorgen. Beinah im Weggehen rief die Frau noch: »... das wissen Sie aber, daß Sterling 3 Jahre in Frankfurt am Main englischer Prediger war ...« Drei Jahre in Frankfurt, und er hatte sich kein einziges Mal nach ihr erkundigt – der Schlag war zu viel, schrieb Ottilie entsetzt in ihr Tagebuch.

Ihre dritte Italienreise von Oktober 1855 bis Juli 1856 unternahm Ottilie Anna Jameson zuliebe, die sich mit Renaissancekunst befaßt hatte und eine Buchveröffentlichung über alte italienische Malerei plante. Sie verbrachten die gemeinsame Zeit in Venedig. Dort erfuhr Ottilie von Ferdinand Heinkes schwerer Erkrankung; die Nachricht stammte von Heinkes Tochter Ottilie. Er habe ihr mit Bedacht diesen Namen gegeben, hatte Heinke einmal gesagt, weil er hoffe, die Tochter möge »an Herz, Geist und Schönheit« Ottilie gleichen.[344] Zuletzt hatte er ihr seine Lebenserinnerungen geschickt, hatte den Schmerz um einen toten Sohn, eine gelähmte Tochter geschildert und Ottilie seine lebenslange Liebe gestanden – in einem Brief von mehr als zwanzig Oktavseiten, der sogar Romeo Seligmann eifersüchtig gemacht hatte.

Wolfgang von Goethe hatte sich zwar in Rom in seiner diplomatischen Mission bewährt, doch in seiner übergroßen Sensibilität fühlte er sich oft zurückgesetzt, vernachlässigt, zu Unrecht nicht befördert. Sein Vorgesetzter bewirkte beim preußischen König die Beförderung zum Legationssekretär und 1856 seine Versetzung zur preußischen Gesandtschaft beim sächsischen König in Dresden. »Wer hätte vor einigen Jahren für möglich gehalten, daß Wolf noch irgendeine äußere Stellung in der Welt erreichen könnte«, rief Ottilie glücklich aus. Sie verließ Wien und nahm sich in Dresden eine Wohnung, um dem wortkargen und kränklichen

Sohn in schwierigen Situationen beistehen zu können. Keine leichte Aufgabe, wie sie schreibt, da Wolfgang auf alles und jedes »übel, müde und verstimmt« reagiere.

Eine Wende trat erst dann ein, als Wolfgang ihr die wunderbare Mitteilung machte, daß er heiraten wolle. Schon vor drei Jahren hatte er geklagt, wie trostlos es sei, von niemandem geliebt zu werden. »Wenn Du heute stirbst, dann kann ich gleich einpacken, denn dann habe ich keine Hand, die mich streichelt oder mir hilft … ach, um den Wunsch geliebt zu werden dreht sich in mir ja doch alles …«, hatte er geschrieben. Mit solchen Klagen rannte er bei Ottilie offene Türen ein. Die Auserwählte war Marie, einzige Tochter seines Vorgesetzten Alexander Graf Redern. Wolf bestürmte seine Mutter, die gräfliche Familie einzuladen und ein persönliches Kennenlernen zu arrangieren.

Mit Genugtuung notierte Ottilie am 1. März 1857 das große Ereignis in ihr Tagebuch: Erstmals seit vielen Jahren gebe sie wieder eine große Gesellschaft. Ungesellig war sie nie gewesen; das Dresdener Tagebuch quillt über von Adressen und Einladungen. Nach wie vor war Goethes Schwiegertochter, lebhaft und an allem Anteil nehmend, eine gesuchte Persönlichkeit. Vor allem Gustav Kühne war es, mit dem sie neuerdings wieder einen anregenden Umgang pflegte. Die Zeiten, da sie ihn mit ihrer Liebe verfolgte, waren vorbei; fast hatte das Verhältnis sich umgekehrt: Kühne, mit seiner Frau und zwei Töchtern nach Dresden gezogen, umgarnte und verwöhnte Ottilie. Und er war eifersüchtig auf Seligmann. In einem Gedicht hat er sich darüber belustigt und beklagt.[345]

Du wirfst die Freunde kunterbunt zusammen.
Um sie zu schmelzen? Um sie rein zu brennen?
O nein, Du kannst sie einzeln gar nicht trennen.
Gleichviel ist Dir's, woher die Geister stammen,

Ob Seligmann, ob Kühne sie sich nennen …
Selig, wer Kühn ist in der Frauen Gunst,
Doch ist, wer Kühn, darum nicht immer Selig …
Verwechsle Du den Leib nur mit der Seele,
Damit nicht Seligkeit, nicht Kühnheit fehle …

Das häusliche Glück, das sie gewünscht, aber nie gefunden hatte, erhoffte sich Ottilie jetzt für ihren Sohn. Die Liste der geladenen Gäste war lang. Es kamen die Ehepaare von Planitz, von Beschwitz, von Carlowitz, die Künstler Carus und Dahl, Graf Nostitz, Gustav Kühne und seine Frau Henriette, Herr von Lüttichau, Frau von Kalisch, Frau von Serre, Herr von Salza, Gräfin Lynar, Graf Beust, Gräfin Moltke und andere. Die Gäste wurden nicht nur mit erlesenen Speisen, sondern auch mit einem Konzert und einer Theateraufführung verwöhnt, wozu im Salon eine Bühne errichtet worden war.

Um halb acht erschien die gräfliche Familie von Redern. Die Gastgeberin hatte vor allem Augen für Komtesse Marie. »Eine schlanke Gestalt und ein wunderlicher schwarzlockiger Kopf mit offen und heiter blickenden Augen trafen mich. Im ersten Augenblick nicht hübsch, ja vielleicht häßlich, war doch die blendend weiße Stirn, die weißen Zähne und ein entschiedener Ausdruck von Originalität, Lebhaftigkeit und Natürlichkeit ihr eigen.« An einem der nächsten Tage fand ein Gespräch mit dem Grafen Redern unter vier Augen statt. Es verlief nicht nach Wunsch. Wolfgang wurde mit der Begründung abgelehnt, man fürchte sein hypochondrisches Wesen.[346]

Wolfgang war wieder allein. Mit vierzig Jahren quittierte er den Dienst und verzichtete für immer auf eine diplomatische Karriere – wie überhaupt auf jeden Beruf. Weder Diplomat noch Dichter wollte er sein. Das Einzige, was er akzeptierte, war das Leben eines Privatgelehrten. Er arbeitete jahrelang an einer Studie über »Leben und Zeit des Cardinals Bessarion«, scheute aber die Veröffentlichung aus Angst, mit seinem Großvater verglichen zu werden. Seinem Schulfreund Mejer schrieb er deprimiert: »Man stirbt lange, wenn man einmal damit angefangen hat.«[347]

»Walther und Wolf haben das größte Unglück, was man haben kann«, klagte Ottilie ihrem Freund Seligmann. Beide hätten nie die Stellung erreicht, die ihnen zugestanden hätte. »Das Schlimmste ist, daß ich das Bewußtsein habe, statt ihnen zu helfen, gerade ich es bin, die es verhindert, daß sie je zur Ruhe kommen.« In ihr Tagebuch trug sie Ende des Jahres 1858 ein: »Wolf seine Gesundheit ist gar nicht gut, er ist sehr hypochonder und hat ja in letzter Zeit mich immer mit Sorge erfüllt, aber Walther ist mir die schwerste Sorge, die ich auf dem Herzen trage, denn er verdirbt sich selbst mit dieser Bitterkeit und Unbilligkeit. Er hat in den letzten Monaten mein Leben mir sehr verbittert, und es nagt an mir mit tötender Gewalt.« Wenn sie sein versteinertes Gesicht sah, war jede Freude dahin. Möglicherweise gab Walther ihr insgeheim die Mitschuld am Niedergang der Familie, den er bereits voraussah – »das Reich der Eumeniden geht zu Ende«, hatte er gesagt.

Früher war Walther voll Hoffnung und Zutrauen – aber da war Alma noch am Leben. Und schon damals hatte er unter dem Leichtsinn seiner Mutter gelitten. Lachend hatte Ottilie ihm einmal ein »Reiseabenteuer« berichtet. Sie war mit der fünfzehnjährigen Alma in einem Landgasthaus abgestiegen, als vor der Tür »drei Gentlemen« englisch sprachen. »Noch ohne Schuh und Strümpfe« habe sie mit den Herren »eine kleine Flirtation« begonnen, »um nicht aus der Übung zu kommen«. Darüber war Walther in Wut geraten. Für ihn war das der Gipfel der Pflichtvergessenheit, zumal in Anwesenheit seiner halbwüchsigen Schwester. Hatte Ottilie durch ihren Leichtsinn nicht schon Geburt und Tod eines Kindes verschuldet? »Ich finde Deine Abenteuerlust nicht sehr günstig für Alma«, hatte Walther zornig ausgerufen, »überhaupt sehe ich für Alma die größten Gefahren, da Du viel zu sehr mit Dir beschäftigt bist, um sie immer zu hüten«.[348] Almas Tod war für beide Brüder ein Unglück und eine schwere Last.

Tod in Weimar

»Weil das Zarte sich nicht in Worten ausspricht.«

»Noch nie habe ich mit ihm eine so ganz ruhige ungestörte Zeit erlebt« – Ottilie war glücklich über ihr gutes Verhältnis zu Romeo Seligmann. Oft genug hatte sie den Freund, der sich um alle ihre Angelegenheiten kümmerte, vor den Kopf gestoßen. Als er Silvester feierlich mit ihr begehen wollte, erklärte Ottilie, seit 41 Jahren denke sie in dieser Nacht immer nur an ihre große Liebe Ferdinand Heinke. »Nun, was soll ich dann tun«, erwiderte Seligmann und ging fort, »nachdem wir uns schweigend die Hand geschüttelt.« So steht es in ihrem Tagebuch.

Das gemeinsame Leben verlief inzwischen so harmonisch, wie Ottilie es sich immer gewünscht hatte. Seligmann verhielt sich fast wie ein Ehemann; zwar wurde er nachlässiger im Äußeren und erschien zum Frühstück mit der Nachtmütze, war andererseits aber der beste Vertraute, ein Freund, der sie mit Stoff zu einem Kleid oder einem Musikgerät für Wolfgang beschenkte – wobei sie beim Einkauf beide lachten, als sie sich den Diplomaten Wolfgang mit dieser Musik vorstellten. »Seligmann war noch nie so fortgesetzt freundlich, und ich glaube, er hätte gewünscht, ich wäre geblieben, er hatte sich auch im Häuslichen bequem mit mir eingerichtet. Was ihn betrifft, so kann ich mir nur wünschen, daß Alles bleibt wie es in den letzten Monaten war; so friedlich, plaudernd, vertraulich.« Der glückliche Zustand verlieh Ottilie innere Zufriedenheit und ein ruhiges Selbstgefühl, wie sie es lange vermißt hatte.

Ihre letzte Italienreise von November 1858 bis Mai 1859 hatte Ottilie noch einmal für ein halbes Jahr nach Venedig geführt, wo sie Anna Jameson behilflich war, eine Biographie über Tizian fertigzustellen. Im Juli 1859 reiste sie wiederum von Wien nach Dresden; Seligmann brachte sie zur Bahn. In Dresden lebte Wolfgang. Ottilie mietete sich eine Wohnung, um länger zu bleiben. Wieder wurden ihre Räume zu einem Treffpunkt der künstlerisch, geistig und gesellschaftlich bedeutenden Kreise. Ungeachtet ihrer dreiundsechzig Jahre war Ottilie beliebt und gesucht. Zuweilen konnte sie sich der Fülle ihrer Gäste kaum erwehren, zumal sie auch selbst zu eleganten Soireen und diplomatischen Empfängen gebeten wurde. »Ich lehnte ab«, heißt es dann knapp im Tagebuch. Künstler wie Binzer, Carus, Dahl brachten ihre Aquarelle und Zeichnungen mit, die russische Dichterin Caroline Pawlow las eine Novelle vor, der berühmte Devrient spielte bei ihr eine Theaterrolle. Regelmäßig kam Gustav Kühne und trug den Gästen eigene Gedichte vor; abends las er mit Ottilie die *Annalen* des Tacitus. Es ist bemerkenswert, daß Kühne in seinem Nachruf Ottilie als eine »autonome Natur« bezeichnete, die immer für eigene und freie Entscheidungen plädiert habe. »Der Zug des freien, sich selbst bestimmenden Geistes lag auch in ihrer Erscheinung«, schrieb Kühne, auch Goethe habe »die nach eigenem Gesetz festgefugte Natur« in ihr erkannt. »Seine letzte Liebe, die Neigung eines Vaters zur Tochter«, schrieb Kühne, habe Ottilie gegolten.[349]

»Seligmann kam und war sehr herzlich und gut.« Im Juni 1860 zog Ottilie wieder in der Wohnung über ihm in der Wiener Renngasse ein. Doch jetzt war das Verhältnis nicht mehr ungetrübt wie zuvor. Romeo Seligmann, einundfünfzig Jahre alt, hatte die zweiundzwanzigjährige Therese Hommer kennengelernt, mit der er ein Jahr später die Ehe schloß. Aus Ottilies Tagebüchern erfährt man nichts über das Verhältnis der beiden Frauen zueinander. Es muß aber ein freundschaftliches Klima geherrscht haben, denn »Hausfreund« Seligmann besuchte Ottilie weiterhin so oft wie möglich, brachte Geschenke, las ihr vor, half ihr mit Geld aus. Das erinnert an das Verhalten von Gustav Kühne, der ebenfalls eine bedeutend jüngere Frau nahm, aber als intelligente Gesprächspartnerin Ottilie vorzog und sie in Dresden fast täglich besuchte. 1862 wurde Seligmanns einziger Sohn geboren, Adalbert Franz Seligmann, Maler und Schriftsteller, der 1928 jene Korrespondenz veröffentlichte, die er in den Schubladen seines Vaters fand: *Aus den Briefen Ottiliens von Goethe an einen Wiener Freund.*

Ottilie saß in der einfachen, viel zu dunklen Wohnung in der Renngasse und schrieb an einem Gedicht, das ihre Lebens- und Liebesstationen umfassen sollte. Dichtend dachte sie an ihre große Liebe Ferdinand Heinke, der für das Vaterland »des Kriegers Schwert« geschwungen hatte, dachte an die »Mädchenfreundschaft« mit Adele Schopenhauer, mit der sie noch an ihrem Sterbebett freundliche Worte gewechselt hatte. Sie dachte an den »Sängerchor« unter Eberweins Leitung, durch den sie in Goethes Haus gekommen war, und an August, der damals den »Schicksalsspruch« erwartete, ob sie seine Frau würde. Vor ihren Augen erschien das glänzende »Jugendbild« des immer geliebten Charles Sterling, und mit Bitterkeit dachte sie an den stolzen Diplomaten Charles Des Voeux, der ihr »das Herz gespalten.« In zwanzig Zeilen entstand ein Lebensrückblick.[350]

Fragen der Jugend an eine alte Frau

Und war die Lippe wirklich einst dir rot?
Und war dein Aug' nicht immer matt und tot?
Erglühtest du, wenn Blicke dir begegnet,
Hast du begeistert Kriegers Schwert gesegnet,
Wenn er dem Kampfe rasch entgegenschritt,
Weil Deutschland unter fremdem Joche litt?

Hast scherzend du den Jugendkreis erheitert,
In Mädchenfreundschaft dir das Herz erweitert,
Im Sängerchor die Stimme stark und voll
Gefühlvoll wie aus deinem Herzen quoll? …
Und hat ein Auge liebend und mit Bangem
An deinem wie um Schicksalsspruch gehangen?
Und zog die Hand, die zitternd festgehalten
Sich zögernd fort, als sie das Herz gespalten?
Und Tränen füllten selbst des Mannes Blick,
Und Scheiden war ein Lebewohl vom Glück?
Ich war das Wesen, das du jetzt geschildert.
Du zweifelst? Und die Schilderung ist gemildert.
Das Jugendbild, es war voll Glanz und Licht.
Zwar fehlte ihm der Teil des Schmerzes nicht.
Doch in der Jugend ist der Schmerz selbst schön,
Wenn Jugend weint, kann niemand widerstehn.
Er ist nur Tau auf einer Blumenspur,
Doch später werdens Furchen der Natur.

Es war Ferdinand Heinke, der einst der siebzehnjährigen Ottilie den Rat gab, sie müsse ihr Leben »zu einem harmonischen Ganzen zu vereinen suchen«. Das sei ihr nicht gelungen, hatte Ottilie den Freundinnen einmal geklagt. »Die Baumaterialien, die mir die Natur gegeben hatte, sind zerstreut liegen geblieben, weil mir der Bau- und Ratmeister versagt war, der sie zu einem Ganzen gefügt.«[351] Sie hatte Talente und Begabungen besessen, die »Baumaterialien« zu einem gelingenden harmonischen Leben waren ihr zu eigen gewesen – doch sie hatte sie nicht genutzt. Auf der Suche nach Liebe hatte sie sich verausgabt. Typisch für ihre Liebessehnsucht ist die Antwort, die sie auch jetzt noch dem Großherzog gab, der sich nach ihrem Wohlergehen erkundigte. »Ich bin ärmer geworden, denn mir ist, als liebte ich die Menschen viel weniger«, erwiderte Ottilie. »Ich sehe, wie die Menschen die Liebe verschwen-

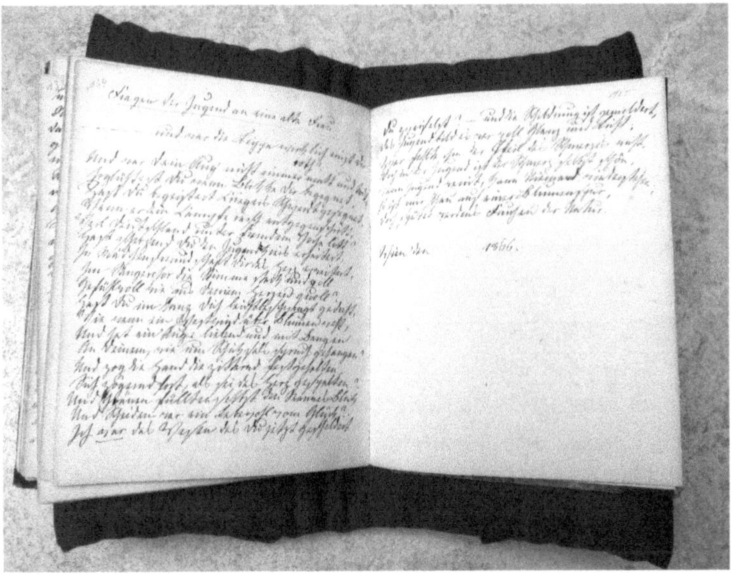

Abb. 38: Ottilies Handschrift ihres späten Gedichts »Fragen der Jugend an eine alte Frau«

den, die ihnen geboten wird und die einen festen Boden bilden könnte für einen Bau, der allen Zeiten trotzen würde … und werden einmal darben aus Mangel an Liebe.«[352]

Der Einzige, dem sie diesen Mangel niemals vorwarf, war Goethe. Als sie den Aufsatz eines Philologen beurteilen sollte, der dem Dichter gewidmet war, schrieb sie dem Verfasser: »Überall haben Sie gezeigt, wie der großartige Charakter meines Schwiegervaters aus Leidenschaft und Irrtum, Kampf und Reue siegreich hervortritt – und so war es auch in der Wirklichkeit. Ich habe fünfzehn Jahre mit meinem Schwiegervater zusammen gelebt, mit einem jungen, warmen – törichten Herzen, mit einer großen Dosis Phantasie und ebensoviel Unvernunft, und nie habe ich auch nur einmal gefunden, er sei kalt oder gar herzlos …; aber er stellte sich immer auf den Standpunkt des andern, und so war er mild verstehend und bei Irrtümern erbarmend.«[353]

In den nächsten Jahren reiste Ottilie für Monate nach Weimar, auch um die Söhne bei den Verhandlungen mit Cotta zu unterstützen, dem Verleger von Goethes Werken in der *Ausgabe letzter Hand*, der Goethes Briefwechsel mit »seinem« Großherzog Carl August herausgeben wollte. Für ein halbes Jahr kam Ulrike von Pogwisch nach Wien; umgekehrt besuchte Ottilie ihre Schwester im St. Johanniskloster zu Schleswig, wo Ulrike als Priorin lebte.

Als im Jahr 1866 der Krieg zwischen Österreich und Preußen ausbrach, faßte Ottilie endgültig den Entschluß, Wien zu verlassen. Für eine weitere Reise in den Süden reichte das Geld nicht. Sie nahm zunächst eine Wohnung in Jena, wo Sohn Wolfgang lebte, der den diplomatischen Dienst für immer verlassen hatte und für seine Forschungsarbeit die Jenaer Universität brauchte.

Nach zwei Jenaer Jahren zog Ottilie nach Weimar zurück. Sie hielt wieder Einzug in Goethes Haus am Frauenplan, in dem sie ihre Ehe mit August begonnen, ihre Kinder geboren, ihren Schwiegervater umsorgt hatte, richtete sich wieder in denselben Mansarden ein, dem »Schiffchen«, wie Goethe es genannt hatte, aus dem sie einst mit fliegenden Fahnen ausgezogen war.

Einsam war Ottilie in Weimar nicht. Die alten Freundinnen Allwina Frommann, Adelheid von Schorn, Emma Froriep, die Malerin Louise Seidler, Frau Direktorin Gumprecht, Frau Professor Melos und Fräulein von Herder besuchten sie regelmäßig. Auch die Jugendfreundinnen der Söhne, Jenny von Gerstenbergk und Charlotte Hardtmuth, die gerne Walther geheiratet hätte, besuchten die siebzigjährige Ottilie, die sie erzählend oder lesend, oft gemeinsam mit den Söhnen, in den bekannten Räumen antrafen. Deren Schicksal ging vielen nahe. Manche sahen die Schuld dafür, daß die unverheirateten und kinderlosen Brüder Goethes Geschlecht nicht fortgesetzt hatten, bei ihrer unvernünftigen Mutter.

In einem Brief an Walther vom 19. Oktober 1861 hat Ottilie die Söhne um Verzeihung gebeten. »Mir als Mutter darfst Du nicht verargen, daß mir das Herz blutet … wenn ich klage und mich anklage und mir Vorwürfe mache, daß ich das Leben und die Folgen nicht besser gekannt.« Und noch einmal: »Wenn Du später vielleicht mit Recht oder Unrecht leidest an den Folgen meines Unverstandes und meiner Fehler, oder doch glaubst, daß ich die Schuld trage, so glaube wenigstens nie, daß es Mangel an Liebe zu Dir war, was die Veranlassung.«[354] In Ottilies »Gedankensarg« steht ihr Gedicht für die Söhne.[355]

Drum haltet fest an der Hoffnung Schein,
Es mag der Anfang der Ernte sein.
Nichts wird in der Welt umsonst gesät,
Der Samen, den der Wind verweht,
Das Korn, vom Vogel weggetragen,
Wird endlich dennoch Wurzeln schlagen.

Für Jenny von Pappenheim waren die beiden Brüder »zwei in Nachtvögel verzauberte Prinzen, die einen vergrabenen Schatz bewachen«. Beide hatten aber die Hoffnungen ihrer Mutter nicht erfüllen können. Wolfgang würde 1883 mit dreiundsechzig Jahren sterben, zwei Jahre später Walther, der Alleinerbe und Hüter des großen Besitzes. Heute liest man über Walthers Grab die Worte: »Mit ihm erlosch Goethes Geschlecht / dessen Name alle Zeiten überdauert.«

Schwester Ulrike reiste an, um mit Großherzog Carl Alexander am Teetisch in Ottilies gemütlichen Räumen zu plaudern. Wolfgangs Freund, der Konsistorialrat Otto Mejer, besuchte noch einmal Ottilie in ihrer alten Mansarde. Er fand »eine zarte Gestalt mit einem energischen Gesicht, dessen Züge bisweilen streng erscheinen konnten. Wie früher hatte sie reiche, im Gespräche viel geschüt-

Abb. 39: Ottilies Schwester Ulrike von Pogwisch im Alter als Priorin im Johanniskloster von Schleswig

telte Locken, damals noch dunkelblond, dann weiß, die Hände überaus schmal und fein, Bewegung und Rede ausdrucksvoll, aber bei aller Lebendigkeit stets bemessen.« Er bewunderte ihren Eigenwillen. »In den großen, festen, markierten Zügen ihrer Handschrift drückte sich der Mut der eigenen Meinung aus – sich unterzuordnen verstand sie nicht.«[356]

Einen Monat vor ihrem Tod, im September 1872, kam Wolfgangs Freund zuletzt noch einmal zu Ottilie. »Wolf hatte recht, sie war wie ein Hauch. Aber ihre alte Lockenfülle umgab noch das schmale Gesicht, und auch im Anzuge war ihr Geschmack der alte: sie trug einen farbigen Umhang mit kleiner Goldborte. Jahre

Abb. 40: Ottilie von Goethe im Alter von 63 Jahren.
Zeichnung von Johann Siegwald Dahl, 1859

und Krankheit waren ihr sehr anzusehen; als ich aber ihr gegenübersaß, richtete sich im Gespräch das gesenkte Haupt nach wenig Minuten in die Höhe, und es gab Momente, wo man hätte meinen können, die Zeit sei spurlos an ihr vorübergegangen, so lebhaft waren Anteil, Auge, Rede, Handbewegung. Ihre Söhne und meine Kinder, alte und neue Freunde, Liebe und Haß, Bewunderung und Verwerfen, Kleines, Großes und Größtes bewegten das Gespräch, nicht zum Wenigsten die große Zeit des Krieges, der eben vorüber war und das Eine Deutschland, ihre alte Hoffnung, geschaffen hatte; Schmerzen, Freude, Erinnerung, noch immer Liebe zum Leben, alles klang lebhaft an. Mir war, als erlebe ich den Schlußsatz eines Beethovenschen Musikstückes.«[357] Ähnlich poetisch hat sich die Schriftstellerin Fanny Lewald geäußert: Man könne »Frau von Göthe« nicht beschreiben, »da sie eigentlich eine für die Dichtung mehr als für das Leben geeignete Gestalt war«.[358]

Mit Romeo Seligmann blieb Ottilie bis zuletzt im regen Austausch. Als der Krieg gegen Frankreich 1871 für Deutschland siegreich endete und in Weimar die Glocken erklangen, »da setzte ich mich auf einen kleinen Lehnstuhl wie 1813 vor das Bild des Herzogs von Urbino, das mir immer Ähnlichkeit mit meinem Jugendfreund zu haben schien, und dankte Gott«, schrieb sie ihm.[359] Für Ottilie war es eine Art Wiedergutmachung für das Jahr 1813, in dem Ferdinand Heinke im Befreiungskampf gegen Napoleon sein Leben riskierte hatte. Seligmann schickte ihr die Schmuckstücke zurück, die sie ihm als Leihpfand »in Verwahrung« gab, eine Brosche, eine Kette, die einst Alma gehört hatte. Im Herbst 1872 bemühte sich der Freund um einen Stein für das Grab der kleinen Anna Sibylle. Davon handelt der letzte Brief, den Ottilie am 4. Oktober 1872 an den vierundsechzigjährigen Romeo Seligmann schrieb. Er hatte ihr bei der Geburt der Tochter beigestanden, jetzt besorgte er ihren Grabstein. »Ich habe Ihnen tagtäglich mit meinem Herzen gedankt«, schrieb Ottilie. »Ich füge sechzehn Taler bei und bestimme mich dadurch für einen Stein mit zwei Buchstaben. Mein ewiges Herzklopfen und meine Augen hindern mich, heute mehr zu sagen …« (Die folgenden Zeilen müssen verfänglich gewesen sein, denn sie wurden von Seligmanns Sohn Franz herausgeschnitten.) Der Brief endet: Nochmals Dank für immer! Ihre alte Freundin Ottilie.«[360]

Ottilie von Goethe starb fünf Tage vor ihrem 76. Geburtstag in ihrer alten Mansarde. Es war der 26. Oktober 1872. Schon lange hatte sie unter Herzschmerzen gelitten; an Herzversagen ist sie gestorben. Ihr blumengeschmückter Sarg wurde im Gelben Saal auf den berühmten Goethe'schen Familienteppich gestellt. Auf diesem alten, von farbigen Blumen durchwirkten Teppich waren schon Goethes Eltern getraut, Goethe getauft und getraut, August und Ottilie getraut, ihre drei Kinder getauft und Goethes Sarg niedergestellt worden.

Am 26. October früh Sechs Uhr entschlief sanft, nach langem Leiden unsere innig geliebte Mutter und Schwester die verwittwete Frau Kammerherrin und Geheime Kammerräthin

Ottilie von Goethe

geborene Freiin von Pogwisch

Tief ergriffen zeigen dies an:

Walther Freiherr von Goethe,
Großherzoglich Sächsischer Kammerherr.

Wolfgang Freiherr von Goethe,
Dr. der Rechte,
Großherzoglich Sächsischer Kammerherr
und Königlich Preußischer Legationsrath.

Ulrica Freiin von Pogwisch,
Priörin des Adligen St. Johannis-Kloster
vor Schleswig.

Weimar, 27. October 1872

Abb. 41: Todesanzeige

Klar und tätig war Ottilie bis zuletzt. Sie hatte sogar noch mit Allwina Frommann Reisepläne geschmiedet. In ihrer genialen Art hatte sie ihre Söhne mit Ratschlägen, Wünschen und Befehlen in Atem gehalten. Für beide war ihr Tod »eine furchtbare Erschütterung«. »Für uns Brüder ist der betroffene Verlust, wie begreiflich, mehr als ein herber Kummer«, wie Wolfgang dem Großherzog schrieb, »er bildet eine Lücke, einen Abschnitt in unserem Leben. In unserer – ich darf wohl sagen g r o ß e n Mutter verlieren wir

Abb. 42: Die Gräber der Geschwister Walther, Wolfgang und Alma von Goethe und ihrer Mutter Ottilie in Weimar

für dieses Leben den besten Bestandteil unseres Daseins und können Gott nur bitten, daß er uns Kraft gebe, diesen Verlust würdig zu ertragen.«[361]

Über der Eingangstür von Ottilies Wohnung hing immer auch ein Porträt von Ehemann August. Krank war er nach Italien gereist, gesund hatte er wiederkommen, mit Ottilie und den Kindern ein neues Leben beginnen wollen. Mit seinem letzten Brief war zum Hochzeitstag ein Bouquet weißer Rosen gekommen, »indem Du siehst, daß ich eines Tages mit Rührung gedenke, den ich noch oft mit Dir zu durchleben hoffe«. Ottilie aber hatte ihm schon vor der Hochzeit beschwörend und warnend gesagt: »Du weißt, ich liebe den Vater u n g e w ö h n l i c h – dies in jede Handlung meines jetzigen und zukünftigen Lebens zu legen, ist mir ein

Glück, das ich mehr empfinden als aussprechen kann …« Nicht dem Ehemann, sondern seinem Vater, der auch *ihr* Vater wurde, hatte sie ihre Liebe zugewandt. Unmittelbar nach der Hochzeit hatte Ottilie ihrem Schwiegervater beteuert: »Zum erstenmal unterschreibe ich mich – zwar nicht mit anderen Gefühlen, aber mit anderem Namen – als Ihre Tochter Ottilie von Goethe.«[362]

Die Aufgabe, dem Vater »des Lebens Abendroth zu verschönen«, wie Grillparzer es ausdrückte, war für beide eine Freude gewesen. Goethe hatte Zelter ein halbes Jahr vor seinem Tod vertraulich erklärt, er wolle über sein Verhältnis zu Ottilie nichts sagen, »weil das Zarte sich nicht in Worten ausspricht«.[363] Louis Stromeyer bemerkte erstaunt: »Von den Abenden erinnere ich mich vorzüglich der liebenswürdigen Art, wie seine Schwiegertochter mit ihm umging – und wie glücklich ihn dies zu machen schien.«[364] Adele Schopenhauer wurde deshalb von Ottilie zurechtgewiesen. »Die Welt hat Goethe verloren, ich meinen Vater und Goethe, die Welt den Schöpfer geistiger Freuden, ich den Schöpfer und den einzigen Erheiterer meiner Lebensstunden; er war meine Zeit, denn er füllte sie ganz aus …«

Über den Zeitraum von fünfzehn Jahren, in denen Ottilie mit Goethe zusammen war, hat sie nicht Buch geführt und keine biographischen Notizen verfaßt, dazu stand sie Goethe zu nahe. Der intensive Austausch – über die Kinder, über Projekte und literarische Vorhaben, über Goethes Gedanken zur Natur und seine Liebe zur Musik – wurde von ihr nicht auf Papier festgehalten und keinem Dritten mitgeteilt. Die gemeinsamen Fahrten nach Tiefurt, Belvedere, Dornburg, Berka, Jena und »um's Webicht« finden sich in Goethes Tagebüchern, manchmal in einem seiner Briefe wieder. »Dame Ottilie, wenn sie um 12 Uhr mich mit dem Wagen abholen will, wird sehr willkommen seyn …« In der zwischen beiden gewechselten Korrespondenz ist von der Tagesplanung und dem Andrang der Besucher die Rede. Es wird über neue Gedichte gesprochen, die *Marienbader Elegie,* die Liebeslieder. Das gemeinsame Interesse am »genialischen« Lord Byron wird erwogen, Ottilies Zeitschrift *Chaos* diskutiert. In anerkennendem Ton hatte Goethe zu Eckermann gesagt: »Es ist doch hübsch von meiner Tochter, und man muß sie loben und es ihr Dank wissen, daß sie das höchst originelle Journal zu Stande gebracht.« Am Ende seines Lebens notierte Goethe die gemeinsame Arbeit an *Faust Zweiter Teil.* Er hatte das schon versiegelte Manuskript noch einmal geöffnet. 8. Januar 1832: »Später Ottilie. Sie hatte das, was vom zweyten Teil des Faust gedruckt ist, gelesen und gut überdacht.« Zwei Monate später war er gestorben. Ottilie hat ihre Gespräche mit Goethe nicht festgehalten, hat kein Manuskript, keine Chronik und keine Aufzeichnungen hinterlassen.

Ottilie war nicht Goethes Eckermann. Sie war seine Tochter.

Anhang

Dank

Ein Leben voller Höhepunkte: Fünfzehn erfüllte Jahre mit Goethe, dem Ottilie nicht nur Schwiegertochter, sondern bis zuletzt liebevolle und geliebte Tochter war.

Ein Leben voller Enttäuschungen: Tod der kleinen Anna Sibylle, Trauer um die sechzehnjährige Alma, Sorge um die begabten Söhne, schließlich die Einsicht, zwar Liebe und Freundschaft, Bewunderung und Verehrung, jedoch nie wieder ein Glück wie das im Zusammensein mit Goethe gefunden zu haben.

Umfangreich ist der Bestand an Briefen und Dokumenten, die über das Leben von Ottilie von Goethe Auskunft geben und die Grundlage meiner Biographie bilden. Der größte Teil befindet sich im Goethe- und Schiller-Archiv in Weimar. Das Bestandsverzeichnis nennt allein 8476 Briefe an Ottilie, darunter so bedeutende Korrespondenten wie Hebbel und Grillparzer, Marie von Ebner-Eschenbach, Fouqué und Varnhagen, Brentano und Brühl, Cotta, Beulwitz, Bettina von Arnim und Hermann Grimm. Auch die Briefe der Söhne Walther und Wolfgang liegen in Weimar. Dazu existieren 1017 Briefe, die Ottilie an Familie, Freunde und Liebhaber schrieb; 120 Seiten mit ihren unveröffentlichten Gedichten, 320 Seiten Tagebuchnotizen und 311 Seiten persönlicher Unterlagen, dazu 1164 Seiten mit Aufzeichnungen und geschäftlichen Unterlagen, 128 Seiten Sammlungsstücke sowie 94 Seiten Rechnungen und Quittungen. Ich danke der Mitarbeiterin des Goethe- und Schiller-Archivs Dr. Silke Henke für die Digitalisate der Briefe und den Gesamtüberblick über das umfassend erhaltene Material, aus dem ich schöpfen konnte.

Ein zweiter Teil des Nachlasses, die sogenannten »Newberry Goetheana«, befindet sich seit der Nachkriegszeit in der Newberry Library in Chicago. Es handelt sich um sechsundzwanzig Tagebücher von Ottilie von Goethe aus den Jahren 1839 bis 1867, um Briefe von August von Goethe an sie als Braut, von Ottilies Mutter Henriette von Pogwisch an die Tochter und deren Freundin Adele Schopenhauer. Auch Briefe und Zeichnungen der mit sechzehn Jahren gestorbenen Alma von Goethe befinden sich in Chicago. Darüber hinaus haben sich zahlreiche Hefte, Mappen und Kladden aus der Jugendzeit von Ottilie von Pogwisch mit Gedichten, Erzählungen und Geschichten erhalten, die für ihren »Musenverein« und den Freundinnenkreis gedacht waren. Eine Ausnahme bildet die Kladde »Gedankensarg«, in die Ottilie von Goethe alles eintrug, was nur für sie selbst bestimmt war. Für die Biographin bedeutete dieser doppelte Bestand in Weimar und Chicago ein Schatz, der zum Sichten, Erforschen und Gestalten geradezu einlud.

Niemand hat sich bisher so eingehend mit Ottilie von Goethes Nachlaß befaßt wie Karsten Hein in seiner Dissertation: »Ottilie von Goethe (1796-1872). Biographie und literarische Beziehungen der Schwiegertochter Goethes.« (Düsseldorf/Frankfurt 2001) Die Arbeit umfaßt 700 Seiten und bezieht auch Rand- und Nebenfiguren ein. Es ging Hein in seiner Doktorarbeit nicht um eine Lebensdarstellung, sondern um die wissenschaftliche Zusammenführung aller erreichbaren Daten, Fakten, Zahlen, Schriften und Personen, die für Ottilie von Goethe von Bedeutung sein konnten. Nachdem sich herausstellte, daß ein Teil des Nachlasses nach dem Zweiten Weltkrieg von der Familie verkauft und in sechs Kisten nach Amerika gebracht worden war, hat Doktorand Karsten Hein ihn in Chicago persönlich eingesehen. Man kann seine minutiöse Recherche nur bewundern. Ich verdanke Heins Arbeit unschätzbare Hinweise; ohne seinen Spürsinn wäre mir manches Detail entgangen – dafür wie auch für seine schriftlichen Mitteilungen und Erklärungen gilt ihm mein herzlicher Dank!

Ohne die Unterstützung von vielen Seiten kann kaum eine Arbeit gedeihen. Glücklich war ich über den Beistand von Wolfgang Dix, dem Berater bei Digitalisierung, Internet- und literarischen Fragen, ohne dessen großzügige Mitwirkung ich kaum problemlos von Berlin bis Chicago hätte vordringen können! Nur so war es mir möglich, die Handschriften, Dokumente und Bilder, die sich in der Newberry Library in Chicago befinden, auf digitalem Wege zu erhalten, wofür ich der Bibliothekarin Suzanne Karr-Schmidt großen Dank sage!

Für liebevollen Beistand und wohltuende Zustimmung bedanke ich mich bei meinen Freundinnen Margrit Bröhan, Herzeleide Henning, Monika Peschken, Claudia Schmölders und Angelika Schuller, deren nicht nachlassendes Interesse meinem Eifer Flügel verlieh. Professor Dr. Hartmut Jäckel und Maren von Bismarck haben mich durch ihr Lob ermutigt. Mein besonderer Dank gilt unserer Schwiegertochter Andrea von Gersdorff, deren ruhiger Sachverstand der Arbeit ungemein nützlich war. Die immer verständnisvolle Lektorin Heike Ochs blieb auch diesmal das zuverlässige Fundament, auf dem dieses Bild der Goethezeit entstehen konnte.

Dagmar von Gersdorff

Literatur

Primäre Quellen

Die Briefe von und an Ottilie von Goethe befinden sich im Goethe- und Schiller-Archiv (GSA) in Weimar (GSA Bestand 40). Von Goethe an Ottilie sind 42 Briefe erhalten, von Ottilie an Goethe 58 Briefe.

Ein weiterer Teil des handschriftlichen Nachlasses von Ottilie von Goethe befindet sich in der Newberry Library Chicago, USA (Signatur MS E5 G7 108). Archivalien aus dieser Bibliothek, wie Ottilies Kladde »Gedankensarg«, »Schaafgarbe und Gedankenstrich« u. a., wurden mir digitalisiert zur Verfügung gestellt. (Näheres zu den Archivalien siehe Nachwort.)
Die ebenfalls in der Newberry Library bewahrten 26 Tagebücher von Ottilie von Goethe aus der Zeit von 1839 bis 1867 wurden von Heinz Bluhm transkribiert und mit Kommentaren veröffentlicht. Sämtliche Zitate aus den Tagebüchern und Briefen im genannten Zeitraum wurden diesen Bänden entnommen:

Bluhm, Heinz (Hg.), *August von Goethe und Ottilie von Pogwisch. Briefe aus der Verlobungszeit.* Mit einem Kommentar von Dorothea Lohmeyer-Hölscher. Weimar 1962

Bluhm, Heinz (Hg.), *Ottilie von Goethe. Tagebücher und Briefe von und an Ottilie von Goethe.* Bd. I. Tagebücher 1839-1841. Weimar/Wien 1962; Bd. II. Henriette von Pogwisch, Briefe an Ottilie von Goethe 1842-1849.Wien 1963 (Darin: Nachruf auf Henriette von Pogwisch durch Enkel Walther von Goethe); Bd. III. Tagebücher 1852-1854. Wien 1963; Bd. IV. Tagebücher 1854-1856. Wien, Leipzig 1966; Bd. V. Tagebücher 1856-1867. Dresden, Weimar, Bern, Frankfurt am Main 1979

Bluhm, Heinz (Hg.), *August und Ottilie von Goethe. Neue Briefe aus den Newberry Goetheana,* in: Goethe Jahrbuch, NF. Bd. 26, Weimar 1964, S. 289-307

Angaben aus Goethes Briefen und Tagebüchern entstammen, wenn nicht anders angegeben, aus:

Johann Wolfgang Goethe, *Sämtliche Werke. Briefe, Tagebücher und Gespräche.* (Frankfurter Ausgabe).
Goethe zwischen Weimar und Jena I, 1816-1819. Hg. von Dorothea Schäfer-Weiss. Frankfurt am Main 1999;

Goethe zwischen Weimar und Jena II, 1819-1822. Erstmals zusammenhängend in zeitlicher Folge ediert und umfassend kommentiert. Hg. von Dorothea Schäfer-Weiss. Frankfurt am Main 1999;
Die letzten Jahre 1823-1828. 2 Bde., Hg. von Horst Fleig. Frankfurt am Main, 1993

Sämtliche Zitate nach Eckermann entstammen dem Band: Eckermann, Johann Peter, *Gespräche mit Goethe in den letzten Jahren seines Lebens.* Nach den Erstausgaben mit Nachlaßmaterialien ediert und umfassend kommentiert. Hg. von Christoph Michel unter Mitwirkung von Hans Grüters. Frankfurt am Main 1999

Sämtliche Zitate der Familie von Egloffstein entstammen dem Band: Hermann Freiherr von Egloffstein (Hg.), *Alt-Weimars Abend. Briefe und Aufzeichnungen aus dem Nachlasse der Gräfinnen Egloffstein,* München 1923

Sämtliche Zitate nach Jenny von Pappenheim entstammen der Veröffentlichung: Braun, Lily, *Im Schatten der Titanen. Ein Erinnerungsbuch an Baronin Jenny von Gustedt,* Stuttgart 1910

Weitere Literatur

Appel, Sabine, *Im Feengarten. Goethe und die Frauen.* Stuttgart 1998

Arnim, Bettina von, *Goethes Briefwechsel mit einem Kinde.* Frankfurt am Main 1984

Bergmann, Ulrike, *›Lebe und sei so glücklich als du kannst‹. Johanna Schopenhauer.* Romanbiographie. Leipzig 2002

Biedrzynski, Effi, *Goethes Weimar. Das Lexikon der Personen und Schauplätze.* Zürich 1992 (Ottilie von Goethe S. 148-154)

Biedermann, Flodoard Freiherr von (Hg.), *Goethes Gespräche. Eine Sammlung zeitgenössischer Berichte aus seinem Umgang.* Auf Grund der Ausgabe und des Nachlasses von Flodoard von Biedermann ergänzt und herausgegeben von Wolfgang Herwig. Bd. III, Teil 1 (1817-1825), Teil 2 (1825-1832) München 1998.

Bode, Wilhelm, *Goethe in vertraulichen Briefen seiner Zeitgenossen.* Zusammengestellt von Wilhelm Bode. Bd. I-III. Berlin und Weimar 1982

Boerner, Nancy und Peter, »Auch ein glückliches Ereignis. Funde zu Ottilie von Goethe in der Newberry Library«, in: *Literatur und Demokratie. Festschrift für Hartmut Steinecke zum 60. Geburtstag.* Berlin 2000

Borchmeyer, Dieter, *Die Weimarer Klassik.* Weinheim 1994

Büch, Gabriele, *Alles Leben ist Traum. Adele Schopenhauer.* Eine Biographie. Berlin 2002
– *La principessa tedesca. Sibylle Mertens-Schaaffhausen.* Romanbiographie. Bonn 2008

Bürger, Christa, *Goethes Eros.* Frankfurt am Main und Leipzig 2009

Eissler, Kurt, *Goethe. Eine psychoanalytische Studie 1775-1786.* 2 Bde. Basel/Frankfurt am Main. Bd. 1 1983 / Bd. 2 1985

Freyer, Stefanie/ Katrin Horn/ Nicole Grodowina (Hg.), FrauenGestalten Weimar-Jena um 1800. Ein bio-bibliographisches Lexikon. Heidelberg 2009

Gersdorff, Dagmar von, *Caroline von Humboldt.* Eine Biographie. Berlin 2011
– *Goethes Enkel Walther, Wolfgang und Alma.* Frankfurt am Main und Leipzig 2008
– *Goethes späte Liebe. Die Geschichte der Ulrike von Levetzow.* Frankfurt am Main und Leipzig 2005
– *Marianne von Willemer und Goethe. Geschichte einer Liebe.* Frankfurt am Main und Leipzig 2003

Gerstenbergk, Jenny von, *Ottilie von Goethe und ihre Söhne Walther und Wolf.* Stuttgart 1901

Goethe, August von, *Auf einer Reise nach Süden. Tagebuch 1830.* Erstdruck nach den Handschriften. Hg. von Andreas Beyer und Gabriele Radecke. München und Wien 1999
– *Wir waren sehr heiter. Reisetagebuch 1819.* Hg. von Gabriele Radecke. Berlin 2007

Goethe aus der Nähe. Texte von Zeitgenossen, ausgewählt und kommentiert von Eckart Kleßmann. Zürich 1995

Die Goethe-Chronik. Hg. von Rose Unterberger. Frankfurt am Main/Leipzig 2002

Grumach, Ernst (Hg.), *Kanzler Friedrich von Müller. Unterhaltungen mit Goethe.* Kritische Ausgabe. Weimar 1956

Günzel, Klaus, *König der Romantik. Das Leben des Dichters Ludwig Tieck in Briefen, Selbstzeugnissen und Berichten.* Tübingen 1981

Haberland, Helga und Wolfgang Pehnt (Hgg.), *Frauen der Goethezeit in Briefen, Dokumenten und Bildern.* Stuttgart 1960

Härtl, Heinz, »Brief von Bettina von Arnim an Ottilie von Goethe«, in: *Jahrbuch Freies Deutsches Hochstift*, Frankfurt am Main 1993

Hecker, Max, »Ferdinand Heinke in Weimar«, in: *Jahrbuch der Goethe-Gesellschaft*, 13. Bd. 1927, S. 268f.

Hein, Karsten, *Ottilie von Goethe (1796-1872). Biographie und literarische Beziehungen der Schwiegertochter Goethes.* (Diss.) Frankfurt am Main 2001.

Hesse, Volker, *Vermessene Größen. Goethe im Wandel seiner äußeren Gestalt und seiner Krankheiten.* Rudolstadt und Jena 1997

Holtei, Karl von, *Vierzig Jahre. Lorbeerkranz und Wanderjahre. Lebenserinnerungen.* Schweidnitz 1898 / Berlin 1932

Hoock-Demarle, Marie-Claire, *Die Frauen der Goethezeit.* Aus dem Französischen von Renate Hörisch-Heiligrath. München 1990

Houben, H.H., *Adele Schopenhauer. Tagebuch einer Einsamen.* Leipzig 1921
– *Damals in Weimar! Erinnerungen und Briefe von und an Johanna Schopenhauer.* Stuttgart 1924
– *Die Rheingräfin. Das Leben der Kölnerin Sibylle Mertens-Schaaffhausen.* Dargestellt nach ihren Tagebüchern und Briefen. Essen 1935
– *Frédéric Soret. Zehn Jahre bei Goethe. Erinnerungen an Weimars klassische Zeit 1822-1832.* Leipzig 1929
– *Goethes Eckermann. Die Lebensgeschichte eines bescheidenen Mannes.* Berlin/Wien/Leipzig 1934
– *Ottilie von Goethe. Erlebnisse und Geständnisse 1832-1857.* Leipzig 1923

Janetzki, Ulrich (Hg.), *Ottilie von Goethe. Goethes Schwiegertochter. Ein Porträt.* Frankfurt am Main/Berlin/Wien 1982

Kaufmann, Sylke, *Goethes Malerin. Die Erinnerungen der Louise Seidler.* Berlin 2003

Klein, Otto, *Alma von Goethe, des Dichters Enkelin.* Leipzig 1910

König-Warthausen, Gabriele von (Hg.), *Briefe an eine italienische Freundin. Briefe von Ottilie von Goethe an Anna Gargallo.* Wien 1944

Kroeger, Heinz, »Aus Alma von Goethes Brieftasche«, in: *Jahrbuch der Sammlung Kippenberg,* Bd. 8, 1930

Kühn, Richard (Hg.), *Diana von Pappenheim und Jenny von Gustedt.* 2 Bde. Dresden 1932/Gernsbach 1962

Linden, Ilse, *Ottilie von Goethe. Ein Porträt.* Aus Dokumenten ausgewählt und eingeleitet von Ilse Linden. Berlin 1924

Mejer, Otto, *Wolf Goethe. Ein Gedenkblatt.* Weimar 1889

Noack, Friedrich, »Der Nachlaß August von Goethes in Rom«, in: *Goethe-Jahrbuch* 29, 1908, S. 206

Oettingen, Wolfgang von (Hg.), »Aus Ottilie von Goethes Nachlaß. Briefe von ihr und an sie 1806-1822. *Schriften der Goethe-Gesellschaft, Bd. 27.* Weimar 1912 (Hier: Oettingen 1)
– »Aus Ottilie von Goethes Nachlaß. Briefe von ihr und an sie bis 1832. *Schriften der Goethe-Gesellschaft, Bd. 28.* Weimar 1913 (Hier: Oettingen 2)

Pierson, Edgar, *Gustav Kühne. Sein Lebensbild und Briefwechsel mit Zeitgenossen.* Dresden/Leipzig 1889

Rameyer, Ruth, *Ottilie von Goethe. Eine Biographie.* Frankfurt am Main/Leipzig 2002

Safranski, Rüdiger, *Goethe – Kunstwerk des Lebens.* Biographie. München 2013

Schopenhauer, Adele, *Anna. Roman aus der nächsten Vergangenheit.* Leipzig 1845
– *Haus-, Wald- und Feldmärchen.* Hg. von Karl Wolfgang Becker. Hanau 1987

Schulte-Kemminghausen, Karl (Hg.), *Die Briefe der Annette von Droste-Hülshoff,* Bd. 2. Darmstadt 1968

Seele, Astrid, *Frauen um Goethe.* Hamburg 1997

Seligmann, Adalbert Franz, »Aus Briefen Ottiliens von Goethe an einen Wiener Freund«, in: *Chronik des Wiener Goethe-Vereins*, 35. Bd. Wien 1928, S. 26-34

Spies, Heike, »Ottilie von Goethe«, in: Eichenauer, Jürgen und Clemens Greve (Hgg.), *Goethe und die Frauen.* Frankfurt am Main 1999, S. 21-31

Steidele, Angela, *Adele Schopenhauer und Sibylle Mertens. Geschichte einer Liebe.* Berlin 2010

Stern, Carola, *Alles, was ich in der Welt verlange. Das Leben der Johanna Schopenhauer.* Köln 2003

Stolzenberg, Ingeborg, »Ein Stammbuch der Ottilie von Goethe«, in: *Jahrbuch der Sammlung Kippenberg*, NF 2, 1970, S. 189-200; NF 3, 1974, S. 85-147

Trunz, Erich, »Das Haus am Frauenplan in Goethes Alter«, in: *Weimarer Goethe-Studien.* Weimar 1980

Tümmler, Hans, *Ernst August von Gersdorff. Weimars Reformminister der Goethe-Zeit.* Köln 1980

Vulpius, Wolfgang, *Walther Wolfgang von Goethe und der Nachlaß seines Großvaters. Aus archivalischen Quellen.* Weimar 1962

Wolff, Kurt (Hg.), *Tagebücher der Adele Schopenhauer.* Bd. I u. II, Leipzig 1909

Anmerkungen

1 Houben, Weimar, S. 169
2 Oettingen 1, S. 20
3 Linden, S. 34f.
4 Mejer, S. 7
5 Oettingen 1, S. 116f.
6 Oettingen 1, Einleitung S. XII
7 Oettingen 1, S. 110ff. (8.7.1815)
8 Oettingen 1, S. 127f./ S. 131
9 Oettingen 1, S. 189 (Abschrift in: Ottilie von Goethe, »Schaafgarbe und Gedankenstrich«, Newberry Library, 10.12.1815)
10 Oettingen 1, S. 151
11 Oettingen 1, S. 179/ S. 189
12 Bode, Sohn, S. 178f.
13 Tümmler, S. 35ff.
14 Oettingen 1, S. 92-95
15 Oettingen 1, S. 210ff.
16 Oettingen 1, S. 214
17 Oettingen 1, S. 227f. (8.8.1816) / Zu Ottilies Neigung sowohl für den Vater wie für den Sohn s. Christa Bürger, *Goethes Eros*, S. 191ff.
18 Das Heft »Schaafgarbe und Gedankenstrich« befindet sich in der Newberry Library in Chicago, s. Nachwort
19 Oettingen 1, S. 290ff. (24.10.1816)
20 Ebd.
21 Oettingen 1, S. 244
22 Wolff I, S. 82
23 Bluhm, Briefe aus der Verlobungszeit, S. 31
24 Wolff I, S. 84
25 Egloffstein, S. 98f.
26 Wolff I, S. 74 / S. 84
27 Wolff I, S. 86
28 Egloffstein, S. 90 / S. 113
29 Goethe, Zwischen Weimar und Jena I, S. 80 (2.1.1817)
30 Bluhm, Briefe aus der Verlobungszeit, S. 61
31 Bluhm, Briefe aus der Verlobungszeit, S. 64f. (Brief v. 16.2.1817)
32 Oettingen 1, S. 297f. (13.2.1817)
33 Ottilie spielte damit auf alles an, was Goethe beschäftigte: Er hatte Cellinis Autobiographie übersetzt, Byron gelesen, Bach gehört und Pflanzenkunde betrieben.

34 Oettingen 2, S. 1f. / S. 4f.
35 Hein, S. 74f.
36 Oettingen 1, S. 306 / S. 310 / S. 312
37 Bode, Vertrauliche Briefe III, S. 17 (5.5.1817)
38 Bluhm, Briefe aus der Verlobungszeit, S. 83 / S. 175
39 Bluhm, Briefe aus der Verlobungszeit, S. 177-187
40 Eissler, Bd. II, S. 1436-1439
41 Bode, Vertrauliche Briefe, S. 23f.
42 Oettingen 2, S. 12f. (24.6.1817), 17f. (27.6.1817/ 13.7.1817)
43 Bluhm, Briefe aus der Verlobungszeit, S. 95-100. Die beiden Schreiben des Majors Julius von Pogwisch werden in leicht modernisierter Schreibweise wiedergegeben.
44 Bluhm, Briefe aus der Verlobungszeit, S. 95-100
45 Oettingen 2, S. 20-21
46 Egloffstein, S. 12
47 Biedermann, Goethes Gespräche Bd. III, 1, S. 27-29
48 Oettingen 1, S. 335f.
49 Oettingen 2, S. 27f.
50 Oettingen 2, S. 22-24 (Februar 1818)
51 Wolff II, S. 11f.
52 Bode, Vertrauliche Briefe III, S. 37
53 Oettingen 1, S. 339-341
54 Janetzki, S. 45 (8.6.1818)
55 Oettingen 2, S. 29-31
56 Oettingen 2, S. 34 / S. 35f. / S. 40
57 GSA 40/XXII (3) 1 M.
58 Oettingen 2, S. 41
59 Goethe, Zwischen Weimar und Jena I, S. 258 (26.3.1819)
60 Oettingen 2, S. 45
61 Bode, Vertrauliche Briefe III, S. 44 / S. 47
62 Wolff II, S. 20
63 Oettingen 2, S. 49
64 Stolzenberg 1974, S. 128
65 Oettingen 2, S. 358
66 Oettingen 1, S. 356ff.
67 Zur Berlinreise von August und Ottilie im Jahr 1819 s. Bode, Sohn, S. 215-227
68 Rahmeyer, S. 114
69 Oettingen 1, S. 356-361 / S. 369ff.
70 Oettingen 1, S. 364-368
71 Oettingen 2, S. 53f.
72 Oettingen 1, S. 368 (21.7.1820)

73 Bode, Vertrauliche Briefe III, S. 76 (24.8.1820)
74 Bode, Vertrauliche Briefe III, S. 75 (21.8.1820)
75 Wolff II, S. 63
76 J.W. Goethe, Gedichte 1800-1832, hg. von Karl Eibl, Frankfurt amMain 1998, S. 584 – In ihrer Untersuchung *Goethes Eros* nennt Christa Bürger die Hersilie in Goethes *Wilhelm Meisters Wanderjahren* schon dem Namen nach eine von Ottilie angeregte Frauengestalt. Wie Hersilie in ihrer unentschiedenen Liebe zu Vater und Sohn sei auch Ottilie eine Frau, deren »Neigung zwischen Vater und Sohn« hin und her schweife (Bürger, S. 191-219).
77 Oettingen 2, S. 59 (1.11.1820)
78 Oettingen 1, S. 294 (24.10.1816)
79 Steidele, S. 63
80 Hein, S. 486
81 Wolff II, S. 111f. (23.11.1821)
82 Bluhm, Heinz (Hg.), Henriette von Pogwisch, Briefe an Adele Schopenhauer. Aus Goethes letztem Lebensjahr, Weimar 1832 / Wien 1964
83 Wolff II, S. 121ff. / Hein, S. 107f. / Oettingen 2, S. 64 / Bode, Sohn, S. 234
84 Das Gedicht mit dem Titel: »Die Reitergesellschaft des Herrn Blondin. März 1822« befindet sich in einer Kladde in der Newberry Library, MS E5 G7 108 / Hein, S. 108
85 Oettingen 2, S. 391f.
86 Hein, S. 108f.
87 Zitiert nach Hein, S. 112 / Mskpt. in Chicago, Newberry MS E5 G7 108
88 Oettingen 1, S. 389-397 (11.7.1822 / 26.7.1822)
89 Bode, Vertrauliche Briefe III, S. 127f.
90 Egloffstein, S. 184-186
91 Bode, Vertrauliche Briefe III, S. 130
92 S. Hesse, Volker, *Vermessene Größen. Goethe im Wandel seiner äußeren Gestalt und seiner Krankheiten.* Rudolstadt und Jena 1997
93 Über dieses Vorkommnis existieren mehrere Versionen, u.a. Grumach, S. 64 / Bode, Vertrauliche Briefe III, S. 130ff. / Hein, S. 114, Anm. 699
94 Bode, Vertrauliche Briefe III, S. 136f. / Houben, Soret, S. 43
95 Houben, Soret, S. 104 / Hein, S. 128
96 Bode, Vertrauliche Briefe III, S. 117f.
97 In: *Über Kunst und Altertum,* Heft II, 2, 1820 (s. auch Unterberger, Goethe-Chronik, S. 375)
98 Bode, Vertrauliche Briefe III, S. 53, S. 61 (2.10.1823)
99 Grumach, S. 68 / Hein, S. 116
100 Oettingen 2, Einleitung S. XVIII / GSA 40/XXIII (9) 1 M.
101 Bode, Vertrauliche Briefe III, S. 148 (April 1823)
102 Houben, Adele Schopenhauer, S. 25f.
103 Oettingen 2, S. 72f. (14.7.1823)

104 Hein, S. 119
105 GSA 28/357 1 M.
106 Goethe, Die letzten Jahre I, S. 74 (Goethe an Ottilie, 4.8.1823)
107 Goethe, Die letzten Jahre I, S. 77 (Goethe an Ottilie, 14.8.1823)
108 Bode, Vertrauliche Briefe III, S. 153
109 Gersdorff, Goethes späte Liebe, S. 63f., S. 65
110 Gersdorff, Goethes späte Liebe, S. 64 (31.8.1823)
111 Bode, Vertrauliche Briefe, S. 153 / S. 161
112 Gersdorff, Goethes späte Liebe, S. 47
113 GSA 28 / 357 1 M
114 Goethe, Die letzten Jahre I, S. 80ff. (18./19.8.1823)
115 Grumach, S. 74
116 Bode, Vertrauliche Briefe III, S. 157
117 Grumach, S. 70
118 Goethe, Die letzten Jahre I, S. 113 (F. von Müller, Tagebuch v. 23.9.1823)
119 Bode, Vertrauliche Briefe III, S. 158 (6.10.1823)
120 Bode, Vertrauliche Briefe III, S. 161 (24.10.1823)
121 Biedermann, Bd. III, 2, S. 661f.
122 Bode, Vertrauliche Briefe III, S. 159
123 Bode, Vertrauliche Briefe III, S. 165
124 Linden, S. 57f. (19.8.1823)
125 Sämtliche Zitate nach Eckermann entstammen dem Band: Johann Peter Eckermann, *Gespräche mit Goethe in den letzten Jahren seines Lebens.* Hg. von Christoph Michel unter Mitwirkung von Hans Grüters. Frankfurt am Main 1999
126 Oettingen 2, S. 124f.
127 19. November 1823
128 Bode, Vertrauliche Briefe III, S. 170
129 Bode, Vertrauliche Briefe III, S. 174 (28.11.1823)
130 Grumach, S. 99
131 Linden, S. 60
132 Bode, Sohn, S. 241
133 Oettingen 2, S. 76-82
134 Ottilie von Goethes Berliner Tagebuch: Goethe- und Schiller-Archiv 28/357 1 M
135 Goethe, Die letzten Jahre I, S. 769
136 Goethe, Die letzten Jahre I, S. 130f.
137 Oettingen 2, S. 83 (31.1.1824), S. 89 (22.2.1824)
138 Wolff I, S. 119-121 / Hein, S. 135
139 Goethes Brief an Ottilie vom 26.1.1824: Handschrift im Freien Deutschen Hochstift Frankfurt am Main
140 Eckermann, 14.4.1824

141 Goethe, Die letzten Jahre I, S. 691 (2.2.1823)
142 Biedermann, Bd. III, 2, S. 611
143 Oettingen 2, S. 97-101 (29./30.7.1824)
144 Oettingen 2, S. 134 (Jena, 28.5.1825)
145 Houben, Adele, S. 86f. (5.2.1825)
146 Schopenhauer, Tagebuch, S. 97f., Houben, Adele, S. 97f.
147 Goethe, Die letzten Jahre I, S. 148 (13.3.1824)
148 15.6.1824 / Wilpert, S. 155f.
149 Oettingen 2, S. 90-94
150 Bluhm, August und Ottilie, S. 294 (Brief vom 25.7.1824)
151 Oettingen 2, S. 97-101 (29./30.7.1824)
152 Oettingen 2, S. 104-110 (15.9.1824)
153 Ottilies Tagebuch v. 2.10.1826 / Oettingen 2, S. 154
154 Bode, Sohn, S. 302
155 Eckermann, 13.3.1828
156 *To the illustrious Goethe a stranger presumes to offer the homage of a literary vassal to his liege-Lord – the first of existing writers; who has created the literature of his own country – and illustrated that of Europe.* (Übersetzung von Wolfgang Dix)
157 Bode, Vertrauliche Briefe III, S. 202
158 Goethe, Die letzten Jahre I, S. 303 (7.9.1825)
159 An Zelter. Grumach, S. 144f.
160 Houben, Adele, S. 135
161 Oettingen 2, S. 149f. (8.8.1826)
162 Goethe, Die letzten Jahre II, S. 122 (12.5.1829)
163 Oettingen 2, S. 150 (August 1826)
164 Oettingen 2, S. 155
165 Hein, S. 149f.
166 Oettingen 2, S. 147 / S. 157
167 Oettingen 2, S. 156
168 Ottilie von Goethe, »Gedankensarg«, S. 45f. (Newberry Library MS E5 G7 108)
169 Eckermann, 17.1.1827
170 Oettingen 2, S. 170f.
171 Goethe, Die letzten Jahre I, S. 566 (16.11.1827)
172 Biedermann, Bd. III, 2, S. 235f.
173 Oettingen 2, S. 175
174 Das Wohnhaus von Jennys Stiefvater, dem Staatsminister Ernst Christian Freiherr von Gersdorff, befindet sich in der Wielandstraße 2 und ist mit einer Plakette gekennzeichnet.
175 Biedermann, Bd. III, 2, S. 644
176 Tümmler, S. 67

177 Biedermann, Bd. III, 2, S. 629
178 Goethe, Die letzten Jahre II, S. 143 (9.-12.8.1829)
179 Bode, Sohn, S. 294-301/ Biedermann, Bd. III, 2, S. 118f.
180 Braun, S. 133
181 Bode, Sohn, S. 301
182 Oettingen 2, S. 198f.
183 Oettingen 2, S. 203
184 Oettingen 2, S. 204
185 Oettingen 2, S. 206f.
186 Goethe an Ottilie aus Dornburg, 1.9.1828
187 Oettingen 2, S. 219-221 (August 1828)
188 Oettingen 2, S. 211-214 / S. 216-219 / S. 221
189 Günzel, S. 233f.
190 Eckermann, S. 282 (9.10.1828)
191 Oettingen 2, S. 230ff. (Juli 1829)
192 Hein, S. 408
193 Bode, Vertrauliche Briefe, S. 239 (9.5.1827)
194 Hein, S. 197
195 Bode, Vertrauliche Briefe, S. 284
196 Houben, Gespräche, S. 594f. / Eckermann, 5.4.1830
197 Heute befinden sich die *Chaos*-Manuskripte sowohl im Goethe- und Schiller-Archiv in Weimar sowie ein großer Teil unveröffentlichter, zum Druck bestimmter Manuskripte in der Newberry Library in Chicago (Hein, S. 204, Anm. 1293).
198 Eckermann, 20./25.3.1830
199 Biedrzynski, S. 68-75
200 Bode, Vertrauliche Briefe III, S. 300
201 Oettingen 2, S. 246-249
202 Oettingen 2, S. 251 / Biedermann, Bd. III, 2, S. 633ff.
203 August von Goethe, Auf einer Reise nach Süden, S. 70f.
204 Oettingen 2, S. 251
205 August von Goethe, Auf einer Reise nach Süden, S. 214f.
206 Oettingen 2, S. 252
207 Oettingen 2, S. 249 / S. 252 / S. 276-279
208 Oettingen 2, S. 253ff. (30. 6 1830)
209 Ottilie an August, 24.9.1830 und 25.10.1830 (GSA Sign. 37/X, 11, 2)
210 August von Goethe, Eine Reise nach Süden, S. 191 (16.10.1830)
211 Oettingen 2, S. 419
212 Oettingen 2, S. 265-273, S. 274ff.
213 Bode, Sohn, S. 325f.
214 Linden, S. 91
215 Bode, Vertrauliche Briefe III, S. 312

216 Hein, S. 307
217 Eckermann, 24.11.1830
218 Bode, Vertrauliche Briefe III, S. 318 / S. 320f.
219 Hein, S. 308
220 Oettingen 2, S. 287ff.
221 Oettingen 2, S. 290-297 (11.12.1830)
222 Bode, Vertrauliche Briefe III, S. 328 (16.2.1831)
223 Goethe, Die letzten Jahre II, S. 794
224 Goethe, Die letzten Jahre II, S. 355 (4.1.1831)
225 Goethe, Die letzten Jahre II, S. 353 (4.1.1831) u. S. 378 (20.3.1831)
226 Lily Braun, S. 130f.
227 Goethe, Die letzten Jahre II, S. 513 (Tagebuch vom 24.1.1832)
228 Janetzki, S. 75
229 Vulpius, S. 17
230 Biedermann, Bd. III, 2, S. 928
231 Janetzki, S. 78
232 Hein, S. 313
233 Oettingen 2, S. 312-314ff.
234 Der Jurist und Dichter Samuel Naylor starb später in geistiger Umnachtung.
235 Oettingen 2, S. 308
236 Biedermann, Bd. III, 2, S. 799-807 (25.8.1831)
237 Hein, S. 149f.
238 Biedermann, Bd. III, 2, S. 861
239 Hesse, S. 72
240 Biedermann, Bd. III, 2, S. 892 (H.v. Pogwisch an A. Schopenhauer); ferner S. 895 (F. Soret an L. Seidler); S. 902 (Kanzler von Müller an C.F. Zelter); S. 903f. (J.P. Eckermann an J.v. Egloffstein)
241 Houben, Soret, S. 644
242 Tümmler, S. 73f.
243 Hein, S. 345 (21.4.1832)
244 Oettingen 2, S. 354f., S. 358
245 Oettingen 2, S. 362 (21.5.1832)
246 Oettingen 2, S. 422
247 Janetzki, S. 114 (27.10.1832)
248 Oettingen 2, S. 372f.
249 Oettingen 2, S. 363-367 / S. 368-372
250 Oettingen 2, S. 373f.
251 Hein, S. 352
252 Oettingen 2, S. 375
253 Hein, S. 357
254 Oettingen 2, S. 380

255 Egloffstein, S. 436
256 Houben, Ottilie, S. 2f. (8.3.1833)
257 Goethe-Museum Düsseldorf KK3941 (Hein, S. 358)
258 Hein, S. 363-365
259 GSA 40/XXXIV (2) 1 M.
260 Steidele, S. 116f., S. 312
261 Houben, Ottilie, S. 15
262 Janetzki, S. 119f., S. 121 (30.11.1833)
263 Oettingen 2, S. 378f.
264 Houben, Ottilie, S. 15 / S. 18-20
265 Hein, S. 384
266 Houben, Ottilie, S. 11 (30.11.1833)
267 Büch, Principessa tedesca, S. 35ff.
268 Büch, Principessa tedesca, S. 37f.
269 Steidele, S. 79f.
270 Houben, Ottilie, S. 28-32
271 Houben, Ottilie, S. 39ff.
272 Houben, Ottilie, S. 51-54 (14.9.1835)
273 Vulpius, S. 27f.
274 Hein, S. 406f. (Übersetzung a.d. Englischen von der Autorin)
275 Mejer, S. 14
276 Am 24.5.1825 hatte Goethe Eckermanns *Gespräche* beurteilt. Eckermann an seine Braut: »Er ist sehr erbaut davon und findet die Arbeit vortrefflich.« (S. Goethe, Die letzten Jahre I, S. 872)
277 Eckermann, S. 14
278 GSA 40/XXIV (5) U (1) / (21.5.1836)
279 GSA 40/XXIV (5) U(1) (Hein, S. 411)
280 Rameyer, S. 185
281 Hein, S. 421
282 Houben, Ottilie, S. 58f.
283 Hein, S. 395
284 Janetzki, S. 125
285 Goethe, Die letzten Jahre I, S. 834
286 Oettingen 2, S. 396
287 Houben, Ottilie, S. 62f.
288 Ottilie von Goethe an ihre Mutter, Leipzig, 22.2.1837
289 Abschrift eines Briefes von Ottilie an den Staatsrat Nicolovius in Berlin vom 2.2.1839 in: Ottilie von Goethe, »Gedankensarg«, Newberry Library Chicago, S. 18-21
290 »Gedankensarg«, S. 77-79
291 Steidele, S. 165 / S. 318 (31.3.1838)
292 Wolf, Carl, Gustav Kühne. Seine Entwicklung als Novellist und Roman-

schriftsteller und sein Verhältnis zum jungen Deutschland. (Diss.) Göttingen 1925, S. 13. Zit. nach Hein, S. 461

293 Ottilie von Goethe, Brief o. Datum an Fanny Tarnow, GSA Weimar
294 Pierson, S. 145
295 »Gedankensarg«, S. 90ff.
296 Hein, S. 446
297 Hein, S. 629
298 Janetzki, S. 172
299 Gersdorff, Goethes Enkel, S. 147
300 Bluhm, Ottilie, Bd. I, S. 1
301 Rameyer, S. 213
302 Bluhm, Ottilie, Bd. I, Ottilie von Goethe, Tagebuch 1840, S. 33
303 Bluhm, Ottilie, Bd. I, S. 30
304 »Gedankensarg«, S. 47 (November 1837)
305 Hein, S. 505 (2.5.1842)
306 Vulpius, S. 63ff., S. 118
307 Gersdorff, Goethes Enkel, S. 135ff.
308 Janetzki, S. 130
309 Bluhm, Ottilie, Bd. I, S. 30
310 Janetzki, S. 131
311 Vulpius, S. 92
312 Rameyer, S. 214
313 Rameyer, S. 228
314 Kroeger, S. 32 / Hein, S. 509
315 Hein, S. 518
316 Rahmeyer, S. 246
317 Gersdorff, Goethes Enkel, S. 173f.
318 Bluhm, Ottilie, Bd II, S. 66ff.
319 Bluhm, Ottilie, Bd II, S. 34
320 Houben, Ottilie, S. 91
321 Bluhm, Ottilie, Bd. II, S. 41-44 (April/Mai 1843)
322 a.a.O.
323 *Frankfurter Konversationsblatt* vom 31.3.1844 / Hein, S. 518
324 Kroeger, S. 323ff.
325 Rameyer, S. 247
326 Janetzki, S. 136
327 Vulpius, S. 109ff.
328 Janetzki, S. 137f.
329 Gersdorff, Goethes Enkel, S. 184
330 Steidele, S. 160
331 Alma ruht heute bei ihrer Mutter und den Brüdern auf dem Weimarer Friedhof.

332 Houben, Rheingräfin, S. 313, S. 316, S. 355
333 Steidele, S. 217
334 König-Warthausen, S. 45f.
335 Steidele, S. 223
336 Steidele, S. 231
337 Bluhm, Ottilie, Bd. II, S. 190 (16.5.1849)
338 Hein, S. 550
339 Houben, Ottilie, S. 134 / Janetzki, S. 141 (5.9.1849)
340 Hein, S. 551
341 Rameyer, S. 249ff. (Juli 1849)
342 König-Warthausen, S. 52 (30.8.1849)
343 Mejer, S. 80
344 Hein, S. 154
345 Hein, S. 609
346 Gersdorff, Goethes Enkel, S. 218f.
347 Rameyer, S. 322
348 Gersdorff, Goethes Enkel, S. 177
349 Hein, S. 647-650: Der Nachruf von Gustav Kühne auf Ottilie von Goethe in der Beilage zur *Allgemeinen Zeitung* vom 18.1.1873
350 Hein, S. 635f. (Wien, 1866)
351 Houben, Ottilie, S. 222 (18.4.1857)
352 Rameyer, S. 323f. (1863)
353 An den Philologen Bernhard Rudolph Abeken, in: Salzer, Monika und Peter Kaner, *Evangelisches Wien*, Wien 2009, S. 76-78 (Hein, S. 626)
354 Vulpius, S. 164f.
355 »Gedankensarg«, S. 160 / S. 163 (21./22.8.1868)
356 Mejer, S. 9
357 Gersdorff, Goethes Enkel, S. 248
358 Fanny Lewald an Großherzog Carl Alexander am 9.2.1873 (Hein, S. 651)
359 Seligmann, S. 50 (Hein, S. 641)
360 Janetzki, S. 165
361 Gerstenbergk, S. 109 / Vulpius, S. 164
362 Oettingen 2, S. 11 (21.6.1817)
363 Goethe, Die letzten Jahre II, S. 465 (17.9.1831)
364 Hein, S. 149f.

Namenregister

Bildnachweis

akg-images, Berlin: Abb. 13
bpk, Berlin: 16 (National Portrait Gallery, London), 24 (Bayerische Staatsgemäldesammlungen), 29 (National Portrait Gallery, London)
Goethe-Museum Düsseldorf: 4, 5, 22, 23, 35, 41
Klassik Stiftung Weimar: 1, 3, 6-12, 14, 15, 18-21, 25-28, 30-34, 36, 37, 39, 40

Alle weiteren Abbildungen stammen aus dem Archiv des Insel Verlags.